论语新说

上

秦学智◎著

中国传媒大学出版社

·北京·

自　序

近几年来，我越来越对历史文化方面的研究感兴趣，觉得在人文社科研究领域，历史文化研究才是最有价值和意义的。《论语新说》就是我对《论语》的新解读。在攻读硕士学位的时候，我开始系统地学习《论语》，当时看了许多这方面的书，但对一些地方的解读存有疑问。近年来，我又萌发了深入认识孔子和阅读《论语》的兴趣，于是大量阅读了有关孔子生平和注解《论语》的书，越阅读就越有了重新解说《论语》的想法。这主要是因为我发现，这些书，要么是“扯得太远”，“肆意发挥得离谱”，虽然洋洋洒洒但错解《论语》的地方过多，要么只是将古代经学学者的注解堆在一起，解释和阐发得太少，错解和谬解也不少；还有的书，因为注解的年代离当代过于遥远，或者在现代白话文应用时代之前成书，解释中的“之乎者也”使许多现代学子难以理解，当然错解的地方也还是有的，等等。现在，在前人研究的基础上，我经过广泛阅读、细心比较、小心查证、细心揣摩《论语》中孔子及其学生说这些“言语”的社会背景、场合、时机、心理状态、针对对象等，与他们进行深层次的沟通和对话，终于完成了对《论语》所有言语的合理化推论和解释。

《论语新说》共有二十篇，分为上半部和下半部。上半部包括《学而篇第一》《为政篇第二》《八佾篇第三》《里仁篇第四》《公冶长篇第五》《雍也篇第六》《述而篇第七》《泰伯篇第八》《子罕篇第九》九篇；下半部包括《乡党篇第十》《先进篇第十一》《颜渊篇第十二》《子路篇第十三》《宪问篇第十四》《卫灵公篇第十五》《季氏篇第十六》《阳货篇第十七》《微子篇第十八》《子张篇第十九》《尧曰篇第二十》十一篇。每篇各有三章、十一章、十四章、十六章、二十一章、二十四章、二十五章、二十六章、二十七章、二十八章、三十章、三十一章、三十八章、四十二章、四十四章等不等的章数。《论语新说》以每章中的第一句给每章起了标题。这样,篇目标题和章目标题都能反映在该书的目录中,便于读者学习、记忆和巩固。

本著解说的是《论语》的上半部。对各篇每一章解说的结构包括原文、引言、释解、译文和拓展五个部分。

《学而篇第一》谈的是为学之道,这是因为为政做官的根基就是“为学”,所以为学之道自然是一书的首要。它强调学习对于为人处世和从政做官的重要性、必要性、作用和意义,提出了君子学习的根本宗旨、方法和态度。

《为政篇第二》谈的是为政做官、治国理政之道。学习是为政做官的前提,为政做官、治国理政是学习的目的。所以它主要谈论的是如何将学到的学问、学识和道德修养用于日常社会实践,即为政、社会教化和人才培养之间的关系问题。

《八佾篇第三》谈论的是礼以及礼的文化精神。在孔子看来,周朝的礼乐文明是理想的文明形态,所以社会应当围绕着“周礼”来运行。

《里仁篇第四》主要以“仁”为中心展开论述。仁是礼之本。仁者光明磊落,一心向善,重义轻利,能安贫乐道,素贫贱行乎贫贱,素富贵行乎富贵,能忍辱负重,能通权达变,有义、礼、智、信等基本的品格和行为表现。

《公冶长篇第五》主要写孔子在日常生活中的一些表现,以及他对弟子的一些评价。如果说前四篇提出“学习、为政、尊礼、行仁”的君子之道的本体论,那么这一篇及之后各篇就是在谈论君子之道本体的功用和实践运用。

《雍也篇第六》是《公冶长篇第五》的继续。该篇继续通过孔子等人对一些古今社会人物的若干具体行为表现的评论,来具体化君子之道和仁政之道的实践特征。如果说《公冶长篇第五》主要谈论的是君子为人处世之道,那么《雍也篇第六》主要谈论的是君子治国理政之道。

《述而篇第七》主要围绕孔子的学问志趣、学习风格、教育内容、教学方法、言谈举止,以及“志于道,据于德,依于人,游于艺”的做人处世之道,展开陈述。它可以被视为对前六篇内容的延展。

《泰伯篇第八》可被视作《为政》篇的续篇。它主要围绕着君子为政做官之道,特别是君子谦逊礼让的美德展开论述。它比较系统地阐述了为政以德、施行仁政、礼乐教化等思想,指出为政者要加强道德、学问的修养。

《子罕篇第九》是对孔子本人的思想、行为、事迹等进行记述和评价。它是《公冶长篇第五》《雍也篇第六》两篇内容的延展。

《论语新说》力争以形式新颖、文字活泼、通俗易懂、阐发深刻、错解更少、注解更全的面目问世，以尽可能达到我心中的尽善尽美和赏心悦目，成为当代注解《论语》的佳作之一。我心向往之，在有限的时间内也竭尽全力了，至于结果如何，还有待有缘阅读之士的诚恳品评。但愿浸透我心血汗水的辛苦努力能够为我国文化事业的继承、发展和繁荣昌盛作出力所能及的贡献！

秦学智于北京陋室

2023 年 1 月 12 日

目　录

学而篇第一

《学而篇第一》共计16章,493字。《学而篇第一》有着明确的编辑宗旨,即强调学习对于为人处世和从政做官的重要性、必要性、作用和意义,谈论的是学习周礼、古典文献知识、做官的学问和做人处世的学问。学而优则仕,仕而优则学,是儒家千百年来提倡的入世主义哲学思想。当然,赞同各篇有一定的编辑目的的学者对于该篇的编辑宗旨或目的也有着不尽相同的观点。如,梁皇侃说:“此篇论君子、孝弟、仁人、忠信、道国之法、主友之规,闻政在乎行德,由礼贵于用和,无求安饱以好学,能自切磋而乐道,皆人行之大者,故为诸篇之先。既以‘学’为章首,遂以名篇,言人必须学也。”①南宋朱熹说:“此为书之首篇,故所记多务本之意,乃入道之门、积德之基、学者之先务也。”②

1.1 学而时习之

【原文】

子曰:“学而时习之,不亦说乎?有朋自远方来,不亦乐乎?人不知而不愠,不亦君子乎?”

【引言】

这一章点明了孔子所主张的学习态度、学习方式、朋友相互切磋交流的快乐,以及君子学习是为了掌握知识和本领,而不是为了什么好学的名声等观点。

---

① 何晏,邢昺.论语注疏[M].北京:中国致公出版社,2016:1.

② 朱熹.四书章句集注[M].北京:中华书局,2011:49.

【释解】

(1)学而时习之：学习并定时地复习所学功课。时：定时地，定期地。习：复习，巩固。之：这里是指《诗》《书》《礼》《易》《乐》《春秋》“六经”和“六艺”等为人处世和为政做官的知识和技能，以及做人处世的君子道德、情感、态度和价值观等。

(2)不亦说乎：不也是喜悦的事情吗。亦：也。说(yuè)：同“悦”，喜悦，快乐。乎：疑问词，吗。

(3)有朋自远方来：有朋友从远方来和我切磋交流，对我有所教益。朋：这里是指能够给人带来教益、彼此可以在学习上相互补益的师友。自：从。远方：很远的地方，包括其他诸侯国。

(4)不亦乐乎：不也快乐吗。乐：快乐，喜乐。

(5)人不知而不愠：他人不知道自己的进步和本领而自己也不恼怒和怨恨。人：他人，别人，这里主要是指鲁国国君和权臣。知：知道，知晓，这里主要是指知晓孔子治国理政的才学和本领。愠(yùn)：恼怒，怨恨。

(6)不亦君子乎：不也是君子吗，即不也是君子的风范吗。君子：品德高尚、重义轻利、德才兼备、文质彬彬、刚毅坚卓和自强不息的人。孔子说：“君子道者三，我无能焉：仁者不忧，知者不惑，勇者无惧。”①

【译文】

孔子说：“学习并定时地复习所学功课和知识，不也是喜悦的事情吗？有朋友从远方来和我切磋交流，对我有所教益，不也是快乐的事情吗？他人不知道我的进步和本领，而我也不恼怒和怨恨，这不也是君子的风范吗？”

【拓展】

这是《学而篇第一》的第一章，用孔子说过的三句话作为该章的内容。

首先，第一句“学而时习之，不亦说乎？”说的是：一个人学习并定期地温习《诗》《书》《礼》《易》《乐》《春秋》和“六艺”这些从政做官和为人处世的社会知识和技能，不也是喜悦的事情吗？

---

① 论语[M].陈晓芬，译注.北京：中华书局，2016：194.

在这里，我们有必要了解一下孔子生活的春秋末年的社会历史背景。

传说中的尧、舜、禹生活的时代是原始社会，大禹的儿子启建立的夏朝是原始社会向奴隶社会过渡的历史阶段。商朝则是比较成熟的奴隶社会，现代考古证明，商代存在奴隶主统治阶级用活的奴隶做祭祀牺牲品的情况。推翻商朝的西周则是一个领主封建制的社会。[①] 所以，夏朝、商朝和周朝的建立不仅仅是国家制度的建立，还是社会生产力和生产关系发展到一定阶段的产物。在原始社会末期，由于社会生产力水平的提高，有了能被社会的部落联盟领导、部落酋长等社会精英占有的剩余的社会劳动产品，社会阶层和阶级的分化由此产生，形成了统治阶级和被统治阶级的社会分层。商朝推翻夏朝，开疆扩土，战事频繁，随之便有了更多的俘虏。这些俘虏成为没有任何生命权、财产权等个人权利的奴隶。商朝也因此成为拥有大量奴隶的奴隶制社会。到了周武王和周公旦推翻商朝的时候，由于人的平等意识觉醒，也由于商纣王临时武装起来的奴隶军队倒戈，奴隶制度和用活人祭祀的制度被主流社会所厌弃，因此，周武王和周公旦建立的西周实行的是领主封建制。

马克思在《〈政治经济学批判〉序言》中指出："物质生活的生产方式制约着整个社会生活、政治生活和精神生活的过程。不是人们的意识决定人们的存在，相反，是人们的社会存在决定人们的意识。"[②]中国的封建制度包括两种封建经济制度，一种是封建领主制经济，另一种是地主制经济。西周建立的是封建领主制经济，到了春秋时期，由于土地的兼并、阶级分化、私田的开拓和公田经济出现危机，封建领主制开始受到地主制经济的挑战。

在西周多层次领主封建制社会中，"普天之下，莫非王土"。周天子以天下共主的身份把天下土地分封给宗亲、亲信、功臣和贵族，使其成为一方诸侯（国君）。国君又会把一些封地分封给宗亲、亲信或有功之臣。古代国君封赐给卿大夫作为世禄的田邑，叫作采邑。采邑也叫"采地""封邑""食邑"。这样，周天子、国君、卿大夫等都拥有直属于自己的领地。他们是名副其实的领主或封臣。国君有义务效忠周天子，卿大夫有义务效忠国君。卿

---

① 范文澜、匡亚明等人认为西周是领主封建制，而非奴隶制。我赞同这个观点。还有一些学者，如郭沫若等人，认为西周是奴隶制。见：匡亚明. 孔子评传[M]. 南京：南京大学出版社，1990：3.

② 马克思.《政治经济学批判》序言[M]//中共中央马克思恩格斯列宁斯大林著作编译局. 马克思恩格斯选集. 北京：人民出版社，2012：2.

大夫对国君有进贡和提供兵员的义务。他们对采邑中的百姓有管辖权和征税权。封地和采邑可以世袭，由嫡长子继承。封地和采邑大小按爵位的等级（公、侯、伯、子、男）和户数多少而定。

西周的分封制是层层隶属的。名义上和礼制上，周天子对全国的土地拥有所有权，诸侯只有使用权。但是，实际上，诸侯不仅拥有所有权和管辖权，还可以按照礼制把自己封国之内的土地分封给卿大夫作为采邑。而名义上，卿大夫对采邑只有使用权，但实际上却拥有其所有权和管辖权。这样，实际上，诸侯直接效忠周天子，而卿大夫却直接效忠诸侯（国君）。总之，封君封臣制的从属关系是层层分封，依次互为主从。“我的附庸的附庸不是我的附庸”这句话形象地描述了先秦分封制层层分封和层层隶属的封建关系。到了春秋战国时期，由于诸侯和卿大夫势力坐大，礼崩乐坏，兼并战争日渐激烈，诸侯的封地和采邑制度被动摇，逐渐让位于地主制经济。

一般而言，领主制经济下，领地又分为直属于领主的“公田”和分配给农奴的“份地”。领地之内的农奴完成“公田”里的耕作和收获义务之后，才能忙活自己“份地”的农活。农奴除了公田的耕作和收获任务之外，还会有其他的差役任务。公田耕作和公共义务是为了实现领主的根本利益，而份地上的收益是为了保障农奴及其家庭的基本生存和发展利益。

随着社会生产力的进步和生产关系的改变，农奴耕种“公田”的劳动积极性降低，劳动生产率日益下降，继续以劳役地租的方式来维持社会的统治和管理越来越困难了，各诸侯国不得不开始进行社会改革。如，春秋时期齐国管仲的富国富民思想，管仲之后约 200 年郑国子产（即公孙桥）的社会改革。这样的改革肯定了地主私有制的合理性和合法性，并用法律规定了贵族、农奴各自的社会义务和兵役义务。战国时期，秦国的商鞅变法开始了更大程度的社会变革，如立法保护土地私有制和地主制经济，奖励耕战，废除贵族特权和世袭制，实行郡县制，限制领主势力，加强中央集权，统一度量衡，立法打击违法乱纪者，等等。商鞅变法严重打击和削弱了封建领主贵族势力，加强和振兴了地主制经济和新兴地主势力，为秦国统一中国奠定了坚实的基础。其他各国也先后进行社会变革，促进地主制经济的进一步发展和巩固。公元前 221 年，秦始皇统一中国，确立了郡县制和地主制经济。有功之臣被封爵后，在自己的封地或采邑没有统治权，但以所征的赋税作为俸禄。汉朝建立后，汉承秦制，订立下之后两千多年封建地主经济体制的祖本。自秦汉以来,历朝历代逐步确立了"重本抑末""重农抑商"的基本国策,甚至对一些重要的工商业实行国家垄断经营(如盐铁专卖)。[①] 这种重本抑末的政策,一方面巩固和加强了封建地主制经济和封建地主阶级的统治,另一方面也抑制了资本主义经济的发展。

孔子生活在春秋末年。此时,周天子势力渐衰,诸侯坐大,周天子奈何不了诸侯。同样地,在诸侯国中,国君势力渐衰,世袭的卿大夫势力坐大,国君奈何不了卿大夫。卿大夫的实权有时候又会落在陪臣手里,被他们操控和左右。尽管领主制经济向地主制经济过渡,地租形式由劳役地租转向实物地租和货币地租形式是历史的进步,但西周建立的严格的社会等级礼乐秩序遭受了严重破坏,国家的政治权力斗争、军事斗争、经济财富掠夺等社会危机日益加剧,打破旧秩序和建立新秩序仍然处在长期探索的阶段。

西周建立起来的礼乐文明社会秩序和社会生产关系在当时是符合社会生产力发展水平的。但随着社会生产力的发展和私田规模的扩展,旧有的社会生产关系和上层建筑已经越来越不适应社会生产力发展的新要求了。所以,劳役地租形式再也无法调动农奴或农民的劳动积极性,不得不转向实物地租和货币地租的形式。另一方面,由于土地兼并战争时有发生,不断摧毁着旧有的领主制经济,使新兴的地主制经济迅猛发展,新的社会经济基础必然要求新的社会生产关系和上层建筑以及意识形态。于是,法家思想、儒家思想、墨家思想、农家思想等各种思想观念纷纷亮相,试图为社会的发展提出自己的应对策略和思想体系。代表着新兴地主经济势力的人,希望不断根据社会经济发展的新形势来制定经济政策,改变和调整社会生产关系,使之适应新的社会生产力发展要求,促进社会的繁荣;而代表复兴优秀文化传统的保守型人士,则希望通过正名和恢复周礼制度的方法,让失序和动乱不安的社会回到讲究上下尊卑的君君、臣臣、父父、子子的礼乐文明社会,非礼勿听,非礼勿视,非礼勿言,非礼勿动。显而易见,一旦社会的经济基础发生变化,社会的上层建筑必然会发生相应的变化。要想回到西周的礼乐文明秩序社会,是绝对不可能的。因此,孔子一心一意想通过学习周礼、培养周礼人才和积极投入社会政治以实践周礼的努力都遭遇了严重的挫折和失败。但有心栽花花不开,无心插柳柳成荫。孔子虽然在恢复周礼和西周正

---

① 陈华山.简论封建社会的两种经济体制[J].广东商学院学报,2003(5):26-28.

统政治秩序方面遭遇了滑铁卢，但他在培养“六经”和“六艺”人才和传承先秦儒家文化方面作出了举世瞩目的贡献。他培养了许多知识分子，如曾子、子张和子夏等，这些弟子以及再传弟子为传承和弘扬传统的儒家经学文化作出了不可磨灭的历史贡献。特别是“四书”“五经”长期以来成为读书人的教材，成为培养国家治理人才和德育人才的有效凭借，成为敦化良俗的有效工具。

建国君民，教学为先。这是孔子的弟子把《学而篇第一》放在《论语》全书之首的根本原因。孔子相信，只有学习、学习、再学习，以及终身学习，一个人才能见多识广，才能成就自己的君子人格，增强为人处世的能力，才可能成为社会需要的人才。

其次，我们再看《学而篇第一》第一章的第二句：“有朋自远方来，不亦乐乎？”

如果有学习上可以相互帮助的朋友来到家里，或我家所在的地方，不也是很快乐的事情吗？这一句中的朋友，应该是指学习道路上的朋友。孔子曰：“三人行，必有我师焉。”①因此，学习道路上的朋友，也可以称为“老师”。简而言之，学习道路上的朋友亦师亦友。我们可称之为“师友”。

韩愈在《师说》中谈到了“师友”。他说：“古之学者必有师。师者，所以传道、受业、解惑也。人非生而知之者，孰能无惑？惑而不从师，其为惑也，终不解矣。生乎吾前，其闻道也固先乎吾，吾从而师之；生乎吾后，其闻道也亦先乎吾，吾从而师之。吾师道也，夫庸知其年之先后生于吾乎？是故无贵无贱，无长无少，道之所存，师之所存也。……圣人无常师。孔子师郯子、苌弘、师襄、老聃。郯子之徒，其贤不及孔子。孔子曰：‘三人行，则必有我师。’是故弟子不必不如师，师不必贤于弟子，闻道有先后，术业有专攻，如是而已。”②做老师的不一定非要在各方面都比学生做得好，只要某些方面有过人的能力和本领，就能做其他人的老师。老师和学生的差别只在于“闻道有先后，术业有专攻”罢了。

最后，我们再看《学而篇第一》第一章的第三句：“人不知而不愠，不亦君子乎？”

---

① 论语[M].陈晓芬，译注.北京：中华书局，2016：86.

② 韩愈.韩昌黎文集校注[M].马其昶，校注.马茂元，整理.上海：上海古籍出版社，1986：42-44.

这一章是孔子对弟子们所说的话。前面两句说了学习和交友令人喜悦和快乐的心得,这一句自然是说,虽然自己已经学有所得、学有所成,以及学有所长,但仍然不为许多人知道,特别是不被当前掌握权力的执政者所认可。在这种情况下,孔子并不怨天尤人,这不就是具有君子之风吗?

这一句“人不知而不愠”中的“人”,从广泛意义上说,是指除了孔子自己以外的任何人;从狭隘意义上说,是指不知道选拔和任用孔子这位“大才”的鲁国当权派和执政者。

这一段三句连起来看,是孔子跟学生说的心里话,也是孔子勉励学生的话,即要学生好好学习,敢于交友,能够甘于寂寞。板凳宁坐十年冷,文章不写半句空。孔子15岁开始立志于学习为官之道,学习“六经”和“六艺”,到三十而立开办私学收徒讲学的时候,已经有15个年头。他自己就是这样默默努力又默默无闻过来的。所以,孔子对学生讲的心里话,其实就是他个人经历的总结,是其君子之风的自然流露。

1.2 其为人也孝弟

【原文】

有子曰:“其为人也孝弟,而好犯上者,鲜矣;不好犯上,而好作乱者,未之有也。君子务本,本立而道生。孝弟也者,其为仁之本与!”

【引言】

这一章是孔子的学生有若所讲的话语,强调了孝悌是为人处世、为仁做事、治国理政之道的根本。“忠臣必出孝子之门”,修身是齐家、治国和平天下的根本,而修身首先要从孝悌开始。

【释解】

(1)有子:即有若,有氏,名若,字子有,世称“有子”。有若比孔子小43岁,是孔门七十二贤之一。

(2)其为人也:如果一个人做人。其:如果,假如。为人:做人。也:语气助词,表示停顿。

(3)孝弟(xiào tì):通“孝悌”,孝顺父母,敬爱兄长。

(4)好犯上者:容易冒犯上级或尊长的人。好(hào):容易,常常。犯上:冒犯上级或尊长。

(5)鲜(xiǎn)矣:很少,非常少。矣:助词,表示肯定,不译。

(6)未之有也:倒装句,即“未有之也”,从来没有这种事。也:助词,表示肯定,不译。

(7)务本:致力于根本。务:追求,务求,致力于。本:根本。

(8)本立而道生:根本确立了,仁和仁政之道就产生了。例如,孝悌是仁道之根本,做到了孝悌,修身、齐家、治国和平天下的仁道就在其中了。

(9)孝弟也者,其为仁之本与:孝悌就是做人为仁的根本啊。也者:语气助词,起提示作用,不译。其:乃,就是。与(yú):通“欤”,文言助词,表示感叹,相当于“啊”。

【译文】

有子说:“如果一个人做人,能孝顺父母,敬爱兄长,那么他就不太容易冒犯上级或尊长;连上级和尊长都不轻易冒犯,那么他就根本不可能兴乱造反。君子总是致力于根本。根本确立了,仁和仁政之道就产生了。孝悌就是做人为仁的根本啊!”

【拓展】

这一章是孔子的学生有若所说的话。孔子的儿子孔鲤早于孔子去世,孔子是白发人送黑发人。孔子的孙子是子思。孔子是有若的老师,有若是子思的老师,子思是孟子的老师,所以孟子是孔子的三传弟子。根据南怀瑾的说法,《中庸》就是子思撰写的,《大学》是孔子的学生曾子所作的。①

首先,看本章的第一句:“其为人也孝弟,而好犯上者,鲜矣;不好犯上,而好作乱者,未之有也。”这一句说的是,如果一个人能够孝顺父母,友爱兄弟,那这个人冒犯上级和领导的可能性就很小。不喜欢冒犯上级和领导,而喜欢违法乱纪和扰乱社会者,还从来没有过。

---

① 南怀瑾.论语别裁:上册[M].上海:复旦大学出版社,2015:20.

孔子将孝悌忠信作为治家治国的根本。家庭是社会的细胞，国家是家庭的放大。从孔子这里，就一直提倡修身、齐家、治国和平天下的家国同构、家国一体的理念。“古之欲明明德于天下者，先治其国；欲治其国者，先齐其家；欲齐其家者，先修其身；欲修其身者，先正其心；欲正其心者，先诚其意；欲诚其意者，先致其知；致知在格物。物格而后知至，知至而后意诚，意诚而后心正，心正而后身修，身修而后家齐，家齐而后国治，国治而后天下平。”① 曾子在《大学》中将孔子的孝道思想进行了系统的梳理和总结，进一步系统化和深刻化。

在儒家的孝道文化中，“身体发肤，受之父母，不敢毁伤，孝之始也。立身行道，扬名于后世，以显父母，孝之终也。夫孝，始于事亲，中于事君，终于立身”②。孝道开始于要小心保护自己的身体健全和健康，最高水平的孝道是立德、立功或立言，光宗耀祖，扬名于后世，百世流芳。

孝道的表现形式有三重境界：事亲、事君和立身。在家孝顺父母，在国忠于君主，在社会上行君子之事，显君子之风。可以说，孝是一切德行的根本，也是社会教化产生的根源。在秦汉魏晋之后，特别是汉武帝“抑黜百家，独尊儒术”之后，以孝治天下成为两千多年来封建君主制社会的治国纲领。孝道不仅是家庭伦理，也是国家层面的社会伦理和政治伦理。

孟子曾指出君子有“三乐”，即“父母俱在，兄弟无故，一乐也；仰不愧于天，俯不怍于人，二乐也；得天下英才而教育之，三乐也。君子有三乐，而王天下者不与存焉”③。在君子三乐中，第一乐说的就是家庭和亲情的圆满和友爱。

在孔子的学生中，闵子骞是一个大孝子。闵损，字子骞，比孔子小15岁。闵子骞的继母背着闵子骞的父亲虐待他。冬天，继母给其亲生的两个儿子穿棉花做的棉衣，但给闵子骞穿不能御寒的芦花做的“冬衣”。一天，父亲让闵子骞驾车，闵子骞冷得发抖，将绳子掉到了地上。看到此情此景，父亲以为大儿子不想干活，就斥责和鞭打闵子骞。一鞭子下去，芦花从冬衣中飞了出来，父亲这才知道是继母虐待大儿子。于是，闵子骞的父亲怒不可遏，坚决要和闵子骞的继母离婚。闵子骞为之求情，说：“母在一子单，母去三子

---

① 孔子，等. 四书五经[M]. 李择非，整理. 沈阳：万卷出版公司，2009：3.

② 曾参. 孝经[M]. 李新路，编. 郑州：河南人民出版社，2008：2.

③ 孟子[M]. 万丽华，蓝旭，译注. 北京：中华书局，2007：297-298.

寒。”这意思是说，如果继母留下来，即使继续虐待我，只是我一个人受冻；但是如果休了母亲，三个孩子就都要挨冻。父亲看到懂事的大儿子，就依了他。继母看到闵子骞以德报怨，也痛改前非。从此以后，继母也像对待亲儿子那样对待闵子骞。全家人终于和睦地生活在一起。① 这个故事后来成了“单衣顺亲”和“鞭打芦花”的典故。

其次，看本章的第二句：“君子务本，本立而道生。孝弟也者，其为仁之本与！”这句说的是，君子为人处世重要的是致力于根本。这个为人处世的根本确立了，事亲、事君和立身的社会生活之道就产生了。孝悌，就是孝顺父母和敬爱兄长，这是仁义的根本。

“本立而道生”中的“道”容易引起歧义。有的学者把这里的“道”理解为做学问之道、“治国做人”之道，或者做人处世的基本原则。我个人认为，儒家的“道”，是入世之道，它不同于道家的“道”，也不同于佛家和其他宗教、哲学派别的“道”。那么，儒家的这个入世之道，只能是“修齐治平”之道，也就是一个君子如何做人、做事、事亲、事君和立身之道。换言之，也是所谓的孝道。因为儒家奉行“以孝治天下”，所以孝道在家就是事亲（孝悌），在国就是事君，在人生的最高境界上就是立身（即立德、立功、立言，扬名立万、光宗耀祖和贡献社会）。

1.3　巧言令色

【原文】

子曰：“巧言令色，鲜矣仁！”

【引言】

这一章是讲孔子对“巧言令色”之人经过长期观察所做的一个论断，即善于花言巧语、习惯于做表面功夫的人，多半是伪善谄媚之人，他们身上的仁德是稀少的。

---

① 蔡志忠. 孔子三部曲：仲尼弟子列传[M]. 济南：山东人民出版社，2016：13-15.

【释解】

(1)巧言令色:花言巧语,虚伪做作,装出一副和颜悦色的样子。巧言:表面上好听而实际上虚伪的话。令色:谄媚、伪善、做作的脸色。

(2)鲜矣仁:倒装句,即“仁鲜矣”,身上的仁德就很少了。鲜:很少,稀少。矣:文言助词,了。

【译文】

孔子说:“花言巧语、面孔伪善的人,他们身上的仁德就很少了。”

【拓展】

这一句是孔子说的话。孔子说:“有些人常常装出和颜悦色的样子,说着讨巧的话。大家要注意了,这种人身上的仁德是很少的。”朱熹注曰:“巧,好;令,善。好其言,善其色,致饰于外,务以悦人。则人欲肆而本心之德亡矣。圣人辞不迫切,专言鲜,则绝无可知,学者所当深戒也。”①

一个人有足够的仁德的话,一定是真诚坦率、光明磊落的。这样的人有一说一,实事求是,开诚布公。如果一个人喜欢当面说让别人高兴的话,背地里却喜欢说别人的坏话,损人利己,甚至损人不利己,或者见人说人话,见鬼说鬼话。这样的人身上的仁德就很少,甚至是邪恶的小人。

《尚书·虞书·大禹谟》中的“人心惟危,道心惟微,惟精惟一,允执厥中”②是儒学文化传统中的“十六字心传”。其意思是说,人心是变化莫测的,但道心是精微的。人只要精诚纯一,就能与道契合,持中道而行。在《中庸章句集注·序》中,朱熹对“人心惟危,道心惟微”这样解释说:“盖尝论之:心之虚灵知觉,一而已矣,而以为有人心、道心之异者,则以其或生于形气之私,或原于性命之正,而所以为知觉者不同,是以或危殆而不安,或微妙而难见耳。然人莫不有是形,故虽上智不能无人心,亦莫不有是性,故虽下愚不能无道心。二者杂于方寸之间,而不知所以治之,则危者愈危,微者愈微,而天理之公卒无以胜夫人欲之私矣。”③

① 朱熹.四书章句集注[M].北京:中华书局,2011:50.
② 尚书[M].王世舜,王翠叶,译注.北京:中华书局,2012:361.
③ 朱熹.四书章句集注[M].北京:中华书局,2011:16.

在朱熹等理学家看来，人心即人欲，有偏向恶的一面或走向恶的可能性，这正是荀子“性恶论”产生的根源；同时，人身上也存在着道心，即公道和天理。这道心就是孟子说的仁、义、礼、智等善端，也是孟子“性善论”的根源。

尽管知人知面不知心，但路遥知马力，日久可见人心。所以，即使是巧舌如簧之人、花言巧语之人，或是阴险狡诈之人，乃至城府很深的伪善者，假以时日，他们的真面目都会完全暴露。诸葛亮在《将苑·知人性》一文中提出了自己的观人之法：“一曰，问之以是非而观其志；二曰，穷之以辞辩而观其变；三曰，咨之以计谋而观其识；四曰，告之以祸难而观其勇；五曰，醉之以酒而观其性；六曰，临之以利而观其廉；七曰，期之以事而观其信。”①从“志、变、识、勇、性、廉、信”七方面对人进行全面考察，可以说是古代不错的识别、选拔、考核和任用人才的评价标准体系。目前，我国考核行政管理人员和公务员的标准是“德、能、勤、绩、廉”，考核科研人员的标准是政治思想和职业道德素质、代表作、贡献度和主观评价等几个维度。总之，一个人有无仁德，仁德多少，总会表现在行为上，它是有迹可循的。眼内有尘三界窄，心底无私天地宽。一个人应该不断学习和提升心境，让自己的心胸宽广和坦荡起来。

1.4 吾日三省吾身

【原文】

曾子曰：“吾日三省吾身：为人谋而不忠乎？与朋友交而不信乎？传不习乎？”

【引言】

这一章是曾子在谈自己的学习、反思和慎独之道。

【释解】

（1）曾子：即曾参（shēn），鲁国人，和其父曾点（又名曾皙）都是孔子的学生。曾子是孔子晚年的学生，比孔子小46岁。他参与编辑了《论语》，撰

① 诸葛亮. 将苑[M]. 韦建黎，解译. 南宁：广西人民出版社，2007：11.

写有《大学》《孝经》《曾子十篇》等作品。曾子对孔子的思想做了很好的继承和发展。他提倡“以孝为本”，主张“修齐治平”“内省慎独”和忠恕、孝悌等儒家价值观，为中华儒家文化传承和发展作出了杰出贡献。

(2)吾日三省吾身：我每天多次反省，会问自己三个问题。吾：我。日：每天，每日。三：三次，多次。省：反省，反思，检查。吾身：我自己，我自身。

(3)为人谋而不忠乎：为别人谋事尽心竭力了吗。谋：谋划，谋事。不忠：不忠诚，存有私心。乎：吗。

(4)交而不信：交往而不诚信。

(5)传不习乎：老师传授的知识还没有复习吗。传：所传授的知识。习：复习，巩固。

【译文】

曾子说：“我每天多次地反省自己，并且反省自己的时候会问自己三个问题：给别人谋事是否尽心尽力了呢？与朋友们交往是否诚实守信呢？老师传授的知识是否复习和巩固了呢？”

【拓展】

谋事可以被理解为处理工作上的事情。在现今的社会中，每家单位都要求员工尽到自己的工作职责或岗位职责，并将工作表现与绩效考核结合起来。每个员工都有自己要完成的工作。工作的基本要求是，兢兢业业，一丝不苟。

与朋友交往，是社会交往方面的事情。它关乎一个人思想品质到底如何。一个好汉三个帮，多个朋友多条路。“人无诚信不立；家无诚信不和；业无诚信不兴；国无诚信不宁。”所以，诚实守信是一个人做人和立身之本，也是治家、立业、立国之本。

复习和巩固老师所讲授的知识，是尊重老师和尊重知识的表现。学生温故而知新，才能日积月累地提高学问和修养。三天打鱼，两天晒网，不能持之以恒，是无法成就一番事业的。

曾子每天能从学习、工作和社会交往三个方面省察自己，的确难能可贵，也是其君子之风的突出表现。每天反省自己，有则改之，无则加勉。过错只会越来越少，道德也会日新，日新，日日新。

1.5 道千乘之国

【原文】

子曰："道千乘之国，敬事而信，节用而爱人，使民以时。"

【引言】

这一章是孔子在讲治国理政的方针和措施。

【释解】

(1)道千乘之国：领导和治理一个拥有千辆兵车的大国。道：通"导"，领导，治理。千乘之国：拥有一千辆战车兵力的国家。乘(shèng)：一辆兵车，四马一车为一乘。

(2)敬事而信：认真办理国家和社会事务，并且讲究信用。敬事：恭敬做事，虔诚办事。

(3)节用而爱人：节约开支，爱护官员和人民。

(4)使民以时：按照农时来给百姓安排农活和差役。使：使用，差使。以：按照，根据。

【译文】

孔子说："领导和治理一个拥有千辆兵车的大国，必须做到以下三点：认真办理国家和社会事务，并且讲究信用；节约开支，爱护官员和人民；按照农时来给百姓安排农活和差役。"

【拓展】

如何领导和管理一个比较大的国家？在这一章，孔子谈了自己的观点。领导和治理一个拥有千辆兵车的大国，必须做到三点：第一，"敬事而信"，即认真办理国家事务，并且讲究信用；第二，"节用而爱人"，即节约开支，爱护官员和人民；第三，"使民以时"，即按照农时来给百姓安排农活和差役。

首先，一个国家的政务工作做得如何关系到一个国家能否正常运转，也关系到政风和社会风气。古时候如此，现代社会也是如此。现在是互联网时代，全国各地政府都开办了政务服务管理平台，面向政务服务大厅、办理部门、审批部门、监察部门、审改部门等承担政务服务管理职能的机构进行政务服务事项管理、运行管理、监督考核等工作。许多政务都可以通过业务办理网络系统来进行，如网上申请、网上办理、网上审批、网上办结、网上发证等。这就是“互联网+政务服务”的为民服务模式。这样的模式使得民众办事更加方便和容易，既节省了大家的时间，又提高了政府的工作效率。

其次，在办理政务的过程中，要节约开支，要爱惜官员和人民的劳动成果。在孔子生活的时代，国家的财政收入来自对农民或农奴的征税，或以劳役地租的形式，或以实物地租和货币地租的形式。充实的经济基础是国家社会稳定的基石。如果肆意开支，则会造成财政赤字，造成入不敷出的局面，那样将会给国家带来危险。如果因为入不敷出而千方百计向百姓多收税，则会造成人民生活困苦，财力枯竭，从而把国家置于危险之中。

最后，要按照农时和农业季节规律使唤百姓。“季节不饶人，种田赶时分”“秋天把地翻，害虫没处钻”“一分肥，一分粮；十分肥，粮满仓”“一日之计在于晨，一年之计在于春”，这些都是我国流传至今的农时谚语。“民以食为天”，农业是国家经济的根本支柱。“无农不稳，无工不富，无商不活。”农业搞不好，社会就很难稳定。

综上所述，孔子从政务工作、节约开支和按照农时与农业发展规律办事这三个方面，对如何领导和治理一个大国提出了自己的主张和建议。这些建议抓住了农业文明社会国家治理和管理的要害。

1.6　弟子入则孝

【原文】

子曰：“弟子入则孝，出则悌，谨而信，泛爱众，而亲仁。行有余力，则以学文。”

【引言】

这一章是孔子在讲一个学生如何做人处世、如何学习进步的道理。

【释解】

(1)入则孝:在家的时候就要孝顺父母。入:进家门。则:就。孝:孝敬父母。

(2)出则悌:出门的时候就要敬爱兄长,友爱兄弟。悌:敬重兄长,友爱兄弟。

(3)谨而信:做事谨慎小心而恪守信用。

(4)泛爱众:博爱大众,亲近人民。

(5)而亲仁:亲近有仁德的人。而:连词,表示并列关系。

(6)行有余力:做好应当做好的事情后,还有时间和精力。行:做事。余:富余的。

(7)则以学文:就用来学习文学、艺术、文献等方面的知识和技能。以:用来。文:同“文质彬彬而后君子”的“文”,是指文学艺术、历史文化等方面的综合知识和精神修养。

【译文】

孔子说:“学生在家的时候就要孝顺父母,外出的时候就要尊敬师长,友爱兄弟。做事就要谨慎小心,诚实守信。要与人为善,博爱大众,亲近有仁德的人。做好这些以后,还有精力的话,就用来学习文化艺术知识和技能,不断提高自己的素质。”

【拓展】

一个学生应该如何做人?孔子在这一章提出了自己的见解。

无规矩不成方圆。孔子提出了学生应该遵循的规矩。孝悌是仁义礼智信的根本。做人首先是务本,本立而道生。做事说话都要谨慎,诚实守信的人才会得到人们的信任。“泛爱众”,实质上就是亲民。大学之道在于明明德,在于亲民,在于止于至善。

行有余力,则以学文。学会如何做人,如何与人相处,如何交友,如何事君,这些虽是做人的根本和出发点,但光有仁义道德和亲民之心还不够,因为人还必须有做事的能力和做人的智慧,而智慧、能力必须通过学习获得。当然,一个人学习什么方面的文化知识,可以根据自己的兴趣爱好来。《诗》

《书》《礼》《易》《乐》《春秋》这“六经”,以及礼、乐、射、御、书、数这“六艺”,都是可以学习的。

做人是做学问和做事业的根本。应先本后末,不应本末倒置。一棵小树刚栽的时候,如果不立端正,日后就会长歪。十年树木,百年树人。有志者,事竟成。《荀子·劝学篇》中说:“积土成山,风雨兴焉;积水成渊,蛟龙生焉;积善成德,而神明自得,圣心备焉。故不积跬步,无以至千里;不积小流,无以成江海。骐骥一跃,不能十步;驽马十驾,功在不舍。锲而舍之,朽木不折;锲而不舍,金石可镂。蚓无爪牙之利,筋骨之强,上食埃土,下饮黄泉,用心一也。蟹六跪而二螯,非蛇鳝之穴无可寄托者,用心躁也。”①一个人随着兴趣,用心学习,持之以恒,必然能够有所收获和成就。

1.7 贤贤易色

【原文】

子夏曰:“贤贤易色,事父母能竭其力,事君能致其身,与朋友交言而有信。虽曰未学,吾必谓之学矣。”

【引言】

在上一章,也就是《学而篇第一》的第六章,孔子讲了“学文”要以学会做人为本。而这一章是孔子的学生子夏在讲:学习的根本和实质是什么?

【释解】

(1)子夏:即卜商,姓卜,名商,字子夏,南阳郡温邑(今河南温县黄庄镇卜杨门村)人。他是“孔门十哲”之一,被尊称“卜子”,比孔子小44岁。

(2)贤贤易色:敬重贤能的人并向他们学习,就会改变自己做人处世的神色和态度。贤贤:尊重和崇尚贤能的人。第一个“贤”是动词,是尊重和崇尚的意思;第二个“贤”是名词,指贤能的人。易色:改变神色和态度。易:改变,变化。色:神色,态度。

(3)事父母:侍奉父母,孝顺父母。

① 荀子:全二册[M].邓启铜,点校.南京:南京大学出版社,2014:6-7.

(4)竭其力：竭尽全力，做出最大努力。

(5)事君：侍奉君主，给君主办事。

(6)致其身：奉献自己的生命，竭尽全力。

(7)言而有信：说话有信用，说话算数。

(8)虽曰未学：即使说没有学习过。虽：即使，纵然。曰：说。

(9)吾必谓之学矣：我也一定认为他已经学过了。吾：我。必：必定，一定。谓：认为。之：他。矣：了。

【译文】

子夏说："如果一个人敬重贤能的人并向他们学习，就会改变自己做人处世的神色和态度。他就能做到：竭尽全力地侍奉自己的父母；竭尽全力地侍奉自己的君主，甚至不惜付出生命；和朋友交往时，说话算数。即使说他没有学习过这些做人处世的道理，我也一定认为他已经学过了。"

【拓展】

这一章中，"贤贤易色"容易产生歧义。有的学者认为这里的"色"是美色、女色的诱惑，而把"贤贤易色"解释为"尊重贤人、轻视女色"或"看到贤能的人就改变其好色之心"，许多宋儒都持有这样的看法，一些现代学者也持有这种观点。[①] 如果对"贤贤易色"做这样的解释，显然与整个段落其他部分的句意是不协调或不搭调的。再者，爱美之心人皆有之，君子可以在尊重和崇尚贤能与好色之间做到完美的平衡，换言之，尊重贤人，敬重贤能的人，不一定就轻视女性和女色。"窈窕淑女，君子好逑"，"思无邪也"。正因如此，南怀瑾在《论语别裁》中对宋儒的这类观点也持批判态度。他指出："宋儒解释'贤贤易色'，为了做学问，都可以把自己的妻女或丈夫丢开，这是不通的。"[②]此外，"尊重贤人、轻视女色"也与儒家"泛爱众"的思想相背离。总之，将"贤贤易色"中的"色"解释为美色、女色是不符合这里的文章大意的。

还有人将"贤贤易色"中的"色"解释为妻子的容貌和容颜。这样就把"贤贤易色"解释为"对待妻子要重其品德而非容貌"。其提出的理由或根据

---

① 来可泓的《论语直解》就持这种看法。见：来可泓. 论语直解［M］. 上海：复旦大学出版社，2000：12.

② 南怀瑾. 论语别裁：上册［M］. 上海：复旦大学出版社，2015：26.

是，“通观整章，所论述的内容是修身处世之道。事父母、事君、交朋友都是一定的人物关系，按照其中父母、君上、朋友的逻辑顺序，可见‘贤贤易色’所指的应当也是指某种人物关系而言的。《孟子·滕文公上》中说，‘父子有亲，君臣有义，夫妇有别，长幼有序，朋友有信’，在古代社会，君臣、父子、夫妇、兄弟、朋友为‘五伦’，而夫妻关系被称为人伦之始、王化之基。由此推测，‘贤贤易色’是指对待妻子的态度，即是说对待妻子，要注重其德行，而不是容貌”①。虽然这位学者给出的理由和根据是这一章提到了“五伦”关系中的“三伦”，即父子、君臣和朋友，那么“贤贤易色”的“色”，一定是指“夫妇关系”。对此，本人不敢苟同。理由主要有：第一，如果这样的话，为什么子夏不提及“兄弟关系”呢？第二，“贤贤易色”与“事父母能竭其力”“事君能致其身”“与朋友交言而有信”这三者之间的语言措辞结构或排比结构不相一致。此外，“事父母能竭其力”“事君能致其身”“与朋友交言而有信”这三者都明确说出了“父母”“君”和“朋友”，这一章又为何不明确说出“夫妇”呢？第三，“贤贤易色”的结构中，显而易见，第一个“贤”是动词，是尊重和崇尚的意思；第二个“贤”是名词，指贤能的人。而“易色”中的“易”是动词，“色”是名词。“易色”是改变神色和态度的意思。换言之，在“贤贤易色”中，无论如何也找不到“对待妻子要重其品德而非容貌”的意思。因此，这样的解释，只能是主观臆断或牵强附会而来的。

综上所述，“贤贤易色”只能是“敬重贤能的人并向他们学习，就会改变自己做人处世的神色和态度”之意，而不是什么美色、女色或容颜、容貌的意思。

1.8 君子不重则不威

【原文】

子曰：“君子不重则不威，学则不固。主忠信，无友不如己者。过则勿惮改。”

① 中央纪委监察部网站客户端.“贤贤易色”是指什么？[EB/OL].(2015-08-17)[2022-08-12].http://m.ccdi.gov.cn/content/60/3d/5019.html.

【引言】

这是第一篇第八章。孔子在讲一个人如何学做君子的道理。

【释解】

(1)君子:品德高尚、重义轻利、德才兼备、文质彬彬、刚毅坚卓和自强不息的人。

(2)不重则不威:一个人不自重就不会有威严。重:自重、庄重。威:有威严。

(3)学则不固:学习到的知识就不会得到巩固。固:牢固,巩固。

(4)主忠信:注重忠实诚信的品质,以忠实诚信为做人处世之根本。主:注重,以……为根本。

(5)无友不如己者:不要去结交那些在忠实诚信方面不如自己的人。无:通“毋”,不要。友:结交,结交朋友。不如己者:不如自己的人。这里是指在德行上不如自己的人。

(6)过则勿惮改:有了过错,就不要怕改正过错。过:犯过错,犯错误。则:就。勿:不要,别。惮:忌惮,畏惧,害怕。

【译文】

孔子说:“君子不自重就不会有威严,学习到的知识也不会得到巩固。要以忠实诚信为做人处世之根本,不要去结交那些在忠实诚信方面不如自己的人。有了过错,就不要怕改正过错。”

【拓展】

一个君子应当谨言慎行,谨慎自己的一言一行、一举一动。言语举止都轻浮的人,得不到他人的尊重。所以,一个人言行庄重,自然就会不怒而威。

君子养成了凡事慎言慎行和庄重认真的习惯,那么对于学习这样的事情也会做到认真和庄重。学到的知识也会得到巩固。孔子的弟子曾子做事认真、负责,为人庄重,所以能够每日多次地反省自己的言行:为他人做事是否忠心耿耿?与朋友交往是否诚心诚意?对老师教授的东西是否做到了温故而知新?以自重和认真负责的态度去对待学习和工作,学识和技能不可能不得到巩固和提高。

“主忠信”,就是与他人交往的时候,要注重其忠实诚信的德行。东汉郑玄说:“主,亲也。惮,难也。”①朱熹说:“人不忠信,则事皆无实,为恶则易,为善则难,故学者必以是为主焉。”②

学者对“无友不如己者”中“友”的意思,目前有两种看法:一种是作动词用。其意思是“与……人交友”;另一种是作名词用,其意思是“朋友”。曾子、朱熹、刘宝楠、来可泓等人赞成第一种观点③;而南怀瑾等人赞同第二种观点④。我个人认为,第一种观点是说得通的。

孔子曾经说过:“益者三友,损者三友。友直,友谅,友多闻,益矣。友便辟,友善柔,友便佞,损矣。”⑤益友对人的自身修养有益无害,损友对人的品性形成则有害无益。“无友不如己者”是指不要去结交那些在修养上无法给自己带来益处的人,即要和益友交往,不要和损友交往。所以,这里的“不如己者”是有所指的,是专指在道德修养上无法给自己带来益处的人,而不是泛指任何一个不如自己的人。毕竟在现实生活中,任何一个人都无法做到在各个方面只与比自己更好的人交往。

尺有所短,寸有所长。每个人从才能、学识等方面讲,各有优劣,各有所长,各有所短。所以,君子交友,主要看对方是益友还是损友。凡是在道德修养上能够帮助自己精进的,那就是益友,反之就是损友。与益友相交,“见贤思齐焉,见不贤而内自省也”⑥,或者“择其善者而从之,其不善者而改之”⑦。

至于南怀瑾把“无友不如己者”理解为“没有一个朋友不如你”,则似乎存在着逻辑上的缺陷。因为事实上,并不见得所有的朋友都比自己好,比自己强。因此,我支持和赞同第一种观点。

总之,君子言行要庄重,这样才会有威严;如果言行不庄重,则不会有威

① 何晏,邢昺.论语注疏[M].北京:中国致公出版社,2016:9.

② 朱熹.四书章句集注[M].北京:中华书局,2011:52.

③ 来可泓把曾子、朱熹、刘宝楠等人的观点做了简单的引证和梳理。见:来可泓.论语直解[M].上海:复旦大学出版社,2000:15.

④ 南怀瑾认为“无友不如己者”的意思是“没有一个朋友是不如你”。见:南怀瑾.论语别裁:上册[M].上海:复旦大学出版社,2015:30.

⑤ 论语[M].陈晓芬,译注.北京:中华书局,2016:223-224.

⑥ 论语[M].陈晓芬,译注.北京:中华书局,2016:43.

⑦ 论语[M].陈晓芬,译注.北京:中华书局,2016:86.

严，学习到的知识也不会得到巩固；要多亲近和结交忠实诚信的人，不要结交那些在忠实诚信方面不如自己的人；犯了过错，就不要怕改正过错。

1.9 慎终追远

【原文】

曾子曰："慎终追远，民德归厚矣。"

【引言】

这一句是曾子说的话。曾子在这里实际在讲孝道学习和孝道实践的作用和意义。

【释解】

(1)慎终追远：重视父母去世后举办的葬礼，祭祀和追念以往去世的祖先。

(2)民德归厚矣：老百姓的道德风气就会变得淳厚起来。矣：文言助词，表示肯定。

【译文】

曾子说："如果重视父母去世后举办的葬礼，祭祀和追念以往去世的祖先，老百姓的道德风气就会变得淳厚起来。"

【拓展】

"慎终"就是谨慎对待去世父母的丧礼或葬礼，"追远"就是祭祀和追念以往去世的祖先。所以这里涉及孝道中的丧礼和祭礼。《礼记·祭统》中说："凡治人之道，莫急于礼。礼有五经，莫重于祭。夫祭者，非物自外至者也，自中出，生于心也。心怵而奉之以礼。是故，唯贤者能尽祭之义。贤者之祭也，必受其福……祭者，所以追养继孝也。孝者，畜也。顺于道，不逆于伦，是之谓畜。是故，孝子之事亲也，有三道焉：生则养，没则丧，丧毕则祭。

养则观其顺也，丧则观其哀也，祭则观其敬而时也。尽此三道者，孝子之行也。”①

礼是对社会关系和做事原则与程序的规范。治理国和家，最重要的是制定礼的规矩。礼有许多种类，其中最重要的一种是祭礼。祭祀是发自于人的内心，而祭礼是外在的规定，其目的是让后生们产生敬畏之心，所以只有贤者才能明白祭祀的实质。

孝子的祭祀，是用来完成对父母生前应尽而未尽的供养和孝道，是孝道的一种延续。孝子所应尽的孝道，包括三个方面：一是父母在世时好好赡养；二是父母去世后按照丧礼规定举办丧礼和依礼服丧；三是服丧期满要按时祭祀。赡养父母期间可以观察子女是否孝顺；举办丧礼期间可以观察子女是否哀伤；祭祀期间可以观察子女是否虔敬和按时。这三方面的事做好了，才称得上是一个孝子。

教育包括家庭教育、学校教育和社会教育。相应地，学习包括家庭学习、学校学习和社会学习。举办和参加丧礼和祭礼等活动，就是一种履行孝道的社会实践活动。饮水思源，回顾历史，慎终追远，必然能使民风淳厚起来。

1.10　夫子至于是邦也

【原文】

子禽问于子贡曰：“夫子至于是邦也，必闻其政，求之与？抑与之与？”子贡曰：“夫子温、良、恭、俭、让以得之。夫子之求之也，其诸异乎人之求之与？”

【引言】

这一章是孔子的学生子禽与子贡之间的对话。这则对话揭示了孔子周游列国寻找为政做官的机会，以施展政治抱负和志向的目的和心志。

① 礼记[M]. 李慧玲，吕友仁，注译. 郑州：中州古籍出版社，2010：189.

【释解】

(1)子禽,即陈亢(gāng),春秋时顿子国(今河南省项城市南顿镇)人。孔子的学生,比孔子小40岁。他18岁入孔门,后随孔子到卫国(今河南滑县、濮阳一带)。

(2)子贡,即端木赐,也是孔子的学生,卫国人,比孔子小31岁,口才极好,善于外交和经商。

(3)夫子至于是邦也:孔子到了这个国家。夫子:老师,这里是指孔子。至于:到了,到达。是:这,这个,此。邦:邦国,诸侯国,国家。

(4)闻其政:询问该国的政治、社会治理状况。闻:询问,打听。政:国政,国家治理状况。

(5)求之与:是求官做吗。之:这里是指官职。与(yú):同"欤",文言助词,表示疑问,相当于"吗"。

(6)抑与之与:抑或提供一些建议呢。抑:抑或,或者。与:给,给予。

(7)温、良、恭、俭、让以得之:是用温、良、恭、俭、让的美德得到官做的。温:温厚。良:善良。恭:恭敬。俭:节俭。让:忍让,谦让。

(8)其诸异乎人之求之与:大概与一般人所求的不同吧。其诸:或者,大概。异乎:不同于,异于。人之求之:他人之所求。

【译文】

子禽问子贡说:"我们的老师到了一个国家,一定会打听该国的政治和政事,他是想求官做呢,还是想给该国国君提供一些建议呢?"子贡回答说:"老师是想求官做,但他是通过温、良、恭、俭、让的方式来求官的。我们的老师求官做,恐怕与一般人求官做的目的和方式都不同吧?"

【拓展】

有些学者把"求之与?抑与之与?"理解为:孔子是向别人打听政事消息呢,还是别人主动告诉他政事状况呢?这显然是说不通的。一般地讲,一个人来到一个陌生的国度或地方,如果自己不去主动打听该国的政事状况,很少有人主动告诉他。一是因为别人也不知道你想了解什么,再就是当地人也不会主动和陌生人去谈论什么政事消息。

再一个,“夫子之求之也,其诸异乎人之求之与?”这一句,如果理解为:孔子打听政事消息与一般人打听政事消息的方式有所不同。这就有点小题大做了,没有什么典型或特别的意义。但理解为孔子求官做和一般人求官做的目的和方式有着根本的不同,那意义就特别了。因为一般人求官做,是追求名利,而孔子求官做,是为了实现自己“克己复礼为仁”的社会政治理想。

学而优则仕,仕而优则学。孔子是这样想的,也是这样做的。当他的政治理想无法在自己的国家鲁国实现的时候,孔子带着学生开始周游列国,寻求做官的机会。但孔子绝不通过非正当的方式,或者通过非君子风格的方式来得到一职半官。换言之,孔子是有做官的基本原则和做人的底线的。道不同不相为谋,他求官做是为了实现政治理想。如果不能实现自己的政治理想,那么他宁愿无官可做,或辞官不做。

在求官做的方式方法和态度上,孔子也有着君子般的风度和道德修养。那就是温、良、恭、俭、让,这也是“六经”教育培养出的人的基本美德。

《礼记·经解篇》说:“入其国,其教可知也。其为人也,温柔敦厚,《诗》教也;疏通知远,《书》教也;广博易良,《乐》教也;洁静精微,《易》教也;恭俭庄敬,《礼》教也;属辞比事,《春秋》教也。”①我们到一个国家或者一个地方,就能感受到那里的民俗民风和社会教化的情况。接受了《诗》的教育,人就会温良敦厚;接受了《书》的教育,人就会博古通今、思想开明;接受了《乐》的教育,人就会心胸博大、轻松愉快和为人和善;接受了《易》的教育,人就会纯洁、专注、精明和洞察入微;接受了《礼》的教育,人就会恭敬、节俭、庄重和肃穆;接受了《春秋》的教育,人就会连缀词句、精于辞令、评论是非。

总之,温、良、恭、俭、让这几大美德,是君子的美德。有了君子之美德,一个人就会得到人们的尊敬、信任、支持和帮助。此外,温、良、恭、俭、让,也是君子做人处世之道。

① 礼记[M].李慧玲,吕友仁,注译.郑州:中州古籍出版社,2010:192.

1.11　父在观其志

【原文】

子曰："父在观其志；父没观其行。三年无改于父之道，可谓孝矣。"

【引言】

这是《学而篇第一》的第十一章。这一章是孔子在讲如何通过观察来判断一个人是否具备孝顺的品德。

【释解】

(1)父在观其志：父亲活着的时候观察儿子的志向。在：在世，活着。志：志向，立志。

(2)父没观其行：父亲去世后，观察儿子的行为。没(mò)：通"殁"，死。行：行为。

(3)无改：没有改变。

(4)父之道：父亲生前的教导，父亲做人处世的基本行为准则。

(5)可谓孝矣：可以说是孝顺了。矣：了。

【译文】

孔子说："父亲在世的时候，观察儿子的志向；父亲去世后，观察儿子的行为。如果父亲去世后三年之内，儿子都不改变父亲做人处世的基本原则和行为准则，那就可以说是孝顺了。"

【拓展】

守孝三年的制度可能在西周周公制礼作乐的时候就确立下来了。孔子主张恢复周礼制度，所以主张坚持三年守孝的这个周礼孝道。《中庸》说："三年之丧，达乎天子。父母之丧，无贵贱，一也。"①汉武帝独尊儒术后，守孝三年成为从天子到老百姓人人遵守的服丧制度。过去，在朝廷任职的官员，

---

① 孔子，等．四书五经[M]．李择非，整理．沈阳：万卷出版公司，2009：24.

一旦父母去世，就必须回家“丁忧”，也就是要回乡为父母守孝三年。

周礼为什么把守孝的时间定为三年？其给出的理由是，父母养育孩子的哺乳期是三年，所以为了报答父母这三年的哺育之恩，也把守孝的时长定为三年。“一日为师，终身为父。”孔子去世后，孔子的许多学生自发地在孔子墓旁建草房居住，守孝三年，而子贡更是为孔子守孝六年。

古代对守孝三年有着比较详细的规定，如要“做七”、过百日祭、周年祭、二周年祭和三周年祭等。“做七”，又称为烧七、斋七、守七，即从人死之日起，每隔七天摆供品、上香、烧一次纸，烧七次，共七七四十九天。烧七之俗南北朝时就已流行。接下来，就是百日祭、周年祭、二周年祭和三周年祭了。过完了百日祭，孝子孝孙就要节哀，停止哭泣。三周年祭奠结束，三年守孝就期满了。

“三年守孝”，现代人基本上可以理解，但是孔子的“三年无改于父之道，可谓孝矣”这个说法，应该是有歧义的。父母在世的时候，儿女听从父母和孝顺父母，无疑是需要提倡的，但是父亲去世之后，继续按照父亲的教诲和教导行动，就得具体问题具体分析了。

孝道，就是不违背父母之道。如果父亲之道是正确的话，那可以；如果父亲之道是错误的，或者过时的，那就有问题了。继续坚持这样的父道或孝道，是不是愚忠愚孝呢？

1.12　礼之用和为贵

【原文】

有子曰：“礼之用和为贵。先王之道斯为美，小大由之。有所不行，知和而和，不以礼节之，亦不可行也。”

【引言】

这一段是有子所说的话。这一章是有子在讲礼的实质和精神，以及知礼、尊礼、守礼和行礼的重要性和必要性。

【释解】

(1)礼之用和为贵：礼的作用就在于和谐人和人之间的关系。礼：礼仪规范。这里是指“周礼”制度和规范。用：作用，功用。和：和谐，和睦。贵：贵重，重要，贵重的东西。

（2）先王之道斯为美：古代君主治国理政之道以此为美。先王：这里是指尧、舜、禹、汤、文王、武王、周公等古代明君。道：治国理政之道。斯：这，这个。这里是指礼制规范、礼治。

（3）小大由之：无论大小事，都是按照礼治这个原则来做。由：根据，按照。之：是指礼、礼治和礼制规范。

（4）有所不行：有时候却行不通。不行：不可行，行不通。

（5）知和而和：知道和谐是礼的精神，就为了和谐而和谐。结果变成了一味地去迎合，而不再用礼制规范来节制人们的行为，最终就乱套了，行不通了。

【译文】

有子说：“礼的作用就是以和为贵。古代明君治理国家的原则就是以和为贵，以和为美，无论大小事，都是按照这个原则来做。但有时候却行不通，这是因为人们知道和谐是礼的精神，就为了和谐而和谐，于是人们的行为失去了礼的节制，所以，也就行不通了。”

【拓展】

东汉马融说：“人知礼贵和，而每事从和，不以礼为节，亦不可行也。”①礼是人们制定的关于人的行为选择和表现的尺度。“人能弘道，非道弘人”，如果人们一味地妥协、折中，而将礼制置之度外，久而久之，就可能进退失据，行为失当，各种矛盾和问题就会爆发。这正所谓“没有规矩，不成方圆”。

凡事皆应和和美美。中庸与和合是礼的精神，但礼的具体规定是人们行为表现的依据。和是目的，礼仪制度和具体规定是实现和的手段之一。它们彼此相辅相成，缺一不可。

---

① 何晏，邢昺．论语注疏[M]．北京：中国致公出版社，2016：11.

1.13 信近于义

【原文】

有子曰:“信近于义,言可复也。恭近于礼,远耻辱也。因不失其亲,亦可宗也。”

【引言】

这一章是有子在讲信用与道义、恭敬与礼节、亲近与仁爱心之间的关系。

【释解】

(1)信近于义:信用接近于道义,或信用比较符合道义。信:信用,诚信。

(2)言可复也:诺言可以践守。言:诺言,许诺,承诺。复:兑现,实现,践守。

(3)恭近于礼:恭敬接近于礼,或恭敬比较符合礼节。礼:礼节,礼仪,礼的精神和实质。

(4)远耻辱也:远离耻辱,避免受辱。远(yuàn):远离,避免,避开。

(5)因不失其亲:亲近他人而不失仁爱心,怀着仁爱心亲近他人。因:亲,亲近。亲:仁爱心,慈爱心,仁义,仁爱。

(6)亦可宗也:也可以受到尊敬。亦:也。宗:尊崇,尊奉,宗仰,尊敬。

【译文】

有子说:“如果一个人的信用比较符合道义,其许下的诺言就可以践守。如果一个人的恭敬比较符合礼节,他就可以远离由于礼节不周到而带来的耻辱。如果一个人亲近他人而不失仁爱心,他也就会受到尊敬。”

【拓展】

首先,诚信和道义的关系比较密切。一方面,道义的内涵中必然包括守信。人无信不立。季布一诺而千金不移。人要言而有信。言而无信,不知其可也。另一方面，守信却不一定符合道义。譬如，尾生抱柱的故事中，尾生与女子约定在桥下相会，久久等候在那里，但女子迟迟不到。天降大雨，河水暴涨，尾生乃抱桥柱而死。[①] 尾生按照约定一直在桥下等候，这是守信，但河水暴涨而不躲避，这是不义，也是不孝。《孝经·开宗明义》说："身体发肤，受之父母，不敢毁伤，孝之始也。"[②]不珍惜自己的生命和身体，对父母来说就是不孝；年纪轻轻的，遇到危险而不知避险变通，乃是不智；因为男欢女爱之事而忘掉"齐家、治国、平天下"的社会事业，对社会来说则是不义。此外，诚信和承诺也有大信和小信之分，符合天下、国家、社会和绝大多数人整体利益和长远利益的为大信，反之为小信。在大信、大义面前，小信、小义都得让路。

其次，恭敬与礼节的关系比较密切。礼的精神和实质就是彼此平等和尊重。所以，如果一个人能够做到毕恭毕敬，就可以说他掌握了礼仪规矩的精髓。但是，无论多么恭敬，不懂礼仪规矩还是会造成招待不周、失礼、误会、给人留下缺乏教养的印象等不良后果，甚至令人遭受他人的指责或羞辱。所以，恭敬待人还需要懂得起码的礼仪行为规范。

最后，亲近与仁爱心的关系比较密切。一方面，亲近是仁爱心的应有之义；另一方面，亲近他人并不等于富有仁爱心。阿谀奉承、溜须拍马的人亲近、讨好他人是别有用心的，他们的行为不仅不受尊敬，还实属面目可憎。所以，亲近他人必须是仁爱心的自然流露，是发自肺腑的，而不是矫揉造作的。

关于"因不失其亲，亦可宗也"这一句，不同学者见仁见智。

南怀瑾把"因"解释为"动机"，"亲"解释为"亲近亲属""由近及远，渐渐扩及他人"，"宗"解释为"宗仰"。[③] 也就是说，如果一个人在做人做事的动机上首先能考虑到最亲的人，再由近及远考虑他人，没有失去亲情味，那么他仍然是可受尊敬的。孔安国把"因"解释为"亲"，"亲"解释为"仁人"，"宗"解释为"宗敬"，从而把"因不失其亲，亦可宗也"解释为"所亲不失其亲，亦可宗敬"。[④] 孔安国与南怀瑾的解释基本一致。

---

① 庄子[M]. 牧语，译注. 南昌：江西人民出版社，2017：465-466.

② 曾参. 孝经[M]. 李新路，编. 郑州：河南人民出版社，2008：2.

③ 南怀瑾. 论语别裁：上册[M]. 上海：复旦大学出版社，2015：45.

④ 何晏，邢昺. 论语注疏[M]. 北京：中国致公出版社，2016：11.

朱熹、钱穆将“因”解释为“依靠”,“亲”解释为“可亲之人”或“可亲者”,“宗”解释为“宗主”(可依靠者),从而把“因不失其亲,亦可宗也”解释为“所依者不失其可亲之人,则亦可以宗而主之矣”[①]或“遇有所因依时,必先择其可亲者,亦可依若宗主了”[②]。李培宗《论语全解》[③]、安德义《论语解读》[④]、杨伯峻《论语译注》[⑤]、来可泓《论语直解》[⑥]也作了类似的解释。李泽厚将“因”解释为“依靠”,“亲”解释为“亲族”,“宗”解释为“效法”,从而把这一句解释为“所依靠的不脱离自己的亲族,这就可以效法”。[⑦] 陈晓芬将“因”解释为“依靠”,“亲”解释为“可亲之人”,“宗”解释为“尊敬”,从而把“因不失其亲,亦可宗也”解释为“所依靠的都是可亲之人,这也就可尊敬了。”[⑧]由此可见,李泽厚、陈晓芬与朱熹、钱穆等人对“因”和“亲”的解释基本一致,只是对“宗”的解释存在分歧。

李零将“因”解释为“姻”(婚姻关系),“宗”解释为“宗亲”(血缘关系),而前者也叫外亲、外宗,后者也叫内亲、内宗,这样一来,“因不失其亲,亦可宗也”的意思就是“姥姥、舅舅家,虽然比不上爷爷家,但如果不失亲近,也等于宗”。[⑨] 刘宝楠《论语正义》[⑩]和程树德《论语集释》[⑪]对这一类观点都有归纳和集释。

我认为,南怀瑾和孔安国对“因不失其亲,亦可宗也”这一句的解释具有一定的合理性,与“信近于义,言可复也。恭近于礼,远耻辱也”两句的意涵具有内在的关联性,即无论是信用、恭敬还是亲近他人都不能离开仁爱、道义和礼节。朱熹、钱穆以及李零等人的解释虽然自成一体,但与前两句(“信近于义,言可复也。恭近于礼,远耻辱也”)的意涵有所割裂或脱节,显得有些突兀。

---

① 朱熹. 四书章句集注[M]. 北京:中华书局,2011:54.
② 钱穆. 论语新解[M]. 北京:生活·读书·新知三联书店,2012:17.
③ 李培宗. 论语全解[M]. 济南:齐鲁书社,2008:10.
④ 安德义. 论语解读[M]. 北京:中华书局,2007:18.
⑤ 杨伯峻. 论语译注[M]. 北京:中华书局,2006:9.
⑥ 来可泓. 论语直解[M]. 上海:复旦大学出版社,2000:21.
⑦ 李泽厚. 论语今读[M]. 北京:生活·读书·新知三联书店,2008:47.
⑧ 论语[M]. 陈晓芬,译注. 北京:中华书局,2016:8.
⑨ 李零. 丧家狗:我读《论语》[M]. 太原:山西人民出版社,2007:65.
⑩ 刘宝楠. 论语正义:全二册[M]. 高流水,点校. 北京:中华书局,1990:30-31.
⑪ 程树德. 论语集释[M]. 程俊英,蒋见元,点校. 北京:中华书局,1990:50-52.

综上所述，有子所说的“信近于义，言可复也。恭近于礼，远耻辱也。因不失其亲，亦可宗也”这三句话，实际上是并列关系。前两句分别强调信用要符合道义、恭敬要符合礼节，而后一句则强调亲近他人必须符合仁爱之精神。

1.14 君子食无求饱

【原文】

子曰：“君子食无求饱，居无求安，敏于事而慎于言，就有道而正焉，可谓好学也已。”

【引言】

这一章是孔子在讲君子好学的标准是什么，君子应该如何做才好。

【释解】

(1)食无求饱：在饮食上不追求酒足饭饱。无：不。

(2)居无求安：在居住方面不追求舒适安逸。

(3)敏于事而慎于言：在办事上要敏捷勤快，在言语上要谨慎小心。

(4)就有道而正焉：接近得道的人，并请他们纠正自己的过失。就：接近，靠近。有道：有道德的人，得道的人。正：纠正，改正，匡正。焉：文言助词，用于句中表示停顿。

(5)也已：语气助词，表示肯定。

【译文】

孔子说：“君子在饮食上不追求酒足饭饱，在居住方面不追求舒适安逸，在办事上敏捷勤快，在言语上谨慎小心，善于接近有道德的人并请他们纠正自己的过失，这样才可以说是好学之人。”

【拓展】

君子“志于道，据于德，依于仁，游于艺”①。君子之所以不太在意吃喝住

① 杨伯峻.论语译注[M].北京：中华书局，2009：66.

行，主要是因为有更高的精神追求。他们以道为志向，以德为根据，以仁为凭借，在精神世界中游刃有余，自得其乐。

1943 年，美国心理学家亚伯拉罕·马斯洛在《人类激励理论》一文中提出了他的需求层次结构理论。他把人类的需求分为五个等级。这五个等级，从低到高依次是生理需求、安全需求、爱和归属需求、尊重需求和自我实现需求。君子看重的是更高层级的需求，如自我价值实现的需求。孔子能够做到“饭疏食饮水，曲肱而枕之，乐亦在其中矣。不义而富且贵，于我如浮云”①，颜回能够做到“一箪食，一瓢饮，在陋巷，人不堪其忧，回也不改其乐”②，这便是因为他们都是以道为志向的君子。常人是很难理解沉醉于崇高理想境界中的君子的作为的。

《荀子·性恶篇》中说：“夫人虽有性质美而心辩知，必将求贤师而事之，择良友而友之。得贤师而事之，则所闻者，尧、舜、禹、汤之道也。得良友而友之，则所见者，忠、信、敬、让之行也。身日进于仁义而不自知也者，靡使然也。今与不善人处，则所闻者，欺、诬、诈、伪也。所见者，污、漫、淫、邪、贪利之行也，身且加于刑戮而不自知者，靡使然也。”③大意是说，人虽然都有善端和辨别分析的能力，但也需要拜访贤师，结交益友。有贤士和老师的教导，听到的就都是尧、舜、禹、汤等的圣人之道。与良友结交相处，看到的都是忠、信、敬、让的行为。这样人在不知不觉中就受到仁义的熏陶和教育，这都是环境的力量造成的。如果与不善的人结交相处，那么听到的都是欺、诬、诈、伪之事，看到的都是污、漫、淫、邪、贪利的行为，这样的人在不知不觉中就因违法乱纪而被绳之以法，甚至被处死，这也都是环境的力量所造成的。

“蓬生麻中，不扶而直；白沙在涅，与之俱黑。”④环境给人造成的潜移默化的影响是巨大的。这必须引起人们的足够重视。

---

① 杨伯峻. 论语译注[M]. 北京：中华书局，2009：69.
② 杨伯峻. 论语译注[M]. 北京：中华书局，2009：58.
③ 荀子：全二册[M]. 邓启铜，点校. 南京：南京大学出版社，2014：442-443.
④ 荀子：全二册[M]. 邓启铜，点校. 南京：南京大学出版社，2014：5.

1.15　贫而无谄

【原文】

子贡曰："贫而无谄，富而无骄，何如？"子曰："可也。未若贫而乐，富而好礼者也。"子贡曰："《诗》云：'如切如磋，如琢如磨'，其斯之谓与？"子曰："赐也，始可与言《诗》已矣，告诸往而知来者。"

【引言】

这一章是子贡与孔子的一段对话。子贡和孔子讨论了贫穷的人应该如何待人处世和富裕的人应该如何待人处世两个问题。

【释解】

(1)贫而无谄：人穷志不穷，不去巴结奉承人。贫：贫穷。谄：谄媚。

(2)富而无骄：富有但不趾高气扬。富：富有，富裕。骄：骄傲自大，盛气凌人。

(3)何如：如何，怎么样。

(4)未若贫而乐，富而好礼者也：不如贫穷而快乐，富有而彬彬有礼的人。未若：不如。

(5)如切如磋：就像切削、刀锉一样。切：切割。磋：磋磨，刀锉。

(6)如琢如磨：就像雕琢、研磨一样。琢：雕刻，雕琢。磨：摩擦而使物品光滑，磨光。

(7)其斯之谓与：倒装句，即"其谓斯与"，难道说的就是这个吗。其，同"岂"，难道。斯：这，这个。之：用于宾语前置，不译。谓：说，说的是。与(yú)：同"欤"，语气助词。

(8)赐也：即端木赐，复姓端木，字子贡。也：语气助词，表示停顿，起舒缓语气的作用。

(9)始可与言《诗》已矣：才可以与你讨论《诗》了。始：刚刚，才。与：和。言：谈论，讨论。《诗》：即《诗三百》。已矣：语气词连用，相当于"啦""了"。

(10)告诸往而知来者：告诉过去的事情，就能够推知未来的事情。诸往:所有过去的事情。知来者:推知未来。

【译文】

子贡问道:“人穷志不穷,不去巴结奉承人;富有但不趾高气扬,这样的人怎么样?”孔子回答说:“可以啊。不如贫穷而快乐,富有而彬彬有礼的人。”子贡又问道:“《诗》上说:‘就像切削、刀锉一样,就像雕琢、打磨一样’,难道说的就是这个意思吗?”孔子回答说:“端木赐啊,现在才可以与你讨论《诗》啦,告诉你过去的事情,你就能够推知未来的事情了。”

【拓展】

有一天,子贡突然想到了这个问题,就问老师孔子说:“如果一个人贫穷的话,他穷得有志气,能做到不向富人献媚,不讨好富人;如果一个人富裕的话,他能安分守己,不在贫穷的人面前表现骄傲的神态,不会得意扬扬,怎么样呢?”

孔子回答说:“可以了。但还不够好。一个人贫穷,不去谄媚、讨好富人,还不如尽管身处贫穷但也能保持快乐的心情;而一个人富裕,即使能做到不骄傲,也不如对穷人彬彬有礼,以礼相待。”

子贡接着说:“那我明白了。《诗》上说:‘就好像玉雕师做玉器那样,需要依次经过切削、刀锉、雕琢、打磨几个流程,才能完成一件玉器的加工’,老师啊,《诗》上说的这个道理,是不是我们做人和做学问的道理呢?”

听到子贡的话,孔子一下子高兴起来,就对子贡说:“子贡啊,你进步很大啊,能够举一反三了,现在可以和你谈论《诗》了。因为告诉你过去的事情,你就能够推知未来的事情。”

学无止境。玉不琢,不成器。做人是这样,做事是这样,做学问也是这样。古代得道的人,无论是贫穷还是富贵,他们快乐的源泉是与道合契,乐在道中。在他们眼中,贫穷和富贵都是一样的东西,这就像寒来暑往、风雨变化的规律一样。

1.16 不患人之不己知

【原文】

子曰："不患人之不己知，患不知人也。"

【引言】

这是《学而篇第一》的最后一章。《学而篇第一》总的来说都是在谈论君子如何学习、如何交友、如何做官、如何孝敬父母、如何对待自己的名声、如何饮食起居、如何看待贫富贵贱等问题。从《论语》整本书来看，学习是学会如何做人处世的根本。活到老，学到老。学习是一辈子的事情。《学而篇第一》第一章中"人不知而不愠，不亦君子乎"与这最后一章的"不患人之不己知，患不知人也"首尾呼应，更是在强调，学习的关键不在于求得虚名，而是不断提高自己的道德、文化、心性、认知、交友、做事、处世、思维能力等修养，打好坚实的学问和道德基础，为拥有健康、快乐和成功的人生做准备。这正如《礼记·大学》开篇所言的："古之欲明明德于天下者，先治其国；欲治其国者，先齐其家；欲齐其家者，先修其身；欲修其身者，先正其心；欲正其心者，先诚其意；欲诚其意者，先致其知；致知在格物。物格而后知至，知至而后意诚，意诚而后心正，心正而后身修，身修而后家齐，家齐而后国治，国治而后天下平。自天子以至于庶人，壹是皆以修身为本。"①因此，人生事业的顺序不能颠倒，即学习以修身，修身以齐家，齐家以治国，治国以平天下。

【释解】

(1)不患人之不己知：不担忧别人不了解自己。患：担忧，忧虑。之：助词，用在主谓结构之间，不译。不己知：倒装句式，即"不知己"，不了解自己。

(2)不知人也：不了解别人。也：语气助词，表示判断。

【译文】

孔子说："不要担忧别人不了解自己，而要担忧自己不了解别人。"

---

① 孔子，等．四书五经[M]．李择非，整理．沈阳：万卷出版公司，2009：3．

【拓展】

“知之者不如好之者，好之者不如乐之者。”[①]有志者，事竟成。只要坚持学习，就会有所收获，就会有所成就。所以，人在学习的过程中，不要担心别人不了解自己，而要担心自己没有能力了解他人。因为知己知彼，才能百战不殆。

欧阳修说：“立身以力学为先，力学以读书为本。”颜之推说：“夫所以读书学问，本欲开心明目，利于行耳。”总之，人生第一重要的事是学习。先学爬，再学走；活到老，学到老。在学习的过程中，要担忧自己不了解别人，而不要担忧别人不了解自己。天外有天，人外有人，山外有山。时刻注意学习他人的长处，弥补自己的短处，才能日新，日新，日日新。

① 论语［M］．陈晓芬，译注．北京：中华书局，2016：71.

为政篇第二

本篇共计24章，提出“为政以德”的观点。如果说《学而篇第一》提出了君子学习的根本宗旨、方法和态度，那么，该篇主要谈论的是如何将学识和道德修养用于日常社会实践，即为政、社会教化和人才培养之间的关系问题。南怀瑾认为，《学而篇第一》是在讲“做学问的内在修养”，而《为政篇第二》是在讲“学问的外用”。[①]这样的看法不无道理。

2.1 为政以德

【原文】

子曰：“为政以德，譬如北辰，居其所而众星共之。”

【引言】

这一章是孔子在讲自己的仁政德治思想。他用北辰星来比喻“为政以德”的君主。北辰星即北极星。北极星是天空北部的一颗明亮的恒星，离北天极很近，几乎正对着地轴。因地球围绕着地轴自转，而北极星所在位置与地轴的北部延长线极为接近，所以夜晚从地球北半球看，北极星位置几乎不变，可以用来辨别方向。孔子把以德治国的君主比作北极星，这意味着君主的道德光辉使得他必然得到广大臣民的衷心拥护和爱戴。这样的国家也必然是和谐统一和坚不可摧的。

① 南怀瑾. 论语别裁：上册[M]. 上海：复旦大学出版社，2015：54.

【释解】

(1)为政以德:以德治国,实行仁政德治。

(2)北辰:北极星。

(3)居其所而众星共之:在自己的位置上保持不动,而群星都簇拥在它的周围。居:处于,蹲在。所:处所,位置。共:同“拱”,环绕,拱卫。之:它,这里是指北极星。

【译文】

孔子说:“以德治国,就像北极星一样,在自己的位置上保持不动,而群星都簇拥在它的周围,以它为中心运转。”

【拓展】

众所周知,法家主张依法治国。那么,儒家是主张以德治国,还是依法治国呢?从孔子的思想中,可以看出儒家主张以德治国,以礼法辅之。即,主张统治者必须修养自己的道德,同时将社会关系以礼法的形式规定下来,建立一个上下相安、用仁义礼智信来调节的稳定而和谐的社会。

周公吐哺,天下归心。为政以德,天下归心。如果执政者自己有道德,遵礼法,彰显和发扬光明的德行,那么民众自然佩服和仰慕,执政者自然能得到民众的普遍拥护和支持。

历史上的尧、舜、禹、汤、文、武、周公等圣王贤臣,之所以能够取得杰出的贤名和德治之功,不就是因为他们以民为本,敬德保民,处处以天下为重,时时为民着想吗?

我国历史上从春秋战国到宋代,都存在着王霸之辩。“王”是指以德服人的王道,“霸”是指以武力、刑法、权术、权势等统治手段服人的霸道。我国历史上一直传说尧、舜、禹、汤、文、武、周公都施行的是以德服人的仁政和王道。孔子、孟子等人提倡王道,反对霸道;韩非、商鞅等人提倡霸道,反对王道;秦汉以后,实质上都是王霸并用。

宋代朱熹和陈亮等人曾就王霸之道做过激烈的辩论。朱熹等理学家认为义与利、王道和霸道都是对立的,主张重义轻利,提倡王道,反对霸道。他们认为夏商周三代的圣王施行的都是王道,以天理治天下;汉朝和唐朝施行的都是霸道，以武力征服天下。而陈亮、叶适为代表的事功学派反对理学家空言性理天命，主张义利双行、王霸并用、学以致用以及“道义不能脱离功利”等观点。

显然，施行仁政的王道主要采取的是疏通的办法，而施行暴力的霸道主要采取的是堵塞的办法。治理国家，如同疏浚黄河一般，应该疏通为主，堵塞为辅，疏堵结合。只不过，在不同的国情、形势下，对疏通和堵塞的方法的运用侧重不同而已。

2.2 《诗三百》

【原文】

子曰：“《诗三百》，一言以蔽之，曰：‘思无邪。’”

【引言】

这是《为政篇第二》的第二章。上一章《为政以德》为该章的基本内容确定了主旨，那就是要谈论与政治教育和社会教化有关的事情。从孔子对《诗》陶冶情操功能所定立的“思无邪”的基调来看，《诗》具有敦化习俗，教化社会，培养人们真善美等真实情感、培育温良敦厚等人格和进行审美教育等功能。换言之，《诗三百》是人们天真无邪的情感和真实思想观念的反映。

【释解】

(1)《诗三百》：《诗》大约有三百首，故称“《诗三百》”。

(2)一言以蔽之：用一句话概括，总之。以：用来。蔽：概括。之：它。这里是指《诗》。

(3)思无邪：思想纯正，没有邪念。

【译文】

孔子说：“《诗三百》，用一句话来概括的话，就是：‘思想纯正，没有邪念。’”

【拓展】

《诗》属于文学艺术,具有弘扬和传播真、善和美的社会教化、心理情感表达和宣导,以及文化知识教育等功能。朱熹说:"凡《诗》之言,善者可以感发人之善心,恶者可以惩创人之逸志。其用归于使人得其情性之正而已。"①

《诗》三百篇是经过孔子编订的,经过了比较严格的筛选,所以能够"乐而不淫,哀而不伤"②,怨而不乱,起到教正人心的文学艺术功能。

一个社会是由男男女女组成的。德国作家歌德在《少年维特的烦恼》中说:"哪个少年不多情?哪个少女不怀春?"青年男女,情窦初开,两情相悦,就会陷入恋爱,相处足够长的时间,水到渠成,就会谈婚论嫁;反之,相处一段,发现彼此不适合,就会提出分手,及时放手,各自安好,相忘于江湖。

既然社会由男女组成,那么,就必然涉及男婚女嫁、男欢女爱、生儿育女等现实问题。因此,社会需要表达这方面情绪情感和思想观念的文学艺术作品,"关关雎鸠,在河之洲,窈窕淑女,君子好逑"之类的诗歌,如此优美,其引发的美好情感的想象,不仅不会有伤风化,还能健康身心,增强人们为美好生活而奋斗的信心和勇气。

2.3 道之以政

【原文】

子曰:"道之以政,齐之以刑,民免而无耻;道之以德,齐之以礼,有耻且格。"

【引言】

这一章是孔子在讲德治和法治的巨大差异。

【释解】

(1)道之以政:用政令政策来引导人民。道:同"导",引导,领导,疏导。

---

① 朱熹.四书章句集注[M].北京:中华书局,2011:55.

② 论语[M].陈晓芬,译注.北京:中华书局,2016:32.

之：人民。以：用。政：政令政策。

(2)齐之以刑：用刑法来威慑和规范人民的行为。齐：统一，规范。刑：刑法。

(3)民免而无耻：人民会因畏惧刑法而服从刑法，从而免于被惩罚，但其羞耻心不会养成。免：免除。耻：羞耻心，羞耻感。

(4)道之以德：用道德教化来引导人民。德：道德，德育，道德教化。

(5)齐之以礼：用礼法来统一规范人民的行为。礼：礼制规范，礼仪制度和规范。

(6)有耻且格：不但会养成羞耻心，而且会自律。且：而且。格：悦纳，归化，自律。

【译文】

孔子说："如果用政令政策来引导人民，用刑法来威慑和规范人民的行为，那么，人民虽然会因躲避刑法的处罚而不去违反刑法，但却不会养成羞耻之心；如果用道德教化来引导人民，用礼法来统一规范人民的行为，那么人民不但会养成羞耻之心，而且会悦纳它，并做到自律。"

【拓展】

实行德治和法治有何不同？相较而言，用政令政策和刑法来统治管理人民，执政者和行政管理者行事比较简单，用时较少，效率较高，但人民不知其所以然，很难形成认同意识，当然也难以养成羞耻感。如果政令政策有问题，或刑法过于严苛，还可能引发人民的抵制和反抗。而用道德教化来引导人民，用礼法来统一规范人民的行为，虽然费时费力，但人民不仅能够知其然，还能知其所以然，容易形成社会认同，养成羞耻心和自律意识，社会也会更加和谐与稳定。

"故不教而诛，则刑繁而邪不胜；教而不诛，则奸民不惩；诛而不赏，则勤厉之民不劝；诛赏而不类，则下疑俗险而百姓不一。"①显而易见，政令政策、刑法和社会教化各自都有其必要性和重要性，"不教而诛"过于简单粗暴，实质上也是一种懒政的行为。

---

① 荀子：全二册[M].邓启铜，点校.南京：南京大学出版社，2014：173.

2.4 吾十有五而志于学

【原文】

子曰："吾十有五而志于学，三十而立，四十而不惑，五十而知天命，六十而耳顺，七十而从心所欲，不逾矩。"

【引言】

这是《为政篇第二》的第四章。孔子现身说法，讲述自己的求学和修身经历，以及自己学习为政做官之道的心得和感受。

【释解】

(1)吾十有五而志于学：我十五岁开始立志发奋学习君子为人处世和为政做官之道。吾：我。十有五：十五岁。

(2)三十而立：三十岁的时候，形成了自己成熟稳定的世界观、人生观和价值观，并且掌握了足够的"六经""六艺"等基本生存知识和技能，能够在社会上独立立足安身、为人处世、养家糊口了，即完成了立身、成家和立业的大事。立：立身、成家和立业。

(3)四十而不惑：四十岁的时候，很多事情都看明白了，基本上没有什么疑惑了。

(4)五十而知天命：到了五十岁就知道哪些事情是人通过谋划和努力可以做到的，哪些事情是人力无法支配和实现的。天命：天道的意志，冥冥之中上天的意志，主客观因素综合决定的人生命运轨迹。

(5)六十而耳顺：六十岁的时候，对于包括好话、坏话在内的什么话都能听得下去，对的坦然接受，不对的也不去争辩，泰然处之。

(6)七十而从心所欲：七十岁的时候能够做到在礼制的范围内处理事情，随心所欲。

(7)逾矩：不逾越规矩，不违反制度、规范和规定。

【译文】

孔子说："我十五岁的时候开始立志发奋学习君子为人处世和为政做官

之道；三十岁的时候，能够在社会上独立立足安身、为人处世、养家糊口了；四十岁的时候，很多事情都看明白了，基本上没有什么疑惑了；到了五十岁，知道哪些事情是人通过谋划和努力可以做到的，哪些事情是人力无法支配和实现的事情；六十岁的时候，对于包括好话、坏话在内的什么话都能听得下去，对的坦然接受，不对的也不去争辩，泰然处之；七十岁的时候，能够做到在礼制的范围内处理事情随心所欲，不逾越规矩。"

【拓展】

孔子十五岁立志发奋学习做官必备的"六经""六艺"知识与技能。经过十多年的学习和求教，他到三十岁的时候，终于掌握了这些基本的知识和技能，生活、做学问和养家糊口等都没什么大问题了。这时候，还有许多问题是他不懂的，所以他还不得不"入太庙，每事问"。等到四十岁的时候，他对为学做官的学问、人生目标和社会理想等大的方面都已经没有什么疑惑了。五十岁的时候，孔子才知道他的天命究竟如何。六十岁的时候，不管是好的还是不好的话，他都能坦然接受。七十岁的时候，孔子能够在礼制的范围内随心所欲地做事了。

这一段话，有些学者对"立""惑""天命""耳顺"等概念有不同的理解。譬如，有的学者认为"耳顺"的意思是"听人说话能判明是非"。这显然是说不通的。难道孔子四十岁、五十岁的时候听人说话难以判明是非吗？这样的解释实在无法让人满意。

孔子的先祖是商朝的开国之君商汤。西周初年，周公旦平息"三监之乱"后，把商纣王的哥哥微子启封为宋国国君，其国都在商丘。微子启死后，其弟微仲即位。微仲是孔子的十四世祖。孔子的六世祖是孔父嘉。孔父嘉做过宋国大夫。孔父嘉的儿子是木金父，木金父的儿子是祈父，祈父的儿子是孔防叔。祈父开始以祖父孔父嘉的字"孔"为氏。因此，从祈父的儿子孔防叔开始，后世子孙皆以孔为氏。孔防叔生伯夏，伯夏生叔梁纥。叔梁纥（叔梁为字，纥为名）就是孔子的父亲。孔子曾祖父孔防叔为躲避宋国的"华氏之祸"，举家从宋国迁往鲁国的陬邑（今山东省曲阜市）定居。叔梁纥属于士阶层。他人品出众，能文能武，因战功被晋升为陬邑大夫。陬邑大夫这么大的官是没有封地的。没有封地，就没有地租来源。因此，叔梁纥是靠自己工作的薪水养家糊口的。

叔梁纥的正妻施氏,生了九个女儿,没有生下儿子。小妾为他生了长子孟皮。但孟皮天生有足疾。按照那时候的社会礼俗,女子和残疾的儿子都不宜继嗣和继承家业。于是,66 岁的叔梁纥就又纳颜徵在为妾。颜徵在时年不满 20 岁。叔梁纥与颜徵在在一起四五年都没有生孩子,二人就去尼丘山祈祷,最后才生下孔子。① 生下孔子后,他们就给孔子起名为丘,字仲尼。鲁襄公二十四年(公元前 549 年),孔子三岁时,叔梁纥死了,享年 74 岁。鲁昭公七年(公元前 535 年),孔子的母亲颜徵在去世,寿 32 岁。当时孔子才 17 岁。

叔梁纥死后,颜徵在被叔梁纥正妻施氏所逐,于是带孔子庶兄孟皮与孔子至曲阜阙里生活。其生活之艰难可想而知。穷人的孩子早当家。所以孔子小时候就帮母亲做一些力所能及的事情。鲁昭公五年(公元前 537 年),孔子 15 岁,母亲 30 岁了,十多年含辛茹苦地操持家务,其身体健康每况愈下,懂事的孔子开始发奋学习,立志成就一番事业。又过了两年,母亲不幸去世。同年,孔子被鲁国当权者季氏家臣阳虎拒于士一级贵族宴会之门外,这一羞辱更激发了孔子努力学习修身和做官之道的决心。

孔子 19 岁那年迎娶了宋国人亓官氏之女为妻。次年,其子孔鲤出生。同年,为了养家糊口,孔子开始做管理仓库的官吏,一年后又做管理畜牧的官吏。27 岁时,孔子向来鲁国访问的郯国国君郯子请教古代文化和古代官制等方面的知识。此后,孔子开始一边开办私学,一边继续做学问。30 岁时,孔子熟知和掌握了“六经”“六艺”,并有了一定名气,其名气至少已经传播到鲁国全境及齐国等周边国家。这一年,齐景公与晏婴出访鲁国时召见了孔子,并和他讨论了秦穆公称霸等问题。所以,孔子说自己“三十而立”。

鲁昭公二十四年(公元前 518 年),孔子 34 岁,鲁国司空、“三桓”之一的孟僖子临终之时让自己的两个儿子孟懿子、南宫敬叔都要拜孔子为老师。这件事将孔子的名望提升到前所未有的高度。在孟懿子和南宫敬叔的帮助下,孔子与南宫敬叔出国问礼于老聃,问乐于苌弘。

鲁昭公二十五年(公元前 517 年),孔子 35 岁,鲁国发生内乱。鲁昭公被迫逃往齐国。孔子带着一些学生也离开鲁国到了齐国。孔子在齐国待了大约两年,之后由于齐国君臣猜忌,齐景公不能重用孔子,孔子和学生只好

① 司马迁. 史记:全四册[M]. 萧枫,主编. 哈尔滨:北方文艺出版社,2007:438-439.

仓皇逃回鲁国。

鲁昭公三十年(公元前512年),孔子40岁。经过多年的教和学,又有了在齐国的亲身经历,以及对鲁国、晋国等国发生的政治事件的研究和思考,孔子对做学问、教育子弟以及从政做官之道有了更加深刻和成熟的认知,基本上没有能难得住孔子的问题了。所以,孔子说自己“四十不惑”。

鲁定公九年(公元前501年),孔子51岁,被任命为中都宰(今汶上县的地方官)。这一任命开启了他短暂而辉煌的政治生涯,使他能够在中都这个地方实践“为政以德”的政治理想。《孔子家语》开篇记载:“孔子初仕,为中都宰。制为养生送死之节,长幼异食,强弱异任,男女别涂,路无拾遗,器不雕伪。为四寸之棺,五寸之椁,因丘陵为坟,不封不树。”孔子仅用很短的时间就使中都得到有效治理,社会治安和民风都大为改善。

鲁定公十年(公元前500年),因为政绩突出,52岁的孔子晋升为鲁国司空,不久又因在鲁、齐夹谷之会上的杰出表现——在强齐面前有效地维护了鲁国的尊严和利益,被升为大司寇,摄相事,鲁国大治。

鲁定公十二年(公元前498年),孔子54岁。为了改变鲁国君弱臣强的局面,孔子开始采取“隳三都”的措施,即拆毁“三桓”(即季孙氏、叔孙氏、孟孙氏三家世卿,这三家因为是鲁桓公的三个儿子的后代,故称三桓)在封地所建的城邑。后来,因孟孙氏等人反对,“隳三都”半途而废,孔子也失去了季孙氏的信任。

鲁定公十三年(公元前497年),孔子55岁。这一年,鲁国当权者季桓子彻底对孔子失去了信任,孔子不得不辞官,决定离开鲁国,寻找出路。

鲁定公十四年(公元前496年),56岁的孔子带领一些学生来到卫国。卫灵公起初对孔子非常尊重,按照鲁国的俸禄标准发给孔子“俸粟六万”,但因对孔子有猜忌之心,所以未给孔子安排官职。后来,卫灵公听信谗言对孔子时热时冷。孔子无奈,几次想离开卫国,但因种种阻碍,又几次返回卫国。

鲁定公十五年(公元前495年),57岁的孔子带着学生离开卫国回到鲁国。

鲁哀公二年(公元前493年),59岁的孔子再次带着学生离开鲁国,先后到过卫国、曹国、宋国、郑国和陈国。

鲁哀公三年(公元前492年),孔子60岁。在郑国、陈国等地,不少人都对孔子的行为冷嘲热讽,甚至嘲笑他“累累若丧家之狗”。孔子听到后,认为当地人的描述十分形象。① 到这个年纪，孔子已经可以平心静气地对待各种言论，即使听到不好的言论，也泰然自若。这就是为什么孔子说自己“六十而耳顺”。

从鲁哀公四年(公元前 491 年)到鲁哀公六年(公元前 489 年)，孔子及其学生在陈国、蔡国、叶国、楚国等地游访，在陈国、蔡国之间被困绝粮之后被楚国人所救，最终返回卫国。

鲁哀公七年(公元前 488 年)，64 岁的孔子回到卫国，一直待到鲁哀公十一年(公元前 484 年)才返回鲁国。在返回鲁国前一年，孔子夫人亓官氏去世。孔子回到鲁国后，被敬为国老，相当于国家政事顾问。从此时开始，孔子一边继续举办私学，一边做文献整理工作。

鲁哀公十二年(公元前 483 年)，孔子 69 岁，孔鲤在这一年冬天去世。

鲁哀公十三年(公元前 482 年)，孔子 70 岁，颜回去世。孔子十分悲痛。此时，曾经跟随孔子周游列国的学生，都离开了孔子。

鲁哀公十四年(公元前 481 年)春天，发生了“西狩获麟”一事。71 岁的孔子听说后，认为这是“吾道穷矣”的征兆。这一年，孔子完成《春秋》的编订。

鲁哀公十五年(公元前 480 年)，孔子 72 岁。子路死于卫国内乱，被剁成肉酱。孔子感伤不已。

鲁哀公十六年二月十一日(公元前 479 年 4 月 11 日)，孔子去世，享年 73 岁，被葬于鲁城北泗水岸边。许多弟子为孔子守墓三年，其中子贡为孔子守墓六年。

“七十而从心所欲不逾矩”，很可能是孔子在去世前不久说的话。孔子 70 岁前后，其夫人、儿子、颜回、子路相继去世，物是人非。在最后的几年时间里，孔子心里想干什么就干什么，想说什么就说什么，但无论是说还是做，却从不超越礼制的规矩和规范。他对周礼的追求和实践何其执着，可以说是几十年如一日。

南怀瑾把孔子一生追求的为政之道归纳为四个字“安居乐业”。他说：

---

① 《史记·孔子世家》记载：“孔子适郑，与弟子相失，孔子独立郭东门。郑人或谓子贡曰：‘东门有人，其颡似尧，其项类皋陶，其肩类子产，然自腰以下不及禹三寸，累累若丧家之狗。’子贡以实告孔子。孔子欣然笑曰：‘形状，末也。而谓似丧家之狗，然哉！然哉！’”见：司马迁. 史记：全四册[M]. 萧枫，主编. 哈尔滨：北方文艺出版社，2007：445.

“世界上所有的政治思想归纳起来,最简单扼要的,不外中国的四个字——‘安居乐业’。所有政治的理想、理论,都没超过这四个字的范围;都不外是使人如何能安居,如何能乐业。同时我们在乡下也到处可以看到‘风调雨顺,国泰民安’这八个字,现代一般人看来,是非常陈旧的老古董。可是古今中外历史上,如果能够真正达到这八个字的境界,对任何国家、任何民族、任何时代来说,无论是什么政治理想都达到了。而这些老古董,就是透彻了人情世故所产生的政治哲学思想。”①

2.5 孟懿子问孝

【原文】

孟懿子问孝。子曰:“无违。”樊迟御,子告之曰:“孟孙问孝于我,我对曰,无违。”樊迟曰:“何谓也?”子曰:“生,事之以礼;死,葬之以礼,祭之以礼。”

【引言】

孔子提倡“为政以德”。所谓德,即仁、义、礼、智、信等仁德。而仁德的根本就是孝。所以,以孔子为代表的儒家,非常注重孝的教育。这后来发展成为“以孝治天下”。在两千多年的中国封建社会中,“孝”的教化成为治国理政的文化基础。怎样才能做到孝?在孟懿子、樊迟和孔子的谈话中,孔子做了解释和说明。

【释解】

(1)孟懿子:即孟孙,鲁国大夫,“三桓”之一。他是鲁国孟孙氏第九代宗主,姓仲孙,也称孟孙,名何忌,世称仲孙何忌。他是孟僖子的儿子,南宫敬叔的哥哥,孟子的六世祖。“懿”是他的谥号。

(2)樊迟:即樊须,字子迟,是孔子的学生,比孔子小36岁。

(3)御:驾车。

(4)孟孙问孝于我:孟孙向我请教怎么做才是孝。于:向。

---

① 南怀瑾.论语别裁:上册[M].上海:复旦大学出版社,2015:70.

(5)对曰:回答说。

(6)何谓也:说什么呢,这是什么意思呢。何:什么。谓:说。也:语气助词,表示疑问,相当于“呢”。

(7)事之以礼:按礼制侍奉他们。事:侍奉。以:按照,根据。

(8)葬之以礼:按礼制安葬他们。葬:埋葬,安葬。

(9)祭之以礼:按礼制祭祀他们。祭:祭祀,祭奠。

【译文】

孟懿子向孔子请教怎么做才是孝。孔子回答说:“不要违背礼制。”樊迟给孔子驾车,孔子主动跟樊迟说:“孟孙向我请教怎么做才是孝。我回答说,不要违背礼制。”樊迟不明白,就问:“这是什么意思呢?”孔子进一步解释说:“父母在世的时候,按礼制侍奉他们;父母去世后,按礼制安葬他们,并按礼制祭祀他们。”

【拓展】

这段内容包含两个对话。一个是孟懿子和孔子关于孝道的问答;另一个是孔子和樊迟关于孝道的问答。在第一个问答中,孔子的回答比较简单,比较笼统,容易引起歧义。第二个回答中,孔子的回答比较具体,让人一下子就明白了。也许就像历史上传说的那样,当孔子做出“无违”的回答之后,孟懿子没有继续追问下去,这个问答就结束了。所以,孔子觉得孟懿子不一定能明白他所说的“无违”的真正含义,就借着樊迟给他驾车的机会,把“无违”的含义解释清楚。因为樊迟和孟懿子的关系比较亲近,孔子想让樊迟把“无违”的具体含义转告孟懿子。

2.6　孟武伯问孝

【原文】

孟武伯问孝。子曰:“父母唯其疾之忧。”

【引言】

上一章是“孟懿子问孝”,这一章是“孟武伯问孝”,而孔子给出的答案却不同。由此可见，孔子是根据不同的对象，具体问题具体分析。

【释解】

(1)孟武伯：鲁国大夫，孟懿子的儿子，姓仲孙，名彘，世称仲孙彘，“武”是其谥号。

(2)唯其疾之忧：倒装句，即“唯忧其疾”。(父母)只担忧子女的疾病，或唯一担忧的是儿女的身体健康。

【译文】

孟武伯向孔子请教什么是孝道。孔子回答说：“父母唯一担忧的是儿女的身体健康。”

【拓展】

上一章“孟懿子问孝”，孔子给出的答案是父母在世和去世后，儿女都要按照礼制尽孝。而孟懿子的儿子“孟武伯问孝”，孔子给出的答案是儿女应该以父母担忧孩子生病的心境来尽心尽意和细致入微地侍奉父母。

孟武伯向孔子请教什么是孝道。孔子回答说：“你想一想，当儿女生病了，父母会是何种担忧的心理呢？”你就用这种心理来侍奉父母，就是孝道了。孔子说这话的言外之意主要有两方面：一是，身为人子要多保重和珍惜自己的身体，不要纵情声色犬马、骄奢淫逸和荒淫无度；二是，子女要像父母关心子女的身体健康那样关心自己父母的身体健康。

孔子给孟武伯问孝的回答是有针对性的。众所周知，孟武伯所在的家族是鲁国“三桓”之一，是有权有势的贵族。孟武伯和其父母都是既有钱又有权势的，吃喝住行等一概不愁。他们唯一可能忧虑的是身体健康。因为任何人，无论贵族还是平民，都有生老病死。对于贵族来说，他们更有可能骄奢淫逸，挥霍自己的身体健康，导致生病或病死。而恰恰孟武伯就是这样的一类贵族，不懂得节制自己的欲望，而纵情于声色犬马。所以，孔子回答孟武伯说：“父母唯其疾之忧。”这实际上在暗示孟武伯要注意节欲和保持身体健康，不要让父母担忧，这就是尽孝了。

此外，我们说孝是仁义之本，也是忠之本。孟武伯和他的父亲孟懿子一样，都是鲁国大夫，鲁国的父母官。如果他们在家都能做到一丝不苟地孝顺自己的父母,在国能把国家的百姓或臣民当作自己的子民,那么忠孝都在其中了。父母在世时,子女按照礼制侍奉父母,父母去世后按照礼制来安葬和祭祀父母,这是在家尽孝道;而在“国”的层面尽孝道,就是统治者把臣民当作自己的儿女一般,担惊受怕,百般呵护。前者是在家尽孝道,是小孝;后者是在国尽孝道,是大孝。

一般地讲,对父母有孝心的人,对国家就会忠诚。唐宋以后的论调就是:“求忠臣必于孝子之门。”①

2.7 子游问孝

【原文】

子游问孝。子曰:“今之孝者,是谓能养。至于犬马,皆能有养。不敬,何以别乎?”

【引言】

前两章分别是当时的鲁国贵族孟懿子和其儿子孟武伯向孔子请教什么是孝道。这一章是孔子的学生子游向孔子问孝。孔子在这一章提出了赡养和尊敬的关系问题。儿女孝顺父母不仅需要供养父母的生活,还需要依礼恭敬对待自己的父母。

【释解】

(1)子游:即言偃,姓言,名偃。子游是孔子的学生,比孔子小 45 岁,吴国人。和子夏一样,他是孔子周游列国时收的学生。

(2)今之孝者:现在所谓的孝。之:助词,的。孝:孝道,孝顺。者:语气助词,表示停顿,不译。

(3)是谓能养:是说能够供养父母。是谓:是说,是指。

(4)何以别乎:用什么来区别呢。何以:倒装句,即“以何”,用什么。乎:助词,表示疑问,相当于“呢”。

① 南怀瑾. 论语别裁:上册[M]. 上海:复旦大学出版社,2015:73.

【译文】

子游向孔子请教什么是孝道。孔子回答说："现在所谓的孝，只不过是说能养活自己的父母罢了，谈不上什么真正的孝顺。即使是狗和马，都能得到人们的饲养。如果对父母不尊敬，只供养，与饲养狗和马有什么区别？"

【拓展】

什么才是孝？俗语言："百善孝为先，论心不论迹，论迹贫家无孝子。"光给父母提供饮食，不能称为孝。既给父母提供饮食，又能问寒问暖，恭敬对待父母，才能称为孝。这里孔子把"打心眼里尊敬父母"作为孝顺父母的必要条件。在现代社会，儿女工作的地点和环境往往远离父母生活的地方，并且儿女一年四季都比较忙碌，特别是当儿女成家生儿育女后，上有老下有小，更是难以分身照看一天天年迈的父母。养老难的问题出现了。2009 年春晚，一曲《常回家看看》火遍大江南北，歌曲传递的情感打动了无数人的心。有钱没钱，常回家看看，我们成为父母之后，对这句话的理解也就越来越深刻。特别是父母年龄越大，心理越孤独，对儿女的思念就越厉害。随着人们生活水平的不断提高，物质上供养父母越来越不成问题，但精神上和时间上陪伴父母却似乎成了大问题。这不能不引起人们的反思和重视。

2.8　子夏问孝

【原文】

子夏问孝。子曰："色难。有事，弟子服其劳；有酒食，先生馔。曾是以为孝乎？"

【引言】

本篇第五章《孟懿子问孝》，让我们注意遵循礼制的这种外在的规定；第六章《孟武伯问孝》，是要我们从父母担忧生病儿女的心境的角度去尽孝；第七章《子游问孝》则是要我们把"恭敬父母"作为孝顺的必要条件之一；第八章《子夏问孝》则认为"和颜悦色"是恭敬父母最核心的内容。

【释解】

(1)色难:孝顺父母,要做到和颜悦色比较难。色:和颜悦色。

(2)有事:有了要处理的事情,有了需要办理的事务。

(3)弟子服其劳:晚辈替长辈去做。弟子:晚辈,子女,学生。服:从事,承担。劳:劳动,劳务。

(4)有酒食:有了酒和饭食。

(5)先生馔:长辈先食用。先生:长辈,父母或老师。馔:动词,食用。

(6)曾是以为孝乎:倒装句,即“曾以是为孝乎”,竟然把这当作孝吗。曾(zēng):竟然,难道。是:这,这个。以为:以……为,把……当作。乎:助词,吗。

【译文】

子夏向孔子请教什么是孝道。孔子说:“孝顺父母,要做到和颜悦色比较难。长辈有了要处理的事情,晚辈替长辈去做;有了酒和饭食,晚辈让长辈先食用。难道你认为这就是孝吗?”

【拓展】

“色难”中的“色”是指脸色。“久病床前无孝子,久贫家中无贤妻。”大家知道,一个人内心有不愿意或不满,或生气或愤怒,都会从脸色上反映出来。一个人要做到在任何时候都对父母毕恭毕敬,那实在是太难了。所以,侍奉父母和颜悦色,不给父母难看的脸色,这才是孝道。

恭敬父母,就是愿意为父母做事,愿意为父母效劳,愿意把好吃的、好喝的给父母吃喝,而这些在恭敬父母方面都不是最重要的,最重要的是要和颜悦色地侍奉自己的父母和长辈。由此看来,孝道是包括诸多方面的,能够把孝道做好,绝不是一件简单和容易的事情。

2.9 吾与回言终日

【原文】

子曰:“吾与回言终日,不违,如愚。退而省其私,亦足以发,回也不愚。”

【引言】

《为政篇第二》主要是谈为政的原则、态度和学习探讨为政做官的道理。孝道是为仁为政之本。本篇前四章探讨了什么是孝，怎么做才是孝道。这一章讲孔子最得意的弟子颜回是怎么学习的，他是怎样做到“无违”的，又是怎样研究、思考和创新的。为政之道，如同学习之道一样，没有可以永远不变的教条，社会形势、政治形势和经济形势等都是不断变化和发展的，所以，执政者和社会管理者出台的政策和方针，以及具体措施都必须与时俱进。孔子在这里所阐述的学习和为政之道值得我们学习和思考。

【释解】

(1)回：即颜回。曹姓，颜氏，名回，字子渊，鲁国都城（今山东曲阜市）人，孔门七十二贤之首。他是孔子最为钟爱和得意的学生。

(2)言终日：谈论了一整天。言：谈论，讨论，讲论。终日：整天。

(3)不违：不违背老师所讲的，从来不提反对意见和疑问。

(4)如愚：就像个愚笨的人。愚：愚笨，愚蠢。

(5)退而省其私：（颜回）退下之后，孔子反思颜回个人的言论。省：反思，反省。私：个人的，自己的。这里是指个人的言论，自己的言论。

(6)亦足以发：不仅能够完全理解，也能充分发挥。亦：也。足以：足够，完全能够。发：发挥。

(7)回也不愚：颜回不愚笨。

【译文】

孔子说：“我与颜回谈论了一整天，颜回都没有提出什么不同问题和意见。他好像很愚笨的样子。颜回走了之后，我反思其个人的言论，发现颜回不仅能够完全理解也能充分发挥我的见解，颜回实际上并不愚笨啊！”

【拓展】

我发现，对于这一段，有许多学者，如南怀瑾、来可泓都把“退而省其私，亦足以发”这一句解读错了。他们所解读的不太符合逻辑。

例如，南怀瑾的解读是：“我和颜回谈话，有时谈了一整天，他从来没有反对过我的意思,看起来笨笨的,但当他离开我而单独生活,不在我面前时,做人做事都会自己检讨自己,结果不但是懂了我的意思,还能更进一步发挥我的意思,由此看来颜回并不笨。”①由此可见,南怀瑾将“退而省其私”解读为“颜回退走后反思自己的言行”,结果是不仅懂了孔子的意思,还能有所发挥创造。那这里有一个问题,孔子如何知道颜回退走之后的反思和发挥呢?显然,作为老师的孔子,只能在课堂上或与颜回在一起的时候观察颜回的课堂表现或言行表现,从而对颜回的学业和智力水平做出评价。无论如何,孔子是无法观察到颜回一人在其他地方独处的言行表现的。所以,“退而省其私”,实际上是指:孔子和颜回的讨论结束,颜回退走以后,孔子“省其私”,即孔子反思或省察颜回的课堂表现,发现颜回虽然没有提出什么反对的问题和意见,但他却对孔子的言论观点有许多的发挥和创造,这令孔子意识到颜回其实并不是真的愚笨。

我们再来看看来可泓的解读:“我整天与颜回讲学,他从不提出反对意见,好像很愚笨。等他回去自己研究,我考察他的言行,很能够发挥我的见解,颜回并不愚笨啊!”②这里,来可泓把“退而省其私”解读为“等他回去自己研究,我考察他的言行”。尽管来可泓把“省其私”的主语理解为孔子是对的,即“孔子考察颜回的言行”,但将“退”解读为“等颜回回去自己研究”,其说法就值得商榷了。显而易见,孔子和颜回结束了一整天的学习讨论之后,颜回是要走的,但他回去后不一定非要再去搞研究,而很可能是做饭吃了之后睡上一觉。所以,从来可泓的解读来看,其实他对这一句的理解也是模糊的,或说糊里糊涂的。

由上可见,许多现当代学者,诸如南怀瑾、来可泓,以及宋儒们,对《论语》的见解并不都是合理合情和正确的。还是孟子说的那样,“尽信书不如无书”。一般来讲,正确的东西,不仅是合理合情的,还是不违背日常生活常识和逻辑的。

① 南怀瑾. 论语别裁:上册[M]. 上海:复旦大学出版社,2015:81.

② 来可泓. 论语直解[M]. 上海:复旦大学出版社,2000:39.

2.10 视其所以

【原文】

子曰:“视其所以,观其所由,察其所安。人焉廋哉?人焉廋哉?”

【引言】

进行国家事务管理,必须选拔合格与优秀的人才。在这一章,孔子提出了考察一个人德行的基本原则和方法,即从“所以”“所由”和“所安”三个方面来考察一个人真实的德行和品质。“所以”就是其根本目的和动机是什么;“所由”是指其过去的经历;“所安”是指其内心里真正想要追求和得到的是什么。通过这三个方面的考察,基本上就可以给一个人的德行做出比较客观的评判了。

【释解】

(1)视其所以:观察其行为的目的和动机。视:察看,观察,审察。所以:是指其所作所为的目的和动机,即为什么做这样的事情。

(2)观其所由:观察其过去的经历,调查其历史渊源。观:察看,观察。由:由来,经历。

(3)察其所安:观察他的心思,搞清楚他心里到底想追求什么。安:内心的欲望、满足、志向、追求。

(4)人焉廋哉:这个人怎么能隐藏得了呢,能隐藏到哪儿呢。焉:怎么,哪儿。廋(sōu):隐藏,隐瞒。

【译文】

孔子说:“考察一个人,应该先观察其行为的目的和动机,再观察其过去的经历,调查其历史渊源,最后审察其真实的志向和追求,搞清楚他心里到底想追求什么。这样做的话,这个人怎么能隐藏得了呢?这个人怎么能隐藏得了呢?”

【拓展】

有些人贪财，以追求和得到金钱为快乐；有些人安贫乐道，朝闻道，夕死可矣；有些人好色，以不断交异性朋友为快乐，等等。无欲则刚，“所安”其实就是每个人的命门。

听其言，观其行。有些人言行不一，有些人文过饰非，有些人夸夸其谈，有些人虚伪狡诈，那么，最好的方法就是按照孔子所主张的方法对这些人进行考察。从其目的、动机、过往的历史和经历，以及追求和志向等方面进行考察，才能得出正确的判断。

人生病了，疾病的症状就会在脸部、手部和其他部位表现出来。同样地，一个人的精神、气度等都可以从外在看出一二。古人云：“功名看器宇，事业看精神。”一个人有没有大的功名，就看他是否器宇轩昂、气度非凡。一个人如果精神萎靡，身体病弱，精力不充沛，就不可能干好事业，因为身体就吃不消。这些都是古人观察经验的总结，多少有些道理。

南怀瑾说他有一个朋友，从自己的人生经验中总结出几句话，很有启发意义。这位朋友说：“上等人，有本事没有脾气；中等人，有本事也有脾气；末等人，没有本事而脾气很大。”①这显然也是人生的经验之谈。

经常抓小偷的警察一眼就能看出来谁是小偷。这是因为小偷经常偷东西，就会养成特有的眼神和动作姿势。近朱者赤，近墨者黑。贩卖食盐的人衣服上就会有一股盐味；常吃羊肉串的人身上就有一股羊膻味。

诸葛亮能够“淡泊以明志，宁静以致远”；颜回“一箪食，一瓢饮，在陋巷”，而“不改其乐”；曾子能够“吾日三省吾身”，这都是他们“志于道，据于德，依于仁”的缘故。

2.11 温故而知新

【原文】

子曰：“温故而知新，可以为师矣。”

① 南怀瑾．论语别裁：上册［M］．上海：复旦大学出版社，2015：84.

【引言】

在为政做官方面，如何考察和选拔优秀的人才，孔子提出了自己“视其所以，观其所由，察其所安”的原则和方法。在这三个原则和方法中，其中一个是“观其所由”，即调查了解一个人过往的来源和历史。经一事，长一智。历史是最好的老师。唐代谏臣魏徵病故后，唐太宗在哀痛之余对朝臣感叹道：“夫以铜为镜，可以正衣冠；以史为镜，可以知兴替；以人为镜，可以明得失。”①

【释解】

(1)温故而知新：复习和巩固已学的知识，不断探索新的知识。温：温习，复习。故：旧的，原来的，过去的。

(2)可以为师矣：可以做老师了。矣：助词，了。

【译文】

孔子说：“复习和巩固已学的知识，不断探索新的知识，就可以做老师了。”

【拓展】

这一章，孔子针对一些为政做官之人懒于学习、疏于政事的现象发表自己的看法。“前事不忘，后事之师”，正像考察人才那样，为政做官之人也应该不断地、主动地了解一个国家过去的历史，了解国家政治、经济、法律、文化、礼乐和教育等方面的历史，了解自己所做工作和事务过往的历史。一个人不断地了解历史，又不断地了解新的时代形势变化和新的知识，就可以当别人的老师了。

2.12 君子不器

【原文】

子曰：“君子不器。”

① 刘昫，等．旧唐书：一［M］．刘后滨，编译．北京：现代教育出版社，2011：176.

【引言】

“君子”一词在先秦典籍中大量存在。大致有五种含义：一是指君王之子；二是指治国理政、发号施令的做官之人；三是指人格贵重、德行高尚、才能卓越的人；四是指对别人的尊称，如同“先生”这个词；五是指丈夫。

在孔子的时代，“君子”更多地指代人格贵重、德行高尚、才能卓越的人。《论语·宪问》说：“君子道者三，我无能焉：仁者不忧、知者不惑、勇者不惧。”①也就是说，君子是仁、智、勇三达德都具备的人。

【释解】

(1)不器：不是某种单一用途的器具。器：器皿，器具。

【译文】

孔子说：“君子绝不是只有某种单一用途的器具。君子一定是多才多艺的人。”

【拓展】

现代的教育有两种类型，一种是通识教育，一种是专业教育。通识教育，其目的是培养多才多艺的通识性人才。专业教育和职业教育，则意在培养某种专业或职业所需的专才。当然，现代大学都会将通识教育与专业教育结合起来，构建“厚基础、宽口径、强能力、高素质”的复合型人才培养体系，以适应社会新形势的发展要求。

孔子为什么说“君子不器”？这是因为做官为政往往与做农民、做工人、做技术人员、做工程师等工种不同，做农民需要掌握农业耕种、养殖等方面的知识，做工人需要掌握某种岗位的专门技能；做技术人员和工程师可能需要掌握某一门技术或技能。这些人只要是专才就够用了。但做官之人往往要是个通才，即多才多艺。譬如，我们现在的县长负责一县的全面工作，那就必须对县里的政治、经济、治安、司法、文化、教育、税务、水务、消防等各个方面的知识都要有足够的了解。县长还必须会讲话，会发言，会写作，等等。

① 论语[M].陈晓芬，译注.北京：中华书局，2016：194.

古代的卿大夫等官员更要是通才才行。譬如,古代的县官往往还得要破案、解决民众纠纷,甚至还要会指挥打仗。做官为政不一定要样样精,但一定要样样懂、样样通。

总之,“君子不器”是“学而优则仕,仕而优则学”这一为政之道的内在要求。

2.13 子贡问君子

【原文】

子贡问君子。子曰:“先行其言而后从之。”

【引言】

这一章是子贡在向孔子请教君子之道。

【释解】

(1)先行其言而后从之:即“先行其言而后言从之”,先做后说,先把要说的事情做好,再去讲说做某事的好处、重要性和必要性等。孔子反对光说不做,或者说得多做得少。行:实践,做。

【译文】

子贡向孔子请教如何做君子。孔子说:“先把要说的事情做好后再说。”

【拓展】

本章是子贡向孔子请教如何做君子。孔子所回答的话,目前看有三种不同的断句:一种是“先行,其言而后从之”;第二种是“先行其言,而后从之”;第三种是“先行其言而后从之”。这三种断句,只要其根本意思是“先做后说”,应该都是说得通的。

孔子为什么提倡先做后说呢?这是因为先做后说,容易保持言行一致。如果一个人先说后做,那么说出去的话如同泼出去的水,再也收不回来了。一旦无法做到自己所说的,或者所承诺的,那便是失言。言行不一致的人,就会失信。君子是诚实守信的,不可以失信。所以,先说后做,容易让自己失信,非君子之道。但是,如果先做后说,则做的事情是显而易见的,那么只要实事求是地说,就很容易保持言行一致,也就不会失信于人。但话多必失,所以,君子应该少说多做。这正如《礼记·缁衣》所说的:"言从而行之,则言不可饰也,行从而言之,则行不可饰也。故君子寡言而行,以成其信。"①

按照第二种断句("先行其言,而后从之"),有的学者把这一章解释为:子贡向孔子请教君子之道。孔子回答说:"先把自己所说的一一兑现,人们才会相信并跟从你。"

在这里,"行"是践行的意思。"从"是跟从、顺从的意思。"之"指代君子。"而后从之",是指民众然后才会跟从君子。这一种说法显然是"先说后做"说。换言之,就是君子说了之后就要实现自己所说的,做到言行一致。但诚如上面所讲的,先说后做,很容易导致言行不一致的状况发生,让人失信。所以,我赞同"先做后说"说,这更符合孔子对君子之道的设定和要求。

现实生活中,不少人往往是理论上的巨人,行动上的矮子。先做后说,言行一致,才是君子之道。

2.14 君子周而不比

【原文】

子曰:"君子周而不比,小人比而不周。"

【引言】

君子和小人的区别表现在多个方面或各个方面。而这一章是孔子在讲君子和小人的一个区别。

【释解】

(1)君子:这里是指人格贵重、德行高尚和才能卓越的人。

(2)周而不比:讲团结而不搞勾结。周:周到,周密,团结。比:比附,勾结,偏爱,偏私。

① 礼记[M].李慧玲,吕友仁,注译.郑州:中州古籍出版社,2010:313.

(3)小人：与“君子”相反，指人格猥琐、德行很差、自私自利的人。

(4)比而不周：搞勾结而不讲团结。

【译文】

孔子说：“君子讲团结而不搞勾结；小人搞勾结而不讲团结。”

【拓展】

君子和小人的区别何在？君子为人处世都是从公心出发，将心比心，换位思考，注意团结大多数人，考虑周到，为了集体和社会利益甘愿牺牲自己的利益；但小人为人处世却是从私心出发，搞团团伙伙，偏狭自私，甚至为了达到个人目的，实现个人利益，而损害集体和社会的利益。

历史上小人害君子的事情比较多。例如，伍子胥是君子，而楚国陷害伍子胥一家的费无忌和吴国陷害伍子胥的伯嚭是小人；南宋的岳飞是君子，而杀害岳飞的秦桧是小人；唐朝的郭子仪是君子，而阴险狠毒、欺下媚上的卢杞是小人；秦朝的扶苏和蒙恬是君子，而指鹿为马、祸国殃民的赵高是小人；魏国的邓艾是君子，而诬陷和害死邓艾的钟会是小人，等等。光明磊落的君子，容易被小人算计和伤害；而小人得志便猖狂，为非作歹，以致集体和社会的利益被严重损害。所以，害人之心不可有，防人之心不可无啊。

2.15 学而不思则罔

【原文】

子曰：“学而不思则罔，思而不学则殆。”

【引言】

这一章是孔子在讲学习和思考之间的辩证关系。

【释解】

(1)学：学习。

(2)思：思考。

(3)罔：迷茫，迷惘，迷失。

(4)殆：陷入危险、困境或疲倦，懈怠，懒惰。

【译文】

孔子说："光学习而不思考，人就会迷惘；光思考而不学习，人就会陷入思考的困境中。"

【拓展】

孔子论述的是学习与思考的辩证关系。当然，这里的学习和思考，既包括课堂上的学习与思考，也包括执政者对政事政务的学习与思考。

日常生活中，我们总能观察到，有的人喜欢一味地读书，什么书都愿意读，但不爱思考，或者缺乏深度思考。但是，知识是海洋，读书人如果不思考加工读过的书和知识，那么，一方面可能蜻蜓点水，浅尝辄止，对知识的印象不深，不会有多大的收获，另一方面也无法深刻地理解书本知识的意义，最终无法学以致用，陷入迷茫中。还有的人不爱读书，整天琢磨来琢磨去，脑子总在自己所想的问题或事情上打转转，无法将思考付诸行动。这是因为不做细致入微的文献搜索、阅读和综述，所思所想不过是脑中空想、纸上谈兵，难切实际，解决不了实际问题，也无法获得可靠的结果。

总之，学习和思考要有机结合，相辅相成，缺一不可。否则，人不是迷失在知识海洋中，就是腹中空空，精疲力竭，二者皆无所得，或收效甚微。

2.16 攻乎异端

【原文】

子曰："攻乎异端，斯害也已！"

【引言】

上一章孔子在陈述学习和思考的辩证关系。这一章孔子就警示人们，不要学习异端邪说，要遵行周礼，要中庸。

【释解】

(1)攻乎异端:学习和接触背离周礼等周代正统文化的异端邪说。攻:攻读、学习。乎:文言介词,"于","对"。异端:这里是指背离周礼等周代正统文化的学说和观点。

(2)斯害也已:这个就是祸害啊。斯:这,这个。害:祸害,灾害,灾难。也已:表示感叹,相当于"啊""呀"。

【译文】

孔子说:"学习和接触背离周礼等周代正统文化的异端邪说,就会贻害无穷啊!"

【拓展】

一个社会或一个时代会同时存在多种不同的意识形态或思想观念,存在不同的理论或思想流派。有的是主流的,有的是非主流的;有的是温和的,有的是激进的;有的是革命的,有的是反动的;有的是拥护社会的,有的是反社会的;有的是人道的,有的是非人道的;有的是开放包容的,有的是封闭保守的,等等,不一而足。面对形形色色的意识形态学说,我们该怎么办?孔子认为,我们应该去学习和了解那些代表正统文化和进步文化的思想学说,不应当接触和学习那些影响社会稳定、有害于社会根本利益的异端邪说。

要走正道,做正事,学中庸的学说,不要"过"与"不及"。在孔子生活的时代,与儒家争夺思想影响力的,还有墨家学说、杨朱学说、道家学说等多家思想学说。孔子曾经向老子请教过学问,但仍然坚持自己的社会理想,明知不可为而为之。杨朱提倡"贵己""重生""人人不损一毫,人人不利天下",以达到天下大治。他说:"古之人,损一毫利天下,不与也;悉天下奉一身,不取也。人人不损一毫,人人不利天下,天下治矣。"[①]又说:"夫善治外者,物未必治,而身交苦;善治内者,物未必乱,而性交逸。以若之治外,其法可暂行

① 列子[M].叶蓓卿,译注.北京:中华书局,2011:193.

于一国，未合于人心；以我之治内，可推之于天下，君臣之道息矣。”①

杨朱作为一个思考天下事的哲学家，绝对不像有些人所诋毁的那样，是个极端利己主义者。事实上，杨朱认为，人人都不要为社会和他人着想，每个人都为自己着想，把自己生活搞好，把自己的事情办好，不做有利于也不做有害于社会和他人的事情，这样整个社会也就好起来了。显而易见，杨朱的思想虽然在理论上和逻辑上可以成立，但是在具体社会实践中却根本行不通。因为人是社会人，整个社会是一个有机体，许多事情需要大家团结起来一起做，一起协商面对。譬如，抵抗敌人入侵，抵御自然灾害，牵涉到各家各户，一个人是无能为力的。所以，杨朱的学说在儒家眼里就是“异端邪说”，杨朱因而被儒家诋毁为“拔一毛而利天下不为也”的极端自私主义者。

在先秦儒家眼里，属于异端邪说的可能还有墨家。宋代朱熹说：“异端，非圣人之道，而别为一端，如杨、墨是也。”②墨家提倡“兼爱”“非攻”“尚贤”“尚同”“天志”“明鬼”“非命”“非乐”“节葬”“节用”等思想，这些思想大多与儒家的思想相对立。譬如，儒家提倡“君君、臣臣、父父、子子”等有封建等级的爱，而墨家主张人人“一律平等”的“兼爱”，所以，墨家学说在儒家眼里显然是“异端邪说”。

在不同的社会和时代，儒家眼里的“异端邪说”可能有所变化。“孔子所处的时代正是春秋末期，背离正道的异端邪说已有出现。如鲁国的少正卯就与孔子持不同政见，吸引不少孔子的学生前去听讲。孔子便对他断然处置，宣布他的罪状为心达而险、行辟而坚、言诡而辩、记丑而博、顺非而泽。绝不允许煽动异端邪说、危害国家的思想存在。”③到了宋代，在宋儒眼里，佛、道两家就成了“异端邪说”。但实际上，如果仔细分析宋儒的学说，如程朱的理学、陆九渊的心学，它们都多少吸收了佛、道两家的思想。换言之，不同的思想学说，都是在相互借鉴、相互影响和相互竞争中发展的。

① 列子[M]. 叶蓓卿，译注. 北京：中华书局，2011：186-187.

② 朱熹. 四书章句集注[M]. 北京：中华书局，2011：58.

③ 来可泓. 论语直解[M]. 上海：复旦大学出版社，2000：46.

2.17 由！诲女知之乎！

【原文】

子曰："由！诲女知之乎！知之为知之，不知为不知，是知也。"

【引言】

这一章是孔子教导自己的学生子路说话要谨慎，知道就说知道，不知道就说不知道，不要不懂装懂。

【释解】

(1)由：即仲由，字子路，也称为季路，鲁国卞人。子路比孔子小9岁，"孔门十哲"之一。他性情刚直，好勇尚武，是孔子非常欣赏的学生。

(2)诲女知之乎：来给你讲讲"知之"的道理吧。诲：教导，教诲。女：通"汝"，你。知之：知道事情的原委、道理。乎：表示祈使或命令语气，相当于"吧"。

(3)是知也：(这才)是对待知道与不知道的正确态度。知：指真正知道或明白。

【译文】

孔子说："子路啊，我给你讲讲知道与不知道的道理吧！知道就说知道，不知道就说不知道，这才是对待知道与不知道的正确态度啊。"

【拓展】

生有涯，而知无涯。一个人皓首穷经也不可能把所有的经书看完。一个人也不可能把所有的知识和技能都学会，这是因为人的时间、精力都是很有限的。因此，知道就是知道，不知道就是不知道，实事求是才是好。

尺有所短，寸有所长。每个人都有自己的长板和短板。人应该客观理性看待自己所长所短，并尽力扬长避短或扬长补短，而不应该爱慕虚荣，自以为是，不懂装懂。实践决定认识，认识来源于实践。要想博学多闻，多长多艺，只有谦虚向学，不懂就学、问、思、辨、探索与实践，这才是为人处世的正道。

2.18 子张学干禄

【原文】

子张学干禄。子曰："多闻阙疑，慎言其余，则寡尤；多见阙殆，慎行其余，则寡悔。言寡尤，行寡悔，禄在其中矣。"

【引言】

这一章是孔子的学生子张向孔子请教为政做官的道理和方法。

【释解】

(1)子张：姓颛孙，名师，世称颛孙师，字子张。子张比孔子小 48 岁，陈国人。

(2)干禄：求取官位俸禄。干：追求，求取。禄：官位俸禄，职位俸禄。古代政府发给各级官吏的报酬有土地、粮食、钱币等。

(3)多闻阙疑：说话时要多听，有不懂的地方要存疑。闻：听。阙疑：解决疑问或存疑，把疑难问题留着，不做主观推论。阙(quē)：减少，去除。疑：疑问，疑难。

(4)慎言其余：其余的(自己比较懂的地方)也要谨慎言语。慎言：说话要谨慎。其余：其他的。

(5)则寡尤：就减少了错误。则：就。寡：减少。尤：过错。

(6)多见阙殆：做事时要多观察，不做危险的事。见：观察。阙殆：不做危险的事。殆：危险，不安。

(7)慎行其余：其余的(没有危险的地方)也要谨慎行事。慎行：做事要谨慎。

(8)则寡悔：就减少了后悔。悔：后悔，悔恨。

(9)禄在其中矣：官位俸禄就在其中了。矣：助词，了。

【译文】

子张要学习求取官位俸禄的办法。孔子说："说话时要多听，有不懂的地方要先存疑，对其他没有疑问的地方，也要谨慎发言，这样就可以减少过错；做事时要多观察，不做危险的事，其余没有危险的事也要谨慎地去做，这样就可以减少后悔。说话少犯错误，做事少后悔，官位俸禄就在其中了。"

【拓展】

为政做官，主要表现为两大方面：一是会不会说话；二是会不会办事。会说话，也会办事，就具备了为政做官的情商、智商和能力了。一个人有了这些能力，再加上格外谨慎小心，就会得到上级的赏识和重用，换言之，禄位就在其中了。有的人情商不高，说话办事不牢靠，结果引起了领导和同事的不满，自己的晋升机会也就失掉了。所以，孔子教子张要用耳朵听，要多用眼睛观察，三思而后说，三思而后行。有疑问的地方先存疑，等思考成熟有把握后再说再做。言语和行为上少犯错误，办事兢兢业业，谨慎小心，多出成绩，这样的人自然会获得晋升的资格和机会。这正是大多数人的立身之道啊！

2.19 何为则民服

【原文】

哀公问曰："何为则民服？"孔子对曰："举直错诸枉，则民服；举枉错诸直，则民不服。"

【引言】

这一章是鲁哀公向孔子请教如何施政才能让老百姓服从。孔子给出了自己的回答。

【释解】

(1)鲁哀公：姬姓，鲁定公之子，春秋时期鲁国第二十六任君主，公元前

494 年至公元前 468 年在位。

(2)何为则民服:(为政者)做什么,百姓能服从。何为:做什么。则:就。民:老百姓。服:服从,顺服。

(3)举直错诸枉:推举任用正直的人,贬黜邪恶的人。举:推举,任用。直:正直无私、耿直的人。错:通“措”,放置,安置,这里是弃置、搁置、废弃的意思。诸枉:邪恶不正的人。

(4)举枉错诸直:推举任用邪恶的人,而贬黜正直的人。

【译文】

鲁哀公问孔子:“怎样做才能使老百姓服从呢?”孔子回答说:“推举任用正直无私的人,贬黜邪恶不正的人,老百姓就会服从;反之,推举任用邪恶不正的人,而贬黜正直无私的人,老百姓就不会服从。”

【拓展】

任贤使能,社会就会正气充盈,繁荣昌盛;小人当道,则社会就会昏暗,生活就会乌烟瘴气,人民就会怨声载道,自然就不会满意和服从执政者。清代刘宝楠说:“春秋时世卿持禄,多不称职,贤者隐处,虽有仕者,亦在下位,故此告哀公以举措之道,直者居于上,而枉者置之下位,使贤者得尽其才,而不肖者有所受治,亦且畀之以位,未甚决绝,俾知所感奋而犹可以大用。”①如果不肖者无法杜绝的话,重用贤能的人,降职使用不肖者,的确是一个折中的办法,但问题是,不肖者甘于久居下位吗?如果他们不甘于居下位,那么是不是会出现不肖者与贤能者的争斗?

此外,如何防止劣币驱逐良币?在实际社会生活中,贤能者与不肖者总是杂处在一起。执政者必须研究制定出一种成熟和完善的任贤使能的机制,充分任贤使能,尽量杜绝使用小人为政做官;否则贤能者便会渐渐失势,不肖者渐渐得势,为非作歹,污染官场,疏于政事。也许,正是因为这个如何任用贤能和不肖者的问题始终得不到好的解决,封建王朝才一治一乱不断循环往复。

从世界历史的角度看,任何一个国家的政权都有兴、衰、治、乱往复循环

---

① 刘宝楠.论语正义:全二册[M].高流水,点校.北京:中华书局,1990:64.

的周期率现象。1945年,黄炎培先生在延安向毛泽东同志提出了这个中国历史治乱周期率的问题。黄炎培先生问,中国共产党能不能跳出历史上“其兴也勃焉,其亡也忽焉”的历史周期率。毛泽东同志回答说:“我们已经找到新路,我们能跳出这周期率。这条新路,就是民主。只有让人民来监督政府,政府才不敢松懈。只有人人起来负责,才不会人亡政息。”①的确如此,人民,只有人民,才是创造历史的伟大动力。

2.20　使民敬、忠以劝,如之何

【原文】

季康子问:“使民敬、忠以劝,如之何?”子曰:“临之以庄,则敬;孝慈,则忠;举善而教不能,则劝。”

【引言】

这一章继续接着上一章谈论为政做官之道。不同的是,上一章是鲁哀公问政于孔子,这一章是季康子问政于孔子。因鲁哀公是鲁国国君,所以孔子给出的政策建议是“亲贤臣,远佞人”。季康子是鲁国大夫,是鲁国的实际掌权者,所以孔子给季康子提出的政策建议是:以身作则,正人先正己。“其身正,不令而行;其身不正,虽令不从。”②具体而言,就是执政者要求人民“敬、忠以劝”,自己先要做到“敬、忠以劝”。

【释解】

(1)季康子:即季孙肥,姬姓,季氏,名肥,谥康,史称“季康子”。鲁哀公时期的鲁国权臣,“三桓”之一。季康子的父亲是季桓子,祖父是季平子。

(2)使民敬、忠以劝:使人民恭敬、忠诚和勤勉。敬:恭敬,敬重。忠:忠心,忠诚。劝:奋勉,勤勉。

(3)如之何:即“如何”,怎么办,怎么样。之:虚用,无所指。

---

① 庞卓恒. 论历史周期率:兼说什么是民主[EB/OL]. (2013-05-14)[2022-08-12]. http://www.npc.gov.cn/npc/c221/201305/1b5937df70814b6aa1431e9c3820c4cd.shtml.

② 杨伯峻. 论语译注[M]. 北京:中华书局,2009:134.

(4)临之以庄:用庄重的态度对待人民。临:面对,对待。之:人民,百姓。以:用。庄:庄重,庄敬。

(5)孝慈:孝顺和慈爱。

(6)举善而教不能:推举任用贤能的人,教化那些不贤能的人。举:推举,提拔任用。善:良善,贤能。这里是指贤能的人。教:教育,教化。不能:这里是指不贤能的人。

【译文】

季康子问孔子:"要使人民恭敬、忠诚和顺服,该如何做呢?"孔子回答说:"如果你用庄重的态度对待人民的话,那么人民就会敬重你;如果你孝顺自己的父母,慈爱自己的人民,那么人民就会忠诚于你;如果你能推举任用贤能的人,教化那些不贤能的人,那么人民就会勤勉。"

【拓展】

种瓜得瓜,种豆得豆。只要将心比心,换位思考,就能知道人心所向,民心民意如何。为政做官者,以百姓心为心,全心全意为人民服务,必然能够做出人民满意的政绩,得到人民的爱戴和拥护。但如果为政做官者只想骑压在人民的头上作威作福,剥削人民以满足自己骄奢淫逸的追求,那么,人民自然不会对他们恭敬、忠诚和服从。为官一任,造福一方。当官不为民做主,不如回家卖红薯。

2.21 子奚不为政

【原文】

或谓孔子曰:"子奚不为政?"子曰:"《书》云:'孝乎惟孝,友于兄弟。'施于有政,是亦为政,奚其为为政?"

【引言】

前两章中,鲁哀公和季康子问政于孔子,孔子分别提出了具有针对性和侧重性的政策建议。这一章有人却对孔子提出了一个问题:(你总是给其他人提出为政做官的建议，）你自己为什么不去为政做官呢？孔子给出了自己的解释。事实上，孔子无论是在鲁国学习周礼、“六艺”等知识和技能，开办私学培养人才，还是出国游访各国，目的都是为政做官，或者培养为政做官的人才。其积极入世的根本指导思想就是“学而优则仕，仕而优则学”。只不过，孔子为政做官是为了实现自己“恢复周礼”的社会政治理想，而不是有官位和俸禄即可。所以，一方面，孔子在礼崩乐坏的时代很难有这样为政做官的机会（道不同不相为谋）；另一方面，即使孔子有机会做官，用不了多久就会因政治理念和原则与既得利益的当权者发生矛盾和冲突而被解职，或不得不主动辞职。尽管孔子仅在鲁国做过一些官，如年轻时做过管理仓库的官，五十多岁的时候做过一个小地方的行政长官和司空、大司寇这样的官，做官的时间比较短暂，但他从来不认为自己在其他时间没在做为政的事情。这一章就是孔子的回答。

【释解】

（1）或谓孔子曰：有人对孔子说。或：有人。谓：说，对某人说。

（2）子奚不为政：您为什么不去从政。子：古代尊称，您。奚（xī）：为什么，怎么。为政：从政，从事政治。

（3）《书》云：《尚书》说。《书》：《尚书》或《书经》。云：说。

（4）孝乎惟孝：孝道就在于孝顺父母。孝：孝顺，孝敬，孝道。乎：用在句中，表示稍做停顿，不译。惟：在于。

（5）友于兄弟：对兄弟友好。友：友好，友爱。于：对。

（6）施于有政：把（这孝悌的道理）推广到政事上。施于：推广到，实施到。有：助词，不译。政：政治，政事。

（7）是亦为政：这也是在做政事。是：这，这个。亦：也。

（8）奚其为为政：为什么那样才算是从事政治呢。奚其：何其，怎么那样，为什么那样。为：是。

【译文】

有人对孔子说：“您为什么不去从政呢？”孔子回答：“《尚书》上说：‘孝道就在于孝顺父母，友爱兄弟。’将孝悌的道理推广到社会的政事上，这也是在做政事。为什么那样才算是从政呢？”

【拓展】

这一章反映了孔子两方面的思想主张。其一,国家政治以孝为本,孝父友兄的人才有资格担当国家的官职。这是孔子的“德治”思想主张。其二,孔子从事教育,不仅是教授学生的问题,他还通过对学生的教育,间接参与国家政治,这是他教育思想的实质,也是他为政的一种形式。

怎么样做才算是做政事呢?儒家经典《大学》一篇指出:“自天子以至于庶人,壹是皆以修身为本。”其意是说,上至王公大臣,下至黎民百姓,一律以“修身为本”,人人重德向善,就会家庭和睦、国泰民安、天下太平。换言之,想要齐家、治国、平天下,必须先修身。那么在家孝顺父母,友爱兄弟,遵守孝道,不就是在打“齐家、治国、平天下”的基础吗?所以,以孔子为代表的儒家,认为修身即是参与政事。

在朝廷来说,就是“以孝治天下”。在国家参与政事就是做官以治理和服务民众;在家参与政事就是做好孝道,以管理和服务好家人。这样推己及人,整个社会就会忠孝起来,从而达到天下大治,正所谓“家齐而后国治,国治而后天下平”①。

2.22 人而无信

【原文】

子曰:“人而无信,不知其可也。大车无輗,小车无軏,其何以行之哉?”

【引言】

这一章是孔子在讲信用的重要性和必要性。做人和做官都要有信用才可以。

【释解】

(1)人而无信:人如果没有信用。而:连词,表示假设关系,如果,假如。信:诚信,信用。

① 孔子,等.四书五经[M].李择非,整理.沈阳:万卷出版公司,2009:3.

(2)不知其可也:不知道他可以在社会上有什么作为,不知道他如何在社会上立身。也:语气助词,表示判断。

(3)大车:这里是指牛车。

(4)輗(ní):古代牛车车辕和横木衔接的木销。

(5)小车:这里是指马车。

(6)軏(yuè):古代马车车辕前横木两端的木销。

(7)其何以行之哉:(如果牛车、马车没有木销,那么)它们靠什么行驶呢?其:它们,这里是指牛车和马车。何以:靠什么,凭什么。行之:行驶,行路。之:虚用,无所指。哉:语气助词,表示疑问,相当于“呢”。

【译文】

孔子说:“人如果没有信用,我不知道他如何在社会上立身处世。如果牛车没有安装輗,马车没有安装軏,那么它们靠什么行驶呢?”

【拓展】

南怀瑾在《论语别裁》中解释说:“做人也好,处世也好,为政也好,言而有信,是关键所在,而且是很重要的关键。有如大车的横杆,小车的挂钩,如果没有了它们,车子是绝对走不动的。”①

诚实守信是中华民族的传统美德,是一个人立足社会的基础,也是一个人应有的基本道德品质。诚信是人最美丽的外套,是心灵最圣洁的鲜花。

秦朝末年,项羽有个得力将领叫季布。季布重信用,一诺千金,闻名于当时。当时甚至流传着这样的谚语:“得黄金百斤,不如得季布一诺。”正是因为季布为人诚实守信,所以后来当刘邦全国通缉季布的时候,就有季布的好友站出来在刘邦面前为季布讲好话,最终刘邦赦免了季布。这是一个人因为诚实守信而免于被处死的例子。

《伊索寓言》中还有《狼来了》的故事。一个牧羊的小孩经常撒谎说“狼来了”,结果当狼真来了的时候,却没人相信他的话。所以,诚信的品质有时候能挽救一个人的生命,同样地,不诚信有时候也会要了一个人的命。做人不讲信用,不知其可也。

---

① 南怀瑾.论语别裁:上册[M].上海:复旦大学出版社,2015:102.

2.23 十世可知也

【原文】

子张问："十世可知也？"子曰："殷因于夏礼，所损益，可知也；周因于殷礼，所损益，可知也。其或继周者，虽百世，可知也。"

【引言】

这一章是子张问孔子能否预测未来社会的礼乐制度。孔子指出，礼乐制度既有继承，又有发展变化。总结过去礼乐制度发展变化的规律和特点，可以在一定程度上预知未来礼乐制度发展变化的基本规律和特征的。这也是孔子的社会历史发展观。

【释解】

(1)十世可知也：今后三百年的礼乐文化可以知道吗。世：世代。古代以三十年为一世。知：知道。

(2)殷因于夏礼：殷代的礼乐制度是继承夏代的。因：因袭，沿袭，继承。

(3)损益：增减，变化。

(4)周因于殷礼：周代的礼乐制度是继承殷代的。

(5)其或继周者：如果以后有继承周朝礼乐制度的朝代。其：如果，假如。或：有的。

(6)虽百世：即使是一百世之后。虽：即使。

【译文】

子张问孔子："今后三百年的礼乐制度可以知道吗？"孔子回答说："殷代的礼乐制度是继承夏代的，其中的增减变化人们是可以知道的；周代的礼乐制度是继承殷代的，其中的增减变化也是可知的。如果以后有继承周朝礼乐制度的朝代，即使过了一百世，人们也是可以预先知道的。"

【拓展】

文化和历史的发展和变化都是在继承中完成的。如何了解这些发展和变化呢？一是通过阅读和掌握文献记载的方式，二是通过实地调查和考古等方式。清代的刘宝楠说："礼所以有损益者，如夏尚忠，而其敝则蠢而愚，乔而野，朴而不文；殷承夏，而其敝则荡而不静，胜而无耻；周承殷，而其敝则利而巧，文而不惭，贼而蔽。则承周者，又当救之以质。故凡有所损益，皆是变易之道。"①

2.24 非其鬼而祭之

【原文】

子曰："非其鬼而祭之，谄也。见义不为，无勇也。"

【引言】

这一章是《为政篇第二》的最后一章，与该篇的第一章《为政以德》首尾呼应。第一章《为政以德》，强调以德治国，特别是做官的人必须先修身，修养自己的道德，这样才可以齐家、治国和平天下。而这最后一章《非其鬼而祭之》则指出了没有道德修养的做官者自然会做出不知礼义廉耻、败坏人伦纲常的事情。

【释解】

(1)非其鬼而祭之：不是自己的祖先却去祭祀。鬼：这里是指去世的祖先。祭：祭祀，祭奠。

(2)谄也：逢迎巴结，用卑贱的态度讨好人。

(3)见义不为：见到正义的事情而不去做。义：正义，道义，这里是指正义的事，符合道义的事情。为：做。

(4)无勇也：没有勇气。也：语气助词，表示肯定，不译。

【译文】

孔子说："不是自己的祖先却去祭祀，这是谄媚讨好人家。见到正义的事情而不去做，这是没有勇气。"

---

① 刘宝楠. 论语正义：全二册[M]. 高流水，点校. 北京：中华书局，1990：72.

【拓展】

郑玄说："人神曰鬼。非其祖考而祭之者，是谄求福。"孔安国说："义所宜为而不能为，是无勇。"①孔子这里说的话，在历史上是有所指的。当时，在鲁国执政的季氏要去泰山祭祀鬼神，孔子知道后认为这事与周礼不合。按照周礼，只有天子和诸侯才有资格祭祀泰山之神，季氏的做法是僭越周礼。对此，孔子坚决反对，并要求自己的学生冉有尽一切可能去阻止此事。冉有当时在做季氏的总管，但其实冉有作为下属是无力阻止的。因此，孔子一并批评了季氏和冉有，批评季氏去泰山祭祀是献媚，批评冉有没有勇气见义勇为。

儒家提倡"仁、智、勇"三达德，要求为政做官者对人民要仁爱，还要有智慧和敢于担当的勇气。显而易见，一个人如果缺少这三大方面的品质，就难以做好政事。

① 何晏，邢昺．论语注疏［M］．北京：中国致公出版社，2016：28.

八佾篇第三

《八佾篇第三》是《论语》的第三篇，共计26章。第一篇《学而篇第一》谈的是为学之道，这是因为为政做官的根基就是“为学”，所以为学之道自然是一书的首要。第二篇《为政篇第二》谈的是为政做官、治国理政之道，学习是为政做官的前提，为政做官、治国理政是学习的目的。所以，全书将《为政篇第二》放在《学而篇第一》之后。第三篇《八佾篇第三》谈论的是礼以及礼的文化精神。在孔子看来，周朝的礼乐文明是理想的文明形态，治国理政必须围绕着“礼”来进行。这是为什么把《八佾篇第三》置于《为政篇第二》之后的原因。

3.1 八佾舞于庭

【原文】

孔子谓季氏：“八佾舞于庭，是可忍也，孰不可忍也？”

【引言】

这一章是《八佾篇第三》的第一章，讲了孔子对鲁国季孙氏僭越天子之礼这一行为的愤慨。春秋末年，礼崩乐坏，下级僭越上级，大臣僭越君主之礼制标准的事接二连三地发生，西周所拥有的良好社会秩序正在走向混乱和崩溃。从生产力发展的角度来看，新的生产力及其生产关系正在形成和发展中，经济基础正在发生深刻的变化，这导致上层建筑也处于一种探索和发展的混沌状态。礼乐道德关系作为人们日常生活中最为敏感和重要的一部分，其自身发生的变化会引起文化学者和社会学者密切的关注和重视。从文化学的角度看，孔子就是当时社会的文化学者和社会学者，其对上层社会中发生的失德现象更为关注和重视。

【释解】

(1)谓:说到,谈论。

(2)季氏:鲁国的“季孙氏”,这里当指季平子。季孙氏属于鲁国“三桓”之一,是鲁国的三家权臣之一。春秋时期,鲁国第十五位国君是鲁桓公。鲁桓公有姬同、庆父、叔牙、季友等儿子。其中,姬同成为鲁国第十六位国君鲁庄公,庆父成为鲁国三桓孟孙氏之祖,叔牙成为鲁国三桓叔孙氏之祖,而季友成为鲁国三桓季孙氏之祖。所以,自鲁桓公以后,鲁国国君和“三桓”这三家鲁国权臣都有着比较近的血缘关系。换言之,孟孙氏、叔孙氏、季孙氏与同时期的鲁国国君都有着共同的祖先——鲁桓公。

(3)八佾舞:古代天子用的奏乐舞蹈规格。“一佾”是指一列八人。八佾,就是八行八列,共计六十四人。所以,“八佾舞”是八行八列的六十四人共舞的奏乐舞蹈。

(4)于庭:在庭院里。

(5)是可忍也:这可以忍心做的话。是:这,这个。忍:忍心、狠心。也:语气助词,表示停顿。

(6)孰不可忍也:什么不可以忍心做呢。孰:什么。也:语气助词,表示疑问,相当于“呢”。

【译文】

孔子谈论季氏时说:“他竟然用天子才能用的八行八列、六十四人的奏乐舞蹈规格,在自己家庙的庭院中奏乐舞蹈,这种事情他都能忍心做得出来,还有什么事情他不能忍心做出来的?”

【拓展】

根据周礼规定,天子用八佾,诸侯用六佾,卿大夫用四佾,士用二佾。鲁国是周天子封给周公旦之国,因周公旦在镐京辅佐周成王,故派长子伯禽代其受封鲁国。伯禽成为鲁国第一任国君。因为周成王感念其叔父周公旦有大功于天下,所以在周公旦去世后,特命鲁国国君世世以天子之礼乐规格祭祀周公旦,但天子之礼乐只能在文王庙、周公庙用之,若用之于其他场合,便是僭礼。所以,鲁国国君在文王庙和周公庙祭祀的时候,是可以使用八佾之舞的。“三桓”属于卿大夫,只能用四佾之舞的规格,自然不可以使用八佾之舞的规格。

到了春秋时期,礼乐制度开始遭到破坏。礼崩乐坏的社会风气日甚一日。季平子作为卿大夫,在家庙中任性而为,使用了天子和鲁国国君祭祀时才能用的礼乐规格——八佾之舞,这是极其严重的僭越礼制的行为。季氏不臣之心昭然若揭。

孔子对于这种僭越行为极为不满,就评论说:“他连这种严重僭礼的事情都能狠心做出来,还有什么是他不敢做的呢?”果不其然,后来季平子联合孟孙氏、叔孙氏一起攻打鲁国国君鲁昭公的军队,鲁昭公兵败,奔逃到晋国,季平子从此牢牢把控了鲁国的军政大权。由此可见,当国家的礼制或法制被肆意践踏的时候,国家的政事就会陷入动乱之中。

周公旦牵头制定的周礼制度,稳定了西周几百年之久,到了春秋时期,由于天子式微,诸侯坐大,诸侯、卿大夫、陪臣僭越周礼的现象层出不穷,社会危机日益加剧。孔子忧国忧民,忧心忡忡,认为只有恢复周礼,社会才能稳定,经济才能繁荣,百姓才能幸福。所以他非常不满于季平子这种严重僭越的行为,但又对社会现状无可奈何。

3.2 三家者以《雍》彻

【原文】

三家者以《雍》彻。子曰:“‘相维辟公,天子穆穆’,奚取于三家之堂?”

【引言】

这一章孔子继续谈论“三桓”悖逆国家礼仪制度的现象,并提到古代文献对天子祭祀的描述和记载。

【释解】

(1)三家:鲁国孟孙氏、叔孙氏和季孙氏这“三桓”之家。“三桓”与自鲁桓公以后的鲁国国君都是鲁桓公的后代。而鲁国国君与周天子都是周文王的后代。所以,他们之间存在着宗亲血缘关系。

(2)《雍》:古代天子祭祀宗庙过程中撤除俎豆或撤膳时所奏的乐章。《周官·乐师》注释说:"撤者歌《雍》,是天子祭宗庙歌之以撤祭也。"俎豆(zǔ dòu)是古代祭祀、宴飨时盛食物用的礼器,亦泛指各种礼器,后引申为祭祀和崇奉之意。

(3)彻:撤去、撤除食具的意思。

(4)相维辟公:诸侯是辅助祭祀的。相:这里是指助祭者。维:语助词,无实际意义。辟公:诸侯。

(5)天子穆穆:天子神情庄重。穆穆:庄重的样子。

(6)奚取于三家之堂:怎么能用在这三家的庙堂上呢。奚:为什么,怎么。取:采用,采取。于:在。堂:这里是指鲁国"三桓"的庙堂。

【译文】

鲁国孟孙氏、叔孙氏和季孙氏这"三桓"之家,在家庙祭祀祖先撤除俎豆和撤膳时使用了天子主祭时才能使用的乐章《雍》。对此,孔子评论说:"《雍》中有话说:'诸侯们在助祭,天子在主祭。天子的神情庄重肃穆。'这样的乐章怎么能用在这三家的庙堂上呢?"

【拓展】

显而易见,权臣"三桓"在家庙祭祀自己的祖先时使用了周天子才能使用的周礼规格,是极其严重的僭越行为。旨在恢复和维护周礼权威的孔子,无法容忍,给予严厉批评,并为礼崩乐坏的社会风气感叹不已。

3.3 人而不仁

【原文】

子曰:"人而不仁,如礼何?人而不仁,如乐何?"

【引言】

这一章是《八佾篇第三》的第三章。《八佾篇第三》的第一章和第二章谈到了鲁国三家权臣僭越周礼的情况，孔子表达了愤慨之情。这一章中，孔子继续批评僭越礼乐制度的人和事。无论是礼还是乐，仁这种道德品质都是它们的灵魂。礼和乐都是仁德的具体表现形式。

【释解】

(1)人而不仁：人如果没有仁德的话。而：如果，假如。仁：仁德，仁爱。

(2)如礼何：会如何对待礼。“如……何”是古汉语常用句式，当中一般插入代词、名词或其他词语，其意思是“对……怎么样”或“把……怎么办”。礼：礼仪。

(3)如乐何：会如何对待音乐。

【译文】

孔子说：“如果一个人没有仁德的话，那么他会如何对待礼？如果一个人没有仁德的话，那么他会如何对待音乐呢？”

【拓展】

孔子这一段话的言外之意就是没有仁德的人既不会尊重礼，也不会尊重音乐。当然，他们也更不会遵循礼制。孔子这是在批评那些没有仁德、不尊重礼乐文化精神的人。有仁爱之心的人才会尊重礼乐文化的精神，而那些没有仁爱仁德的人，只会践踏或亵渎礼乐文化的精神。

不少学者在解释“如礼何”和“如乐何”的时候，都把主语搞反了，也就是把这句话的意思搞错了。如，来可泓把“如礼何”和“如乐何”分别解读为“礼仪对他有什么意义呢”和“音乐对他有什么意义呢”。[①] 又如，南怀瑾把“如礼何”和“如乐何”解读为“文化与艺术对他又有什么用呢”。[②]

应该来说，礼乐文化精神，作为一种社会教化思想，无论是对有仁德的人，还是对没有仁德的人，都是具有一定的教育意义的。否则，一个国家，一个社会，都不用搞什么社会教育、学校教育和家庭教育了。但是，有仁德和没有仁德的人，他们对待礼和乐的态度是不一样的。有仁德的人会尊重礼

① 来可泓. 论语直解[M]. 上海：复旦大学出版社，2000：58.

② 南怀瑾. 论语别裁：上册[M]. 上海：复旦大学出版社，2015：108.

乐,而没有仁德的人不尊重,甚至践踏礼乐,做出违法乱纪、扰乱社会秩序的各种举动来。也因此,“如礼何”和“如乐何”应该是“如何对待礼”和“如何对待音乐”的意思,而不是“礼对他有什么意义呢”和“音乐对他有什么意义呢”的意思。当然,也不是南怀瑾所理解的“文化与艺术对他又有什么用呢”的意思。

3.4 林放问礼之本

【原文】

林放问礼之本。子曰:“大哉问!礼,与其奢也,宁俭;丧,与其易也,宁戚。”

【引言】

这一章是《八佾篇第三》的第四章。第一章和第二章中,孔子批评了僭越周礼的人和事;第三章孔子得出结论说,僭越周礼的根源在于僭越者没有仁德。第四章开始谈论礼的本质和尊礼的基本原则。

礼的本质或根本是什么?这涉及礼的本体论,是一个很大的哲学问题,不是一时半会能说清楚的。所以孔子从遵循礼仪的基本原则方面提出了自己的看法和建议。

【释解】

(1)林放:字子丘,春秋末年鲁国学者,以知礼、懂礼著称。

(2)礼之本:礼的根本。本:根本,本质。

(3)大哉问:倒装句,即“问大哉”,所提的问题意义重大啊。大:有两种理解。一种是“问的问题大”;另一种是“所提的问题意义重大”。本文持后一种观点。哉:感叹词,啊。问:这里是指所问的问题。

(4)与其奢也:与其奢侈。奢:奢侈,奢华。也:语气助词,表示停顿。

(5)宁俭:宁可节俭。宁:宁可,不如。俭:节俭,节省,不浪费。

(6)丧:指办丧礼、办丧葬之事。

(7)与其易也:与其和顺而有条理。历史上,学者们对“易”大致有两种理解，一是指办丧礼的仪式比较周全；二是指行丧礼的人的情感要和易，即和顺而有条理，或者说要对哀伤有所节制。我个人持后一种观点。原因主要有两点：一是，无论是谁家办丧礼，一般当地都有个固定的基本程式，可以按部就班，所以，孔子不会把这个形式上的问题拿出来讨论。况且，礼的形式绝不是礼的本质。二是，"丧，与其易也，宁戚"中的"易"应该与"戚"是相对的概念，正如"礼，与其奢也，宁俭"中"奢"与"俭"是一对相对立的概念。所以，"易"的意思应该与"戚"的意思相反，"戚"是哀戚、哀痛的意思，那么，"易"的意思应该就是对哀戚和哀痛有所节制，或者是和顺有条理的意思。一般地，人们按照仪式规程办丧礼，为了礼仪有条理，人要节制悲伤之情，孝子孝女很难将自己哀戚的情感全部释放出来。但如果让哀戚的情感全部释放出来，有时候可能会影响仪式举办的条理性。所以，这是一个两难的问题。

(8)宁戚：宁可哀戚一些。戚：哀戚，哀痛，悲戚。

【译文】

林放向孔子请教礼的本质。孔子回答说："你问的问题意义重大啊！礼，与其奢侈，不如节俭；办丧礼，与其中规中矩，和和顺顺，不如哀戚一些。"

【拓展】

孔子重视礼的本质胜于礼的形式。他认为，哀戚是子女对去世父母孝心的一种表现，而孝道的表达与呈现才是丧礼的根本。所以，人们举办丧礼的时候，与其对哀戚之情有所节制，表现得和顺有条理，还不如哀而有余。

《中庸》说："喜怒哀乐之未发，谓之中；发而皆中节，谓之和。"①这里的"易"即中和、和易之意。要实现这种情感上的节制，在行丧礼的时候，孝子孝女是无法"尽其哀"的。但孝道又是礼仪的根本。所以，孔子认为，与其如此，还不如让孝子孝女"尽其哀"，以充分表达对父母养育之恩的感念和对父母的哀悼之情。

---

① 孔子，等. 四书五经[M]. 李择非，整理. 沈阳：万卷出版公司，2009：17.

3.5 夷狄之有君

【原文】

子曰："夷狄之有君，不如诸夏之亡也。"

【引言】

在春秋时期，华夏文明和其周围的文明是有优劣的。孔子认为，华夏文明要高于周围的少数民族的文明。

【释解】

(1)夷狄之有君：夷狄国家有君主。夷狄：泛指我国古代中原地区以外的少数民族。夷指古代居住在中原地区东方的少数民族。狄指古代住在中原地区北方的少数民族。此外，我国古代中原地区还称居住在南方的少数民族为"蛮"；称居住在西方的少数民族为"戎"。之：用在主谓结构之间，使其成为句子成分，不译。君：君主。

(2)诸夏之亡也：中原地区国家的君主出逃在外。诸夏：是指我国古代中原地区的国家。亡：逃离，出走。也：语气助词，表判断。

【译文】

孔子说："虽然夷狄国家有君主，但(其文化、文明)还不如君主出逃在外的中原地区国家(的文化、文明)。"

【拓展】

"亡"，读作"wáng"时，有多种意思：①逃离，出走；②丢失，失掉；③灭亡；④死亡；⑤通"忘"，忘记。"亡"读作 wú 时，通"无"，是没有或不的意思。

有的学者把"不如诸夏之亡也"中的"亡"理解为"无"。这样一来，"夷狄之有君，不如诸夏之亡也"就成了"夷狄之有君，不如诸夏之无君也"。换言之，就是说"夷狄国家虽然有君主，还不如中原地区国家没有君主呢"。这样似乎也说得通，但理解起来还是有点牵强。因为不管夷狄国家还是中原地区国家，都不可能没有自己的“元首”。所以，还是把“亡”理解为君主“出逃在外”比较好。

相对来说，清代的刘宝楠对“夷狄之有君，不如诸夏之亡也”这一句的解读还是比较到位的。他说：“此篇专言礼乐之事。楚、吴虽迭主盟中夏，然暴强逾制，未能一秉周礼，故不如诸夏之亡君，其政俗犹为近古也。”[①]刘宝楠在这里举例说，南方的楚国和吴国虽然都曾经做过中原霸主，但他们强暴专横，逾越礼制，从来都没有遵守过周礼，所以他们在文明上不如君主被迫逃亡的中原地区国家。

此外，南怀瑾对这一句也做出了具有自己见解的解读。他说：“过去所谓夷狄，就是文化落后的边疆地区，孔子的思想是以文化为中心，凡没有文化的，称为夷狄，因为东夷、西戎、南蛮、北狄这四种族在当时是没有文化，非常野蛮。中国则称中夏、中原，是有文化的。孔子说那些蛮族落后地区的人，也有头子，有君主、酋长。但光有形态，没有文化，有什么用，不如夏朝、殷商，虽然国家亡了，但历史上的精神，永垂千古，因为它有文化。”[②]显然在这里，南怀瑾把“诸夏之亡也”解读为“夏朝、殷商之灭亡”，认为，虽然夏商都灭亡了，但是其文化没有灭亡，这比起夷狄国家没有多少文化来说还是要好许多。总体上看，南怀瑾的文化归因没有问题，但他把“诸夏之亡也”解读为夏朝、殷商之灭亡，我认为是不妥当的。

依我看，“夷狄之有君，不如诸夏之亡也”中省略了一个“君”字，实际上应为“夷狄之有君，不如诸夏之亡君也”。因为这是一个比较的句式，所以句子前半部分提到了夷狄之君，后面也应当提到诸夏之君才对。这样，“不如诸夏之亡也”中的“亡”最有可能是“出走、逃离、逃亡在外”的意思。在孔子所处的春秋时代，就曾经发生过一些国君被权臣排挤而出逃到他国的例子。这些诸侯国的国君虽然出逃在外，但国家的文明仍然在延续，仍远比夷狄国家的文明先进。

因此，“子曰：‘夷狄之有君，不如诸夏之亡也。’”这一句，应该解读为：“孔子说：‘虽然夷狄国家有君主，但还不如君主出逃在外的中原地区国家。’这是因为中原地区国家在文明和文化思想方面要比夷狄国家先进许多。”

---

① 刘宝楠. 论语正义：全二册[M]. 高流水，点校. 北京：中华书局，1990：84.

② 南怀瑾. 论语别裁：上册[M]. 上海：复旦大学出版社，2015：109.

3.6 季氏旅于泰山

【原文】

季氏旅于泰山。子谓冉有曰:“女弗能救与?”对曰:“不能。”子曰:“呜呼!曾谓泰山不如林放乎?”

【引言】

这一章是在讲孔子对季孙氏僭越周礼,要去东岳泰山祭祀泰山神表示愤慨,并在学生冉有表示无力阻止季孙氏的情况下,寄希望于泰山神能够阻止季孙氏去泰山祭祀。

【释解】

(1)季氏:即季孙氏,“孙”为尊称,实为季氏,姬姓。

(2)旅于泰山:到泰山去祭祀。旅:旅行,这里是指去祭祀。于:到。

(3)冉有:即冉求,字子有,是孔子的学生。冉有当时是季孙氏家的总管。

(4)女弗能救与:你不能劝阻吗。女:通“汝”,你。弗:不。救:制止,阻止。与:通“欤”,吗。

(5)呜呼:感叹词,唉。

(6)曾谓泰山不如林放乎:难道说泰山神还不如林放懂得礼吗。曾:副词,难道。谓:说。泰山:这里是指泰山神。乎:吗。

【译文】

季孙氏要去东岳泰山祭祀泰山神。孔子听说后,就对冉有说:“你不能劝阻吗?”冉有回答说:“无能为力啊。”孔子随之叹道:“唉,难道说泰山神还不如林放懂得礼吗?”

【拓展】

这一章谈论季孙氏要去泰山祭祀东岳大帝,为自己求福。古时候,人们传说泰山有神,就是东岳大帝。夏、商、周三代以来,我国先民形成的神灵信仰是多神信仰。山有山神,水有水神,树有树神,还有太阳神、月亮神、天神、地神等。春秋时期,人们已经形成了"四岳""五行"等概念。《尚书》中就有关于东、西、南、北四岳的记载。"五行"学说在战国末期得到阴阳学家邹衍等人的弘扬,颇为流行。邹衍在"五行"学说的基础上提出"五德终始论",被许多人所接受。因"尽言天事",他被当时的人称为"谈天衍"。受"五行"学说影响,"四岳"说在战国后期演变为"五岳"说。《周礼·春官·大宗伯》:"以血祭祭社稷、五祀、五岳。"这是文献可考的关于"五岳"的最早记载。"五岳"最终被确定为东岳泰山、西岳华山、南岳衡山、北岳恒山和中岳嵩山。

东岳泰山为五岳之首。东方是太阳升起的地方。民间传说泰山神东岳大帝是君主治理天下的保护神,具有主生死、保国安民、延年益寿、沟通天神与人等功能。春秋战国时期,到五岳之一的山岳举行"封禅"的理论也渐渐成熟。封为"祭天",禅为"祭地","封禅"就是古代君主在太平盛世或天降祥瑞之时到山岳祭祀天地的大型典礼。历史上,秦始皇曾到东岳泰山封禅,武则天曾到中岳嵩山封禅。

周礼规定,天子要按时祭祀天下名山大川的神灵,诸侯则祭祀其封地内的山川之神。泰山位于鲁国境内,只有天子以及鲁国国君可以祭祀泰山神。季孙氏只是卿大夫,并非一国国君,却违背周礼去泰山祭祀天地。于是,孔子愤愤不平,批评这种僭越周礼的行为。

3.7 君子无所争

【原文】

子曰:"君子无所争。必也射乎!揖让而升,下而饮。其争也君子。"

【引言】

前一章中,孔子因季孙氏违反周礼祭祀泰山神而无比愤慨。这一章接着讲君子尊礼比赛和竞争之道,让人们对遵守周礼成就君子之道有所认识。

【释解】

(1)必也射乎:一定就是比赛射箭吧。必:必定,一定。射:射箭,射礼。

根据《礼记·射义》,射礼有四种:一是大射,是天子、诸侯祭祀前选择参加祭祀人而举行的射祀;二是宾射,是诸侯朝见天子或诸侯相会时举行的射礼;三是燕射,是平时燕息之日举行的射礼;四是乡射,是地方官为荐贤举士而举行的射礼。《礼记·射义》中说:"古者诸侯之射也,必先行燕礼;卿、大夫、士之射也,必先行乡饮酒之礼。故燕礼者,所以明君臣之义也;乡饮酒之礼者,所以明长幼之序也。故射者,进退周还必中礼,内志正,外体直,然后持弓矢审固;持弓矢审固,然后可以言中,此可以观德行矣。"其大意是说:"古代诸侯举行射礼,一定要先举行燕礼;卿、大夫、士举行射礼,一定要先举行乡饮酒之礼。之所以先举行燕礼,是为了明确君臣的名分;之所以先举行乡饮酒之礼,是为了明确长幼的顺序。所以射箭的人,不论前进还是后退,左旋还是右转,动作一定要符合规矩。从内心来说,沉着冷静;从外表来说,身体挺直;然后才可以把弓箭拿得紧瞄得准。把弓箭拿得紧瞄得准,然后才可以指望射中。所以说,从人的外部射箭动作就可以看出他的内在德行。"①

(2)揖让:古代宾主相见的礼节。揖让之礼按尊卑分为三种,称为三揖,分别为土揖、时揖和天揖。土揖是拱手前伸而稍向下,时揖是拱手向前平伸,天揖是拱手前伸稍向上举。此外,还有特揖、旅揖和旁三揖。特揖是一个个地作揖,旅揖是按等级分别作揖,旁三揖是对众人一次作揖三下。

(3)升:指升堂,入场登上射箭比赛的场地。

(4)下:指下堂,从射箭比赛场地走下来。

(5)饮:饮酒。

【译文】

孔子说:"君子没有什么可与别人竞争的事情。如果说有要竞争的事情的话,那也一定是比赛射箭吧。按照射礼,作揖礼让之后,大家上场比赛。比赛完毕,大家下场一起饮酒。这样的竞争就是君子之争。"

【拓展】

由上文可见,君子之争,就是按照礼制友好而谦让的竞争。在周代贵族教育中,礼、乐、射、御、书、数这"六艺"是必学的内容。射箭比赛也要体现礼

① 礼记·射义[EB/OL].(2022-05-01)[2022-08-12].http://www.guoxuemeng.com/guoxue/631.html.

的精神。君子依礼而行,礼让恭敬,既展现射箭的技艺,又通过作揖礼让表明自己没有争夺名次和利益之心,所以,君子本质上是不与人争抢名利的。这就是君子之争的礼的文化精神。

3.8 巧笑倩兮

【原文】

子夏问曰:"'巧笑倩兮,美目盼兮,素以为绚兮。'何谓也?"子曰:"绘事后素。"曰:"礼后乎?"子曰:"起予者商也!始可与言《诗》已矣。"

【引言】

这一章中,子夏与孔子刚开始在讨论《诗·卫风·硕人》的内容,接着转而讨论"素"与"绚"、"绘"和"礼"的关系。《硕人》描写的是春秋时代卫庄公夫人庄姜从齐国嫁到卫国时的盛况。全诗共有四章,分别是:

硕人其颀,衣锦褧衣。齐侯之子,卫侯之妻,东宫之妹,邢侯之姨,谭公维私。

手如柔荑,肤如凝脂,领如蝤蛴,齿如瓠犀,螓首蛾眉。巧笑倩兮,美目盼兮。

硕人敖敖,说于农郊。四牡有骄,朱幩镳镳,翟茀以朝。大夫夙退,无使君劳。

河水洋洋,北流活活。施罛濊濊,鳣鲔发发,葭菼揭揭,庶姜孽孽,庶士有朅。①

其中,第一章主要介绍了庄姜的出身和身份关系,第二章描述了庄姜的手、皮肤、脖颈、牙齿、额头、眉毛等长得别致、美丽。第二章大意是,庄姜的手纤细柔嫩,皮肤洁白细腻,脖子丰润白皙,牙齿洁白整齐,额头宽宽,眉毛弯弯,她的笑容和眼神都有着无穷的魅力。

可见,"巧笑倩兮,美目盼兮"出自《诗·卫风·硕人》。

---

① 周振甫.诗经译注[M].北京:中华书局,2002:81-82.

【释解】

(1)巧笑倩兮:精致美丽的脸蛋啊,笑得多么美。巧笑:精致美妙的笑脸。倩兮:笑容美好的样子。

(2)美目盼兮:美丽迷人的眼睛啊,看起来多么清澈明亮。美目:美丽迷人的眼睛。盼兮:眼珠黑白分明、清澈明亮的样子。

(3)素以为绚兮:庄姜天生肤白貌美是她如此光彩、绚丽和夺目的前提和原因。素:有白色,白色的东西,天然的丝织品,未经加工的、未加修饰的和本来的东西等多义。这里是指庄姜天生的容貌,或一切天生丽质的人和事物。具体而言,是指《硕人》诗中的"巧笑"和"美目"。绚:文采绚丽、光彩夺目的样子。具体而言,是指《硕人》诗中的"倩兮"和"盼兮"。

(4)绘事后素:应该是"绘事后于素"或"先素后绘"的意思。即"素"是"绘"或"绘事"的前提和原因。此外,素是质,绘是文,素和绘相辅相成。注意:"绘事后素"中的"素"与"素以为绚兮"中的"素",虽然都是指"质",但因为它们对应的"文"有所不同,具体指代的意义是不同的。"绘事后素"中的"绘"是指绘画之事,所以"绘事后素"中的"素"应该相应地指代绘画所用的"白底子"。而因"素以为绚兮"中的"绚"是光彩绚丽的意思,所以"素以为绚兮"中的"素"是天生丽质的意思。

(5)礼后乎:应该是"礼事后素乎"或"先素后礼"的意思。素属于质,礼属于文。因为这里的"文"对应的是"礼",所以这里的"素"应当指"仁"。换言之,"礼后乎"应该是"礼事后仁乎"或"先仁后礼"的意思。儒家治国理政之道,是以仁为本,以礼为纲。仁为礼之本。

(6)起予者:启发我的人。

(7)商:即卜商,字子夏。

(8)始可与言《诗》已矣:才可以跟你谈论《诗》了。始:才,刚刚。与:和。言:谈论,讨论。《诗》:《诗三百》。已矣:语气词连用,表示强调,相当于"啦""了"。

【译文】

子夏向孔子请教说:"《诗》中说:'精致美丽的脸蛋啊,笑得多么美;美丽迷人的眼睛啊,看起来多么清澈明亮。'老师您给这一句诗的评点是'庄姜天生肤白貌美是她如此光彩、绚丽和夺目的前提和原因’。这是什么意思呢？”孔子回答说：“先有白底子，你才能在上面绘画。”子夏又接着问：“是不是说，先有仁才有礼啊？”孔子回答说：“卜商啊，你真是能启发我的人啊！现在我才可以跟你谈论《诗》了。”

【拓展】

“素以为绚兮”，是指庄姜天生的美貌是她光彩照人的前提和原因。具体而言，是指“巧笑”和“美目”这样的“素”是“倩兮”和“盼兮”之“绚”的前提和原因。如果我们把“素”简称为“质”，则“绚”可简称为“文”，质和文各有短长，二者要有机结合起来。《论语·雍也》说：“质胜文则野，文胜质则史，文质彬彬，然后君子。”所以，“素”和“绚”也要相辅相成。“素以为绚兮”这一句可能来自孔子对“巧笑倩兮，美目盼兮”这一句的批注或评点。当子夏阅读到这一句的时候，不知道是什么意思，所以才问孔子“何谓也”。

3.9 夏礼，吾能言之

【原文】

子曰：“夏礼，吾能言之，杞不足征也；殷礼，吾能言之，宋不足征也。文献不足故也。足，则吾能征之矣。”

【引言】

前一章中，子夏与孔子从谈论诗句中的“素”与“绚”的关系，转向讨论“素”与“绘”以及“素”（仁）与“礼”的关系，让人明白“仁”即质、“礼”即文的道理。换言之，仁和礼的关系就是质与文的关系。文质彬彬，然后君子。这一章从文献证据搜集的角度来说明注意保护礼乐文化文献的重要性。

【释解】

（1）杞：周代诸侯国名。杞国是夏禹的后代西周初年被分封的诸侯国，在今河南杞县一带。

（2）征：证明，验证，考证。

(3)宋:周代诸侯国名。商汤的后代周初被封于宋,故地在今河南商丘一带。

(4)文献:有历史意义或研究价值的文字资料或典章。

【译文】

孔子说:“夏朝的礼乐文化及其制度,我能说得出来,但无法用夏禹的后代杞国目前所保存的文献资料来予以考证;商朝的礼乐文化及其制度,我能说得出来,但无法用商汤的后代宋国目前所保存的文献资料来予以考证。这是因为能够利用的文献资料不足。如果文献足够的话,我是能够对它们一一加以考证的。”

【拓展】

孔子对夏、商、周的礼乐文化及其制度都做过详细的考证。但是,夏、商两代的礼乐文化和制度因为年代久远,文献资料大量遗失,所以有些虽然仍被人们口耳相传,却无法获得考古和文献证据的支持和印证。获得有关考古和文献证据,在孔子所处的时代是一个难题,在当代也是一个难题。

3.10 禘自既灌而往者

【原文】

子曰:“禘自既灌而往者,吾不欲观之矣。”

【引言】

这一章说的是孔子对鲁国举办祭祀始祖的禘礼仪式中出现的违背礼制的情况表示强烈不满。

【释解】

(1)禘(dì):古代帝王或诸侯在始祖庙举办的祭祀祖先的盛大仪式,或在专门建的祭坛祭祀天神的大典。

(2)自既灌而往者:从向受祭者献酒之后。自:自从。既:已经。灌:古代祭祀的一种仪式,即祭礼开始时向受祭者献酒的仪式。而往:以后。者:助词,表示停顿。

(3)吾不欲观之矣:我就不想再观看它了。吾:我。欲:想要。观:观看。之:它,这里是指禘祭仪式。矣:语气助词,了。

【译文】

孔子说:“这个禘祭仪式,从向受祭者献酒之后,我就不想再观看它了。”

【拓展】

禘祭仪式共有九次进献祭品的环节。第一献是天子或国君向祖先或天神献酒灌地以降神;第二献由天子夫人或国君夫人来献酒灌地。二献之后,按左昭右穆的尊卑次序排列受祭的历代祖宗。然后再由君主、君主夫人或祭祀官按礼制进献其他祭祀品,分别完成三献、四献、五献、六献、七献、八献、九献的仪式。

鲁文公二年(公元前625年),鲁国举行禘祭,在一献、二献之后,就开始按尊卑次序排列左昭右穆的牌位。公元前662年,鲁国第十六任君主鲁庄公去世,继任者公子般在位两个月就被权臣庆父(鲁庄公庶兄)杀害,所以公子般就没被列为鲁国第十七任君主。下一位继任者是鲁闵公,被列为鲁国第十七任君主。鲁闵公在位两年,又被庆父杀死。成语“庆父不死,鲁难未已”就来源于此。之后鲁庄公之子姬申继任为鲁国的第十八任君主,称为鲁僖公。按照尊卑和继任次序,鲁闵公之位应该排在鲁僖公之前。但是,实际上,因为当时在位的鲁国第十九任君主鲁文公是鲁僖公的儿子,他将鲁僖公之位排在了鲁闵公的前面,这就是失礼的行为,并且一直没有改正。这引起了恪守周礼的孔子的不满。

3.11 或问禘之说

【原文】

或问禘之说。子曰:“不知也,知其说者之于天下也,其如示诸斯乎!”指其掌。

【引言】

前一章提到了孔子对鲁文公举办禘礼时违背周礼不满的情况，这一章继续围绕着禘祭来呈现孔子对禘祭之礼的看法。

【释解】

(1)或问禘之说：有人问孔子关于禘祭方面的知识。或：有人。禘之说：关于禘祭的说法和知识。

(2)知其说者之于天下也：如果让知道这方面知识的人治理天下的话。说：知识，说法。者：指人。之：用于主谓之间，不译。于：对，对于。

(3)其如示诸斯乎：这就像把天下放在这里展示一般清清楚楚啊。其：代词，它，指代"知其说者之于天下也"。如：如同。示：展示，呈现。诸：之于。斯：这里。乎：啊。

(4)指其掌：指着自己的手掌。指：指着。

【译文】

有人问孔子关于禘祭方面的知识。孔子回答说："我不知道啊。如果让知道这方面知识的人治理天下的话，就像把天下放在这里展示一般清清楚楚啊！"说这话的时候，孔子指着自己的手掌。

【拓展】

因为鲁文公在举办禘祭的时候，违反了左昭右穆的周礼，所以，当有人来问孔子关于禘祭的知识时，孔子气愤地说他不知道。当然，孔子是知道关于禘祭方面的知识的，但错已铸就，孔子也无能为力。如果公开指责或批评鲁国国君违反周礼，似乎又不妥当。所以，孔子在说他不知道的时候，又指着自己的手掌说，让知道关于禘祭等周礼知识的人治理天下就像把天下置于手掌中展示一样明明白白。这就是在暗示问禘祭之礼的人，我虽然口头上说不知道，但那是气话，事实上我是知道禘祭等周礼的知识的，不仅懂这方面的知识，还具有治理天下的能力和本领。

《礼记·祭统》说："'禘、尝之义大矣，治国之本也，不可不知也。'明其义者，君也；能其事者，臣也。不明其义，君人不全；不能其事，为臣不全。”①禘、尝，是禘礼与尝礼的并称，古代常用以指天子诸侯岁时祭祖的大典。根据周礼，夏祭曰禘，秋祭曰尝。孔子之所以重视禘祭等周礼，是因为仁义和礼制是治国之根本。

3.12 祭如在

【原文】

祭如在，祭神如神在。子曰：“吾不与祭，如不祭。”

【引言】

这一章是《八佾篇第三》的第十二章。《八佾篇第三》第十章、第十一章刚谈论了关于禘祭之礼的事情，这一章继续谈论人们应当对祭祀持怎样的态度。那就是，祭祀重在亲身参与和虔诚。

【释解】

(1)祭如在：祭祀祖先，就好像祖先真的在受祭一样。祭：祭祀祖先或神灵。如：如同，好像。在：存在，在场。

(2)吾不与祭：我不亲自参与祭祀。与：参与。

(3)如不祭：就像没有祭祀过一样。

【译文】

祭祀祖先，就好像祖先真的在受祭一样。祭祀神灵，就好像神灵真的在受祭一样。孔子说：“如果我不能亲自参与祭祀而请人代祭的话，那就好像我没有祭祀过一样。”

【拓展】

事实上，祭祀祖先和神灵，其中的道理和做人处世的道理一样，要表里如一，坦率真诚。

---

① 礼记[M].胡平生，张萌，译注.北京：中华书局，2017：944.

3.13 与其媚于奥

【原文】

王孙贾问曰:"'与其媚于奥,宁媚于灶。'何谓也?"子曰:"不然。获罪于天,无所祷也。"

【引言】

孔子的一贯主张是"学而优则仕,仕而优则学"。所以当他在鲁国没有机会为政做官的时候,他就带着学生周访各国,以寻求为政做官的机会。但他寻求为政做官的机会还是有着自己的基本原则和底线的。那便是走正道,而不搞歪门邪道,凭自己的学识和为政的本领来谋求一官半职,并且为政做官的目的是为了实现自己的政治信仰。他不会为了做官而做官,因此不搞行贿,不搞左道旁门,不做无法实现自己政治信仰的官。这一章的对话内容反映的就是孔子及其学生在卫国驻留期间,孔子与卫国国君宠爱的一位大臣王孙贾之间的思想交流。

【释解】

(1)王孙贾(gǔ):卫国卫灵公在位时的一位大夫、大臣。

(2)媚于:向……献媚。媚:献媚。于:向,对。

(3)奥:奥神,主房屋的神。房屋的西南角叫奥,奥有奥神。这里暗喻卫灵公或卫灵公的宠妃南子。

(4)灶:灶神。古人信奉多神论,认为灶台也有神。民间传说灶神于农历腊月二十三日至除夕上天向天神报告所在人家的善恶,被尊为"一家之主"。这里是王孙贾暗喻自己。

(5)何谓也:说什么呢。何:什么。谓:说。也:语气助词,表示疑问,呢。

(6)不然:不是这样的。然:是这样。

(7)获罪于天:从上天那里获罪。于:从。

(8)无所祷也:没有地方能去祈祷求福。无:没有。所:处所,地方。祷:祈祷,祷告。也:语气助词,表示判断。

【译文】

卫灵公宠信的大臣王孙贾暗示孔子说："'与其向奥神献媚，不如向灶神献媚。'这话是什么意思呢？你不难理解吧？"孔子不卑不亢地回答说："不对。如果得罪了上天，就没有什么地方能去祈祷求福了。"

【拓展】

由上文可见，权臣王孙贾希望孔子向他献媚邀宠，求取一职半官。在此之前，孔子见过卫灵公，也见过卫灵公的宠妃南子，但并没有受到卫灵公的重用。并且，因为孔子见过名声不好的南子，还惹得子路大为不满。权臣王孙贾知道孔子有在卫国为政做官的想法，就暗示孔子可以走他这条路线。但孔子坚持君子之道，坚持正大光明地做事，坚持靠自己真实的能力来取得卫灵公的信任，不愿靠巴结权臣来达成目的。所以，孔子义正词严地婉拒了王孙贾。

3.14　周监于二代

【原文】

子曰："周监于二代，郁郁乎文哉！吾从周。"

【引言】

这一章是孔子在讲自己对周代礼乐文化的理解和赞赏。他认为周代礼乐文化是在夏、商文化的基础上发展而来的，最为兴盛和文明。他赞同和支持人们恢复西周时候的社会生活方式。

【释解】

(1)周：周代。

(2)监：通"鉴"，借鉴。

(3)二代：夏代和商代。

(4)郁郁：文采兴盛、丰富。

(5)文:这里是指礼乐制度和文化。

(6)从:跟从,赞赏,喜爱。

【译文】

孔子说:“周代的文化是借鉴夏、商两代的礼仪文化制度发展而来的。周代的礼乐制度和文化是多么丰富多彩啊！我赞赏和喜爱周代的制度和文化。”

【拓展】

中华文化最早可以追溯到三皇五帝的时候,但因为年代过于久远,那时候文字刚刚孕育发明,还不怎么成熟,也没有合适耐用的记录载体,所以不容易留下文献记录。到现在,三星堆考古有了新的发现,发现了数个祭祀坑和大量的埋葬品,但解开远古之谜仍可能需要比较长的时间,甚至永远无法解谜。

周代的文化,是从商代传承发展而来的,商代的文化是从夏代传承发展而来的。“夏尚忠、殷尚质(鬼)、周尚文”业已成为人们的共识。夏代的人朴素、质朴,为人忠实;商代的人总的来说比较老实,但崇信鬼神;周代的人开始汲取商纣王覆灭的教训,虽然也敬信鬼神、天命,但开始提倡敬德保民,走上道德教化和礼乐文明之路。与之前的夏商文化相比,周代文化是前二者文化的兼容发展,因此更加成熟、完善和完美。在没有更好的文化衍生出来之前,孔子自然是以“文质彬彬”“郁郁葱葱”的周代文化为最爱。

3.15　子入太庙

【原文】

子入太庙,每事问。或曰:“孰谓鄹人之子知礼乎？入太庙,每事问。”子闻之,曰:“是礼也!”

【引言】

孔子自从15岁开始立志学习为政做官之道后,一生学而不厌,诲人不倦。孔子每到一处，有不懂的地方都愿意向懂的人请教。这是因为知识是无穷无尽的，也是各种各样的，一个人不可能穷尽或熟练掌握一切知识。

《礼记·中庸》说："博学之，审问之，慎思之，明辨之，笃行之。有弗学，学之弗能，弗措也；有弗问，问之弗知，弗措也；有弗思，思之弗得，弗措也；有弗辨，辨之弗明，弗措也；有弗行，行之弗笃，弗措也。人一能之己百之，人十能之己千之。果能此道矣，虽愚必明，虽柔必强。"[①]"博学之，审问之，慎思之，明辨之，笃行之"，这种学习的态度，正符合礼之本的要求。礼必须以仁为本。仁、义、礼、智、信这"五常"也是对于一个君子的一体化要求。

【释解】

(1)子：指孔子。

(2)太庙：古代开国君主的庙。这里指鲁国开国君主周公的庙。

(3)或曰：有人说。或：有人。

(4)孰谓鄹人之子知礼乎：谁说陬邑大夫的儿子知道礼呢。孰谓：谁说。鄹：同"陬"，古地名，孔子的家乡，孔子父亲的治邑，在今山东省曲阜市东南。鄹人：指孔子的父亲叔梁纥。乎：语气助词，表示疑问，相当于"呢"。

(5)是礼也：(这就)是礼啊。也：感叹词，啊，呀。

【译文】

孔子进入太庙，对每件事都要问个清楚。有人说："谁说陬邑大夫的儿子知道礼呢？他进入太庙，对每件事都要问个清楚。"孔子听到这样的话，就回答说："这正是礼的精神的要求啊！"

【拓展】

这一章所记述的关于孔子"每事问"的事情，应该发生在孔子做鲁国大司寇的时候。大司寇大约相当于现在的国务院副总理兼司法部部长。《史记·孔子世家》云："孔子贫且贱。及长，尝为季氏吏，料量平。尝为司职吏而畜蕃息，由是为司空。其后定公以孔子为中都宰，一年，四方皆则之。由

---

① 孔子，等. 四书五经[M]. 李择非，整理. 沈阳：万卷出版公司，2009：30.

中都宰为司空，由司空为大司寇，摄相事。”①孔子有了做大司寇的机会，于是就能够“入太庙，每事问”。

总之，孔子认为礼的精神就是要谦虚做人，认真做事，好学不厌，诲人不倦。而谦虚好问、言行一致、恭敬诚实、表里如一正是礼的要求和表现。

3.16　射不主皮

【原文】

子曰：“射不主皮，为力不同科，古之道也。”

【引言】

这一章是关于射礼的讨论。在周代，射箭是“六艺”中的内容。“六艺”就是礼、乐、射、御、书、数。而射箭和礼乐活动一样，都是有礼制或礼节的。按照射礼的规定，比赛射箭的人只比赛是否射中标靶中心，而不比赛箭是否穿过鹄的（即箭靶、标靶的中心）。古时候，箭靶是用兽皮制成的，所以又被称为“皮”。人们有时也用画布来做箭靶。清代刘宝楠注解说：“《说文》：‘皮，剥取兽革者谓之皮。’旧说礼惟大射有皮，所谓皮侯，栖皮为鹄者也。宾射，则用采侯，画布为五采以为正。燕射、乡射，则画布为兽形以为正，皆不用皮也。”②栖，即栖。栖皮是指一种动物的皮。

【释解】

（1）射：指射礼。古代重武习射，常举行射礼。射礼有大射、宾射、燕射、乡射四种。大射是为祭祀择士而举行的射礼。宾射是周天子或君主与故旧朋友行燕饮之礼之后举行的射礼。燕射是宴饮之射。乡射是卿大夫举士后所行之射礼。

（2）主皮：射中并穿透皮制的箭靶。皮，这里是指皮侯。古代箭靶叫“侯”，用布或皮做成，箭靶中心画着猛兽等。皮制的箭靶被称为皮侯。彩绘的箭靶被称为采侯。

---

① 何晏，邢昺．论语注疏[M]．北京：中国致公出版社，2016：40．

② 刘宝楠．论语正义：全二册[M]．高流水，点校．北京：中华书局，1990：105．

(3)为力不同科：因为各人力气大小不同。为：因为。力：力量，力气。科：等级，水平。

(4)古之道也：古时候的规定。道：规定，规则。也：语气助词，表示判断。

【译文】

孔子说："大射之礼的要求是能否射中箭靶，而不以穿破皮侯为主。这是因为各人力气大小不同。这是古时候所定的规则。"

【拓展】

在孔子的时代，"射不主皮"的规则被人们改变了，开始由尚礼变成了尚力。因为诸侯之间的战争日益增多，习武尚武渐渐成为社会风气，而大射之礼也被人们改为"射主皮"。孔子坚持以前大射之礼的做法，反对崇尚武力，反对射箭比赛以穿破皮侯为标准。

3.17 子贡欲去告朔之饩羊

【原文】

子贡欲去告朔之饩羊。子曰："赐也！尔爱其羊，我爱其礼。"

【引言】

这一章仍然是谈论礼制的问题。到春秋战国的时候，礼仪文化和社会风气都发生了巨大的变化。礼的精神开始废弛，许多礼仪都流于形式，知礼、懂礼、尊礼的人日渐减少。但孔子对礼制有着非同一般人的执着。这章就是孔子告诉子贡，自己不同意他去掉祭祀用的活羊。孔子认为礼的形式不可废除，维持礼仪规矩还是很有必要的。

【释解】

(1)欲去：想要去掉。

(2)告朔：古代每月初一在祖庙祭祖的制度。朔，初一。

(3)饩羊:用作祭品的活羊。

(4)赐:即端木赐,字子贡。

(5)尔:你。

【译文】

子贡想要去掉每月初一祭祖用的活羊。孔子知道后,说:“端木赐啊,你爱惜的是那只羊,而我爱惜的是告朔的礼仪规范。”

【拓展】

在孔子生活的时代,许多的礼仪风俗都发生了巨大的变化。鲁国告朔之礼也已经徒具形式,子贡觉得告朔祭祀用的活羊祭品也没有必要保留了,就想废除用活羊作祭品这一项。但孔子反对他这样做,认为如果把用作祭品的活羊都省去了,那么,这一祭祀礼仪就更不庄重了。

礼的精神,既反映在礼的内容上,也反映在礼的形式上。简化形式,减少内容,可能就难以充分表现礼的精神。孔子的担忧也许在于此吧。

3.18 事君尽礼

【原文】

子曰:“事君尽礼,人以为谄也。”

【引言】

本篇第十六章和第十七章分别谈到了射礼和告朔之礼的历史变化。当时的人们在射礼方面开始转向崇尚武力,但在祭祀祖先的告朔之礼方面却在追求一切从简。这一章接着谈论“事君”之礼发生的变化。

【释解】

(1)事君:侍奉君主。

(2)尽礼:竭尽礼仪,完全按照礼的规程办事。

(3)谄:谄媚,逢迎拍马。

(4)也:语气助词,表示判断。

【译文】

孔子感慨地说:“现在的人们啊,把竭尽礼仪地侍奉君主视作向君主献媚讨好。”

【拓展】

在孔子生活的时代,向君主尽忠尽礼的社会风气日渐淡薄,权臣大多事君无礼、专权蛮横,而坚持尽礼事君的人时常被人嘲讽为阿谀逢迎、溜须拍马之人。这种是非颠倒的行为,孔子是看不惯的,也做不出。但如果尽礼事君,则不免惹人非议,被世人视为有求于君主而献媚邀宠。这正如刘宝楠所说:“当时君弱臣强,事君者多简傲无礼,或更僭用礼乐,皆是以臣干君。‘尽礼’者,尽事君之礼,不敢有所违阙也。时人以为谄,疑将有所求媚于君,故王孙贾有媚奥媚灶之喻,亦以夫子是谄君也。”①

要么同流合污,要么坚持自我,孔子自然选择后者。他坚信路遥知马力,日久见人心。但世风日下,什么时候能获得君主和世人的信任,孔子心里也没底。

3.19 君使臣,臣事君,如之何

【原文】

定公问:“君使臣,臣事君,如之何?”孔子对曰:“君使臣以礼,臣事君以忠。”

【引言】

这一章是鲁定公与孔子关于君臣关系的讨论,接着上一章探讨“君使臣”和“臣事君”之礼。鲁定公向孔子询问处理君臣关系的原则和方法。孔子做了有针对性的回答。

当时,鲁国大权已被季孙氏、孟孙氏和叔孙氏三家把持,鲁定公作为国

---

① 刘宝楠.论语正义:全二册[M].高流水,点校.北京:中华书局,1990:115.

君,有名无实。鲁定公在位期间,曾任命孔子做鲁国中都邑的地方官,即中都宰。孔子做了一年中都宰,因为政绩不错,被提升为司空。司空大约是掌管水利土木工程的官。鲁定公十年(公元前 502 年),孔子在齐鲁夹谷之会上"以礼历阶,诛齐淫乐",为鲁定公和鲁国赢得了尊严和面子,并利用齐国想要和鲁国达成合约的机会从齐国手中讨回了汶阳之地。参加这次大会,孔子不仅为鲁国立了大功,还赢得了鲁定公和"三桓"之家的信任,不久就被晋升为负责国内司法和治安的大司寇。后来,由于"隳三都"失败,孔子失去鲁定公和"三桓"的信任,被迫离开鲁国,另寻为政做官的机会。

【释解】

(1)鲁定公:鲁国第二十五任君主,公元前 509 年至前 495 年在位,在位 15 年。

(2)君使臣:君主使唤臣子。使:使唤,差使。

(3)臣事君:臣子侍奉君主。事:侍奉,为……做事。

(4)如之何:即"如何",怎么办,怎么样。之:虚用,无所指。

【译文】

鲁定公问孔子:"君主使唤臣子,臣子侍奉君主,彼此应该怎么做才好?"孔子回答说:"君主应该按照周礼来使唤臣子,而臣子应该用忠心来侍奉君主。"

【拓展】

鲁定公这样问孔子是有原因的。因为前任国君鲁昭公就因为在处理与"三桓"的君臣关系上出了问题,激化了矛盾,被"三桓"军队打败而出走他国,最终客死他乡。所以,鲁定公即位后,首先要面对的是自己与权臣的关系问题。孔子最初给出的建议就是:君主要对权臣们以及其他大臣以礼相待。这样才能赢得臣子的尊敬。鲁定公接纳了这样的建议后,就开始重用孔子,先后委任孔子为中都宰、司空和大司寇。但好景不长,做大司寇三个月后,孔子就失去了鲁定公和"三桓"的信任,被迫出走他国。

3.20 《关雎》,乐而不淫

【原文】

子曰:“《关雎》,乐而不淫,哀而不伤。”

【引言】

前一章中,鲁定公和孔子在探讨如何处理君臣关系的问题,这一章就转向讨论《关雎》这首诗歌。这是因为礼和乐之间存在着内在的联系。“乐而不淫,哀而不伤”是孔子对《关雎》这首诗歌所表达的情绪和情感的评价。毫无疑问,“乐而不淫,哀而不伤”意味着一切都恰到好处,一切都不走极端,这正是礼的精神所要求的。

对于前一章和这一章在内容上的联系,南怀瑾是这样描述的:“现在我们的音乐等等一切文化,能不能做到乐而不淫,哀而不伤呢?恐怕还没有做到。我们读了孔子这一段话以后,对于目前社会上的文化思想,必须深切地反省。所以孔子在答复鲁定公问政之后,随即谈到诗的问题,就是表示修身要具备‘诗’的感情,从政更要把握‘诗’的情操。”[①]当然,这是南怀瑾先生的理解。我个人认为,这主要是这首诗歌符合了孔子所钟爱的礼的精神,他才觉得这首诗歌情趣高雅,值得学习。所以,尽管人们需要诗歌、音乐等艺术的熏陶,但这种熏陶和学习必须以礼为标准。

【释解】

(1)《关雎》:《诗三百》中的第一首诗,通常被解读为描写男女恋爱的情诗。

(2)乐:快乐。

(3)淫:沉溺,过度,不当。

(4)哀:哀怨。

(5)伤:伤痛,伤害,受伤。

---

① 南怀瑾.论语别裁:上册[M].上海:复旦大学出版社,2015:138.

【译文】

孔子说："《关雎》这首诗歌，使人快乐但不淫荡，使人哀怨但不伤痛。"

【拓展】

孔子在男女感情的问题上非常客观理性，既理解男女情感表达是人类社会正常的必需品，又能感受到诗歌等礼乐对于人们陶冶情操所发挥的巨大作用。"发乎情，止乎礼"，这是孔子一贯提倡的男女处世原则。

3.21 哀公问社于宰我

【原文】

哀公问社于宰我。宰我对曰："夏后氏以松，殷人以柏，周人以栗，曰，使民战栗。"子闻之，曰："成事不说，遂事不谏，既往不咎。"

【引言】

这一段话是鲁哀公和孔子的学生宰我之间的对话。宰我提到了周代的人有些事情做得不怎么妥当。孔子听到后，就表示说，过去的事情就让它过去吧。

【释解】

(1)哀公：即鲁哀公姬将，鲁定公之子，春秋时期鲁国第二十六任君主，公元前494年至公元前468年在位。

(2)社：土神以及祭祀土神的地方、日子和祭礼。这里是指祭祀土神的地方。古人在建立社坛或祭坛的地方都会栽种一些适宜的树木，如松木、柏木或栗木等。

(3)宰我：即宰予，字子我，春秋末期鲁国人。孔子的学生，善于言辞，好学深思。

(4)夏后氏：指夏王朝。

(5)松：松树。

(6)柏:柏树。

(7)栗:栗树。

(8)战栗:哆嗦,发抖。

(9)成事不说:已经做成的事情就不要再解释了。成:做成。说:解释。

(10)遂事不谏:已经结束的事情就不要再劝谏了。遂:完成。谏:劝谏。

(11)既往不咎:已经过去的事情就不要再追究了。既往:已经过去的。咎:追究。

【译文】

鲁哀公向宰我询问关于祭祀土神的地方栽种何种树木的事情。宰我回答说:“夏朝人栽种的是松木,殷朝人栽种的是柏木,而周朝人栽种的是栗木。为什么周朝人栽种栗木呢?据说是为了让老百姓战栗。”孔子听到宰我的说法之后,就说道:“已经做成的事情就不要再解释了,已经结束的事情也不要再劝谏了,已经过去的事情也不要再追究了。”

【拓展】

孔子在这里实际上是在批评宰我说的“使民战栗”这后半句话是多言了。鲁哀公问宰我,宰我应该据实回答。问祭祀土神的地方栽种的是什么树木,那么宰我回答完毕之后,就不要解释周代人栽种栗木的原因。因为这样的解释在孔子看来是批评周朝人的做法。而这种批评对于过去的事情没有任何实际意义。

有时候,人容易失言或多言。祸从口出,多说不如少说,说话办事一定要慎重小心。

3.22 管仲之器小哉

【原文】

子曰:“管仲之器小哉!”或曰:“管仲俭乎?”曰:“管氏有三归,官事不摄,焉得俭?”“然则管仲知礼乎?”曰:“邦君树塞门,管氏亦树塞门。邦君为两君之好,有反坫,管氏亦有反坫。管氏而知礼,孰不知礼?”

【引言】

这一章是孔子和学生谈论和评价齐国历史上著名的国相管仲是否器量狭小、做事节俭和知礼的对话。结论是尽管管仲在政治上很有作为,他辅佐齐桓公成为春秋五霸之一,对内大兴改革、富国强兵,对外尊王攘夷、九合诸侯,但他器量并不大,也谈不上节俭和知礼。

【释解】

(1)管仲:即管夷吾,字仲,颍上(今安徽省颍上县)人。齐桓公的国相,助齐称霸,后人尊称他为“管子”。与鲍叔牙为知己,二人留下“管鲍之交”的典故。

(2)器小哉:器量很小啊! 器:器量,器度。哉:感叹词,啊。

(3)俭乎:节俭吗。俭:节俭,节省。乎:疑问词,吗。

(4)三归:管仲为自己修筑的台观的名字。管仲为自己建有豪华的府邸,生活奢华。

(5)官事不摄:管仲的家臣都是一人一职,从不兼任多职。摄:兼任多职。

(6)焉得:怎么会,怎么能。

(7)然则:那么。

(8)邦君:国君。

(9)树:树立,建立。

(10)塞门:屏,影壁。

(11)两君之好:两个国家君主之间的友好。

(12)反坫:古代君主招待别国国君时放置空酒杯或酒器的土台。坫(diàn):古时室内放置食物、酒器等的土台子。

(13)管氏而知礼:管仲如果知礼。而:如果,假如。

(14)孰不知礼:谁不知礼。孰:谁。

【译文】

孔子说:“管仲的器量很小啊!”有人问:“管仲节俭吗?”孔子回答说:“管仲建有豪华的府邸和台观,他的家臣都是一人一职,从不兼任多职,他怎么会节俭呢？”那人又问：“那么管仲懂得礼吗？”孔子回答说：“国君之家建有影壁以阻人偷窥，管仲也建有影壁以阻人偷窥。国君为了与外国国君建立友好关系而在会客的地方建有土台，管仲也在自己家里建了土台。如果说管仲懂得礼，那么还有谁不懂礼呢？”

【拓展】

管仲生活奢华，任用的下属比较多，有些机构臃肿，人浮于事。更为违礼的是，齐国国君有什么，管仲也要有什么，攀比之心甚重。人无完人，金无足赤。虽然管仲在为政做官上作为很大，但在一些方面没有做到符合周礼的精神要求。所以，孔子对此予以实事求是的批评。

3.23　子语鲁大师乐

【原文】

子语鲁大师乐，曰：“乐其可知也。始作，翕如也；从之，纯如也，皦如也，绎如也，以成。”

【引言】

这一章是孔子跟鲁国主管音乐的官员谈论演奏音乐的道理。孔子曾系统地学习过“六艺”和“六经”，还曾向鲁国著名音乐家师襄学琴，所以孔子是精通音乐之道的。

【释解】

(1)语(yù)：告诉，跟……谈论。

(2)鲁大(tài)师：鲁国主管音乐的官员。大师是乐官名。

(3)乐：音乐。

(4)乐其可知也：演奏音乐的道理是可以知道的。其：句中助词，表示停顿。也：语气助词，表示判断。

(5)始作：开始演奏。

(6)翕(xī)如：和顺的样子。

(7)从之:音乐展开。从(zòng):放纵,展开。之:它,指代音乐。

(8)纯如:纯正、纯粹的样子。

(9)皦(jiǎo)如:节奏明快、清晰、分明的样子。

(10)绎如:连续不绝的样子。

(11)以成:直到演奏结束。以:及,达到,直到。

【译文】

孔子给鲁国主管音乐的官员讲演奏音乐的道理。孔子说:"演奏音乐的道理是可以知道的。开始演奏,乐器齐鸣,音调和顺;接着,音乐展开,既纯正,又明快,抑扬顿挫,悠扬悦耳,连续不断,直到演奏结束。"

【拓展】

演奏音乐和听音乐都是极美的艺术享受。音乐可以让人宣泄情感,舒缓身心,增强人们的审美感,陶冶人格和情操,丰富人的生活情趣,音乐还有振奋精神、鼓舞斗志、开发智力等作用。

3.24 仪封人请见

【原文】

仪封人请见,曰:"君子之至于斯也,吾未尝不得见也。"从者见之。出曰:"二三子何患于丧乎?天下之无道也久矣,天将以夫子为木铎。"

【引言】

这一章借仪封人之口,指出孔子将成为振兴周礼文化的榜样,是天下从无道走向有道的希望。

【释解】

(1)仪封人:在仪地镇守边疆的官员。仪,地名。封人,镇守边疆的官员。

(2)请见:请求会见。

(3)君子之至于斯也：君子到了这个地方。君子：有道德、有学问的人。之：助词，用在主谓结构之间，不译。至于：到达。斯：这里，这个地方。也：语气助词，表示停顿。

(4)吾未尝不得见也：我不是不能见到。吾：我。未尝不：不是不，总会。得见：能见到。也：语气助词，表示判断。

(5)从者：跟随孔子的学生。

(6)二三子：诸位，你们这些人。

(7)何患于丧乎：何必担忧天下无道呢。何：何必，为何。患于：担忧，忧愁。丧：失去道义，天下无道。

(8)木铎：以木为舌的铜铃，古代宣布政教法令时，摇动木铎以召集人民。

【译文】

仪地的一位边防官员请求会见孔子。这位官员说道："凡是到这个地方来的有道德、有学问的人，我都会和他们见面的。"孔子的随行学生引见他和孔子见了面。他从孔子那里出来后说："你们这些人何必担忧天下无道呢？天下无道的日子也已经很久了，老天将要把你们的老师作为召集人民、宣布政教法令的木铎。"

【拓展】

春秋时代，礼崩乐坏，社会风气越来越糟糕，不正之风盛行，违礼乱纪的事情接二连三，人民都盼望有圣人或明君出世，以严肃法纪，复兴圣道，统一思想，稳定社会，振兴和繁荣经济发展，保障和改善人民生活。

3.25　子谓《韶》

【原文】

子谓《韶》："尽美矣，又尽善也。"谓《武》："尽美矣，未尽善也。"

【引言】

本篇第二十三章中，孔子跟鲁国的乐官谈了自己对音乐的理解和感受。

这一章,孔子评价了尧舜时代的音乐《韶》和周武王时代的音乐《武》。他认为,前者是尽美尽善的,后者尽美但未尽善。

【释解】

(1)子谓《韶》:孔子谈论《韶》乐说。子:孔子。谓:谈论。《韶》:相传是舜时候的经典古乐,是赞美舜的乐章。孔子曾在听过《韶》后,许久回味着《韶》的音律,连肉的味道都忘记了。

(2)尽美矣:十分优美了。尽:十分,完全。矣:助词,了。

(3)《武》:相传是周武王时代的乐曲,歌颂武王伐纣、建周灭商的功业。

【译文】

孔子谈论《韶》乐说:"曲调十分优美了,内容也十分和善。"谈论《武》乐说:"曲调十分优美了,但内容不是十分和善。"

【拓展】

《武》乐是赞美周武王文治武功的,里面多了征伐的声音,这对于主张礼治和德治而不喜欢征伐和武力的孔子来说,是不完美的。并且,尽管周武王是救民于水火,是为了除暴安良而立有盖世的功业,但他毕竟使用了武力,且涉嫌以下犯上,违背了君臣之礼,所以这样的行为孔子是不提倡的。如果这两种音乐让孔子选择一个的话,那么,孔子无疑会选择尽善尽美的《韶》乐。

宋儒朱熹说:"舜绍尧致治,武王伐纣救民,其功一也,故其乐皆尽美。然舜之德,性之也,又以揖逊而有天下;武王之德,反之也,又以征诛而得天下,故其实有不同者。"①显然,朱熹对这一段的解释是比较到位的。

3.26 居上不宽

【原文】

子曰:"居上不宽,为礼不敬,临丧不哀,吾何以观之哉?"

---

① 朱熹.四书章句集注[M].北京:中华书局,2011:68.

【引言】

这一章是《八佾篇第三》的最后一章，表明了孔子反对违反君臣之礼、反对违反礼敬要求、反对违反丧礼精神等的行为的态度。本篇的第一章《八佾舞于庭》谈到了孔子不能容忍季孙氏僭越周礼的行为，最后一章谈到孔子对"居上不宽，为礼不敬，临丧不哀"的行为也看不下去。显而易见，本篇的第一章和最后一章首尾呼应，强化了孔子希望人们恪守君臣之礼、为礼要庄敬、临丧要真心哀悼的态度和观点。

【释解】

(1)居上：处于统治阶层和地位的人。

(2)宽：宽宏大量。

(3)敬：恭敬，庄敬，严肃认真。

(4)临丧：参加丧礼。

(5)哀：哀痛，哀伤。

(6)吾何以观之哉：这种人和事情我怎能看得下去呢。吾：我。何以：如何，怎么样。哉：表示疑问，呢。

【译文】

孔子说："居于统治阶层和地位的人不能宽宏大量，举行礼仪之时不能认真庄敬，参加丧礼之时不能真心哀悼，这种人和事情我怎能看得下去呢？"

【拓展】

为政做官之人应当以爱民、敬德保民为本，以德和礼治国理政，方能得到人民的拥戴，方能把天下治理好。修身以齐家，齐家以治国，治国以平天下，这就是为政做官的成功之路。

里仁篇第四

该篇共计26章，主要以“仁”为中心展开论述。如何理解“仁”的内涵？从形式上看，《里仁篇第四》这一篇所谈的都可以说是属于仁的内容。但要说给个比较具体的总结的话，我认为，仁就是慈爱，就是平等待人和待物，光明磊落，一心向善，重义轻利，淡泊明志，宁静致远，稳如泰山，能安贫乐道，素贫贱行乎贫贱，素富贵行乎富贵，能忍辱负重，能通权达变，有义、礼、智、信等基本的品格和行为表现，等等。

为学是为政的基础，为政必须依礼而行。所以《论语》的开篇，即第一篇就讲“为学”有关的内容，强调为学的重要性。第二篇讲“为政”有关的内容，讲为政做官应该怎么样，不应该怎么样。第三篇讲了“尊礼”有关的内容，反对违反周礼的现象。因为仁是礼之本，所以第四篇就开始围绕着“仁”来展开论述。为学、为政、依礼和以仁为本，大概就是《论语》前四篇排列的思想逻辑顺序吧。

4.1 里仁为美

【原文】

子曰：“里仁为美。择不处仁，焉得知？”

【引言】

这一章是《里仁篇第四》的第一章。在这一章里，孔子阐述了仁的境界才是最美的，也才是最智慧的。事实上，这一章借孔子的话，点出了为人处世以及做官最高、最美、最智慧的境界就是安处于仁的境界，由此也指出了君子为仁的重要性。这一章也是本篇的目的、宗旨和归宿。

【释解】

(1)里:居住,处于。

(2)仁:仁义、仁爱、良心、良知、良能。仁是孔子思想体系中最为核心的概念,是君子身上最为核心、基础和重要的品格。它是其他如义、礼、智、信等品质的根本。不仁,自然不义,自然无礼,自然不智,自然无信。

(3)择:选择。

(4)处仁:处于仁的境界。

(5)焉得知:怎么能智慧呢。焉得:怎么能,如何能。知:智慧、明智。

【译文】

孔子说:"每个人处于仁的境界是最美好的。人做出的选择如果不处于仁的境界,怎么能智慧呢?"

【拓展】

有的学者将这一段解释为:"达到仁的境界是美好的,做出的选择没有处在仁的境界,怎么算智慧呢?"总体意思上应该没错,但对于"里仁为美"这一句的理解还是有所不同。还有的学者把这一段解释为:"居住在有仁德的地方才是好的。选择住处,不住在有仁德的地方,那怎么能说是聪明智慧呢?"或者解释为与这个解释相似的认知。如,汉代郑玄说:"里者,民之所居。居于仁者之里,是为美。"又说:"求居而不处仁者之里,不得为有知。"①对此,南怀瑾的解释是:"照三家村学究的解释就是:'孔子说,我们所住的乡里,要择仁人的乡里,四周邻居,都是仁人君子,就够美了。'真不知道世界上哪来这许多仁人君子,对'择不处仁,焉得知?'他们解释说:'我们选择一个居住的地方,假使不住在仁里的当中,这个人就不算有智慧的聪明人。'如果真是如此,那么,我们大家都是笨蛋!"②我赞同南怀瑾的这种解释和怀疑精神。一个地方,哪怕是一个村庄,都会有比较好的人,也有比较差的人,仁者与不仁者往往杂处在一起,这才是一个正常的社会。不可能仁者住在一个

---

① 何晏,邢昺.论语注疏[M].北京:中国致公出版社,2016:52.

② 南怀瑾.论语别裁:上册[M].上海:复旦大学出版社,2015:152.

环境里，不仁者住在另外一个环境里，双方老死不相往来。“孟母三迁”也只是孟母一心一意想让孟子学习为政做官之道，不想让自己的孩子从小学习其他方面的技艺和知识，所以才几次搬家。

总之，每个人心中都有自己内在的“仁义”或良知良能，为人处世只要不违背自己的仁义良心，那就达到了智慧的境界；反之，为人处世违背了自己的仁义良心，不仅可能会被千夫所指，触犯众怒，还会时时刻刻遭受良心的拷问和谴责。

4.2 不仁者不可以久处约

【原文】

子曰：“不仁者不可以久处约，不可以长处乐。仁者安仁，知者利仁。”

【引言】

在《里仁篇第四》的第一章，孔子提出了仁是最美好的事物，做人处世合乎仁义良心，那就是最为聪明智慧的人了。否则，就是不智。这一章继续谈论仁者和不仁者在行为表现上的差别。孔子指出，仁者可以安仁和利仁，不仁者则既不可能长久地安于贫困，也不可能长久地安于安乐。

【释解】

(1)久处约：长久地安处于穷困的状态中。久：长久。处：处于。约：简约，简朴，贫困，困窘。

(2)长处乐：长久地安处于安乐的状态中。长：长久。乐：安乐。

(3)安仁：以仁为安，安心于行仁。

(4)利仁：以仁为利，认为仁有好处才行仁。

【译文】

孔子说：“没有仁德的人，不能长久地安处于穷困的状态中，也不能长久地安处于安乐的状态中。而有仁德的人能安心于行仁，有智慧的人也能为了仁的好处而去行仁。”

【拓展】

刘宝楠对这一句的解释是："不仁之人，贫富皆不可久处，故先王制民使有恒产，既富必教之也。'安仁'者，心安于仁也。'利仁'者，知仁为利而行之也。二者中有所守，则可久处约、长处乐。"①

总之，有了仁德的人，乐天知命，能够安贫乐道，也能安富乐道。正如《礼记·中庸》中所说的，"素富贵，行乎富贵；素贫贱，行乎贫贱；素夷狄，行乎夷狄；素患难，行乎患难"②。

4.3 唯仁者能好人

【原文】

子曰："唯仁者能好人，能恶人。"

【引言】

这是《里仁篇第四》的第三章。本篇第一章讲了仁者会选择行仁，第二章讲了仁者会安心于行仁。这一章继续表达孔子在仁者行为表现上的观点。那就是，仁者爱憎分明。

【释解】

(1)唯：只有，唯有。
(2)好(hào)：喜爱。
(3)恶(wù)：厌恶。

【译文】

孔子说："只有仁德的人，能够喜爱好人，憎恶坏人。"

---

① 刘宝楠. 论语正义：全二册[M]. 高流水，点校. 北京：中华书局，1990：140.
② 孔子，等. 四书五经[M]. 李择非，整理. 沈阳：万卷出版公司，2009：21.

【拓展】

仁者是要以仁为本,以天下为己任,修身、齐家、治国和平治天下。所以,仁者必须站在社会本位、人民本位的立场上为政做官,为人处世,要奖优罚劣,惩前毖后,要爱憎分明,不能做老好人;要能明辨善恶,公正无私,“外举不避仇,内举不遗亲”。

4.4 苟志于仁矣

【原文】

子曰:“苟志于仁矣,无恶也。”

【引言】

这一章,接着前三章继续谈仁者可能会有的表现。求其上,得其次。《论语·述而》说:“志于道,据于德,依于仁,游于艺。”①如果一个人把自己的目标定得高,那么即使结果可能实现不了自己确定的高目标,但总也八九不离十。同样地,如果一个人立志行仁道,那么这个人是绝不会做坏事的。

【释解】

(1)苟:假如,如果。
(2)矣:文言助词,了。
(3)恶:恶事,恶行。

【译文】

孔子说:“如果一个人立志行仁道,那么他就不会做什么坏事。”

【拓展】

前一章,孔子指出仁者爱憎分明。也就是说,仁者会喜欢好的人和事物,讨厌不好的人和事物。这一章接着谈仁者立志行仁的话,就不会作恶

① 论语[M].陈晓芬,译注.北京:中华书局,2016:79-80.

事、有恶行。这正是仁者爱憎分明的结果。但南怀瑾等一些学者，将这里的“无恶也”理解为“仁者不会讨厌别人”，显然，这与前一章，即第三章的“唯仁者能好人，能恶人”的说法相矛盾。因此，这种解释应当是错误的。南怀瑾这样解释说：“一个人真有了仁的修养，就不会特别讨厌别人了，好比一个大宗教的教主，对好人固然要去爱他，对坏人也要设法改变他、感化他，最好也使他进天堂，这样才算对。所以说一个真正有志于仁的人，看天下没有一个人是可恶的，对好的爱护他，对坏的也要怜悯他、慈悲他、感化他。”①由此可见，南怀瑾是把儒家的“仁”的概念与宗教的“爱”或“慈悲”的概念混为一谈了。显然，他在这里忽视了儒者的“仁”与其他几个宗教概念的区别。这是我们要注意的。

4.5 富与贵，是人之所欲也

【原文】

子曰：“富与贵，是人之所欲也。不以其道得之，不处也。贫与贱，是人之所恶也。不以其道得之，不去也。君子去仁，恶乎成名？君子无终食之间违仁，造次必于是，颠沛必于是。”

【引言】

这一章是孔子继续谈仁者的行为表现。孔子认为，君子爱财，取之有道。仁者能够正确地对待和处理富贵与贫贱的关系，并且会坚持不懈地行仁、安仁和利仁。

【释解】

(1)欲：想要，希望得到。
(2)道：正道，正当手段。
(3)处：置身于，接受。
(4)恶：讨厌，厌恶。
(5)去：摆脱，离弃。

---

① 南怀瑾. 论语别裁：上册[M]. 上海：复旦大学出版社，2015：155.

(6)恶乎：怎么样。

(7)终食之间：吃一顿饭的时间。

(8)造次：匆忙，仓促。

(9)于是：在这里，指在仁德这里。

(10)颠沛：困顿，受挫折。

【译文】

孔子说："富有与尊贵是人人都想要的，但有仁德的君子不会接受非正当途径得来的富有与尊贵。贫穷与卑贱是人人所厌恶的，但有仁德的君子不会通过非正当途径来摆脱贫穷与卑贱。君子离弃了仁德，怎么能够成就君子的名声呢？君子不会有吃一顿饭的时间离开仁德，即使匆匆忙忙、颠沛流离也不会离开仁德。"

【拓展】

总之，有仁德的君子能乐天知命，安之若素，无论是处于顺境还是处于逆境，都一如既往地"志于道，据于德，依于仁，游于艺"。

4.6 我未见好仁者

【原文】

子曰："我未见好仁者，恶不仁者。好仁者，无以尚之；恶不仁者，其为仁矣，不使不仁者加乎其身。有能一日用其力于仁矣乎？我未见力不足者。盖有之矣，我未之见也。"

【引言】

这是《里仁篇第四》的第六章。孔子继续谈自己对好仁者的看法，以及好仁者都会有哪些行为表现。

【释解】

(1)好仁者：喜欢仁德的人。好(hào)：喜好，喜欢。

(2)恶不仁者:讨厌不仁德的人。恶(wù):讨厌,厌恶。

(3)无以尚之:没有人再能使他加高了,引申为他是最好的了。尚:加高,增加。

(4)加乎其身:加在他们自己身上。乎:于,在。

(5)一日用其力于仁矣乎:一整天都能致力于行仁的人吗。一日:一天。力:力量。矣乎:语气词连用,表示疑问,相当于“吗”。

(6)盖:大概,或许。

(7)我未之见也:我没有见到过他们。未:没有。之:他们。

【译文】

孔子说:“我没有见过喜好仁德的人,也没有见过憎恶不仁德的人。喜好仁德的人,是最好的了;讨厌不仁德的人,他们行仁是为了不让不仁德的人的坏影响加在他们自己身上。有一整天都能致力于行仁的人吗?我没有见过没有足够力量行仁的人。大概还是有一整天都能致力于行仁的人吧,只是我没有见到过。”

【拓展】

孔子说:“知之者不如好之者,好之者不如乐之者。”①严以修身,贵在自觉。兴趣是最好的老师。一个天生喜好仁德的人,行仁就是他的习惯,而习惯成自然,所以没有比自然而然更好的了。而讨厌不仁德的人,只是会远离不仁德的人,但不能做到自觉地行仁。因此,孔子感慨行仁难,喜好仁德并自觉地行仁,以及整日都在行仁的人就更少了。孔子期望自己的学生能够积极主动地行仁,持之以恒地行仁。

4.7 人之过也,各于其党

【原文】

子曰:“人之过也,各于其党。观过,斯知仁矣。”

---

① 论语[M].陈晓芬,译注.北京:中华书局,2016:71.

【引言】

这一章是孔子在谈论过错与仁的对立统一关系。

【释解】

(1)过:过错,过失。

(2)各于其党:总是与他所在的那个利益集团发生着关联。各:各个,分别。于:在于。党:由私人利害关系组成的利益集团、组织。

(3)观过:观察过错。

(4)斯知仁矣:就可以知道仁之所在了。斯:则,就。仁:仁德,为人。矣:了。

【译文】

孔子说:"人们所犯的错误,总是与他所在的那个利益集团发生着关联。观察人们所犯的错误,就可以知道他的为人到底如何。"

【拓展】

近朱者赤,近墨者黑。同类相聚,同气相求。所以,人们可以根据一个人的社会关系,根据他结交的人和圈子,来判断他是一个什么样的人;也可以根据他所犯错误的性质,来看出他身上有多少仁德,为人究竟如何。

4.8 朝闻道

【原文】

子曰:"朝闻道,夕死可矣。"

【引言】

这一章是孔子谈论闻道的重要性。闻道是人活着的最大价值和意义。

【释解】

(1)朝:早晨。

(2)道:宇宙间的一切法则、道理,也指真理、仁道。

(3)夕:晚上。

(4)可矣:可以了。矣:助词,了。

【译文】

孔子说:"早上听到了宇宙间的一切真理,就是晚上死去也没什么遗憾了。"

【拓展】

人活一辈子,每天都在吃喝拉撒睡,遵循生老病死的自然规律,但吃饭是为了活着,活着不是为了吃饭。人这一生,怎么活才充实、有意义呢?孔子认为是闻道,也就是探索、学习和明白宇宙的一切法则、道理以及社会的仁道。当然,不同的哲学和宗教派别,以及思想观念不同的人,对于人生的价值与意义的认知和理解都是不尽相同的。有的人说,人生的价值就是为自己而活;有的人说,人的价值和意义是为了社会和集体而活;还有的人说,人生毫无意义,人死如灯灭,人这一生到老的时候一切都归零。孔子认为,人活着的根本价值和意义是闻道,即探索和学习宇宙、自然和社会人生之道。人如果明白了真理,那么,活得是长是短,就不是什么要紧的事情了。相反,如果一生都糊里糊涂地过,那么,一个人活得再长也意义不大。

4.9 士志于道

【原文】

子曰:"士志于道,而耻恶衣恶食者,未足与议也。"

【引言】

在前一章里,孔子指出了人生的根本价值和意义是闻道。这一章,孔子批评立志于闻道的人不应该在乎穿得好不好,吃得好不好。如果立志于道,却不能忍受穿破烂的衣服,吃粗茶淡饭,那么,这样的人就难以闻道、行道和安贫乐道了。

【释解】

(1)士:古代介于大夫和庶民之间的阶层,是贵族阶层的最低等级。这里指读书人。

(2)耻:以……为耻。

(3)恶衣恶食:穿破旧的衣服,吃粗劣的食物。

(4)未足与议也:不值得和他们论道。未:不。足:值得,必要。与议:和他们论道。也:语气助词,表示判断。

【译文】

孔子说:"读书人立志追求宇宙和社会真理,却以穿破旧衣服和吃粗劣食物为耻,这样的人就不值得和他们谈论闻道和行道的事情了。"

【拓展】

孟子说:"舜发于畎亩之中,傅说举于版筑之间,胶鬲举于鱼盐之中,管夷吾举于士,孙叔敖举于海,百里奚举于市。故天将降大任于斯人也,必先苦其心志,劳其筋骨,饿其体肤,空乏其身,行拂乱其所为,所以动心忍性,曾益其所不能。"①孟子指出,舜、傅说、胶鬲、管夷吾、孙叔敖、百里奚这些历史名人,最初不过是农民、手艺人、盐贩子、犯人、隐士,甚至是奴隶,但是上天要把重任委派到他们头上,一定会让他们吃尽苦头,磨炼他们的心志和意志,增加和培养他们原来并不具备的能力。

总之,孔子和孟子在这方面的思想是一致的,"非淡泊无以明志,非宁静无以致远"②,君子以天下为己任,立志于道,食不求饱,居不求安,使命感和责任感强烈,这使得他们对个人的生活享受不以为意。

① 孟子[M].万丽华,蓝旭,译注.北京:中华书局,2007:284-285.
② 诸葛亮.诸葛亮集[M].段熙仲,闻旭初,编校.北京:中华书局,2012:27.

4.10 君子之于天下也

【原文】

子曰："君子之于天下也，无适也，无莫也，义之与比。"

【引言】

这一章，孔子在谈论君子为政做官的"仁政"基本原则。

【释解】

(1)之于：对于。之：用于主谓之间，不译。于：对，对于。

(2)适(dí)：亲厚。

(3)莫：不，指"不亲厚"。

(4)义之与比：倒装句，即"与义比"，和符合道义的人和事去亲近。义：道义，仁义，正义。之：助词，表示领有、连属关系，这里起倒装作用。与：和。比：亲近，亲附，依附。

【译文】

孔子说："君子对于天下的人和事，不会亲厚，也不会不亲厚，只要符合道义的就会去亲近。"

【拓展】

不同的学者对"适"和"莫"有着不同的理解。有的学者将其分别理解为"专主"与"固执"；有的将其分别理解为"一定要怎么干"和"不要怎么干"，等等。我个人认为，还是将这两个词分别理解为"亲厚"与"不亲厚"比较符合孔子对"仁政"的思想和态度。

君子从政，修身、齐家、治国和平治天下，都是以人为本，唯义是举。君子做人处世的准则是仁义、道义，但具体做事的方式方法却灵活多样。他们具体问题具体分析，不会教条主义，不会墨守成规，更不会厚此薄彼，偏私不公。总之，君子立身处世，以仁义为行动的最高准则。

4.11 君子怀德

【原文】

子曰:“君子怀德,小人怀土;君子怀刑,小人怀惠。”

【引言】

这一章是孔子继续谈有仁德的君子与没有仁德的小人之间的区别。

【释解】

(1)怀:怀念,思念,心中想。

(2)德:道德,仁德。

(3)土:乡土。

(4)刑:刑法,法治。

(5)惠:恩惠,好处。

【译文】

孔子说:“君子怀念的是道德,小人怀念的是乡土;君子心中想的是法治,小人心中想的是恩惠。”

【拓展】

君子和小人在思想观念上是不同的,在生活追求上也是不同的。一个想的是道德和法治,一个想的是乡愿和好处。一个为公,一个为私。君子公私分明,爱憎分明;小人公私不分,只要有好处就干。君子可以公而忘私,而小人以私废公,以权谋私,自私自利。君子行仁道,但小人只会唯利是图。

4.12 放于利而行

【原文】

子曰:“放于利而行,多怨。”

【引言】

前一章讲了君子与小人在思想情趣和道德仁义上的区别。君子是讲仁德的，小人是逐利的。这一章接着讲，不顾公共利益和他人利益，而肆意逐利的行为，会招来怨言，甚至招来灾祸。

【释解】

(1)放：放纵。

(2)利：利益。

(3)行：行动，做事。

(4)怨：怨言，怨恨。

【译文】

孔子说："在利益方面放纵自己，肆意而为，就会招致很多怨言和怨恨。"

【拓展】

社会是个利益共同体。一定的条件下，总的社会利益是一定的。社会分配要尽可能做到公平公正。如果有人多占，或抢占集体的、公共的利益，那么势必损害他人的利益，这样必然会招致他人的不满和愤恨。因此，君子不会做损人利己和损人不利己的事。

4.13 能以礼让为国乎

【原文】

子曰："能以礼让为国乎，何有？不能以礼让为国，如礼何？"

【引言】

在本篇的第十一章，孔子提出了君子和小人在处理仁义和利益关系方面的差异。在本篇的第十二章，孔子指出基于利益肆意妄为是会招来民怨的，是不可能持久的。这一章紧接着谈论以礼让治国理政的可能性。

在春秋战国之前,礼让治国一直是我国治国理政的一个优秀传统。礼制对社会关系和人际关系都做了具体的规范,人们依礼而行,明确上下尊卑,就会彼此尊重,关系和睦,减少纷争。身安,家安,国安,而后天下大治。所以,西周的礼乐文明,是孔子非常仰慕的,在礼崩乐坏的时代,孔子多么希望各个诸侯国能回到西周尊礼守礼、尊卑分明的和谐社会。

【释解】

(1)礼让:尊礼谦让。

(2)为国乎:治国理政吗。乎:吗。

(3)何有:何难之有,有什么困难呢。

(4)如礼何:怎么对待礼呢?

【译文】

孔子说:"能用尊礼谦让的原则来治理国家吗?这有什么困难吗?如果不能用尊礼谦让的原则来治理国家,要礼又有什么用呢?"

【拓展】

礼让是我国的传统美德。历史上,有许多尊礼让贤的故事。如,吴泰伯、伯夷、叔齐等不愿意当君主的故事,尧舜禅让的故事。就是曹丕篡汉和西晋建立,也要礼让再三,才能最终完成汉献帝禅位于魏王曹丕、曹魏皇帝曹奂禅位于司马炎的朝代更替的重大事件。除了这些,历史上还有诸如此类的禅让和禅位的事件。这些都足以说明我国的礼让文化根深蒂固,有着巨大的影响力。

《管子·五辅篇》说:"夫人必知礼然后恭敬,恭敬然后尊让,尊让然后少长贵贱不相逾越,少长贵贱不相逾越,故乱不生而患不作。故曰:'礼不可不谨也。'"①可见,尊礼谦让能够和谐上下尊卑、男女老少和富贵贫贱之间的关系,具有调和社会矛盾和关系的作用。

① 管子[M].李山,译注.北京:中华书局,2009:71.

4.14 不患无位

【原文】

子曰："不患无位，患所以立。不患莫己知，求为可知也。"

【引言】

这一章孔子在谈论官职和做官之仁德、才能等之间的关系。

【释解】

(1)患：担忧，忧虑。
(2)位：官位，官职。
(3)立：立身，立身的本领、才能等。
(4)莫：不，没有。
(5)求：追求，努力。
(6)可知：可以让别人知道自己的知识、才艺和能力等。

【译文】

孔子说："不要担忧没有官做，要担忧的是自己有没有立身任职的本领。不要担忧别人不了解自己，努力追求就能让别人了解自己的仁德和才能。"

【拓展】

机遇总是留给有准备的人的。孔子说："君子谋道不谋食。耕也，馁在其中矣；学也，禄在其中矣。君子忧道不忧贫。"①北宋宋真宗赵恒的《励学篇》说："富家不用买良田，书中自有千钟粟。安居不用架高堂，书中自有黄金屋。"这些话都在告诉人们，只要立志学习各种学问和技能，获得和掌握了立身处世的仁德、能力和本领，就必然能够拥有为政做官的机会。

儒家强调立德、立功和立言，强调学而不厌，强调学而优则仕，仕而优则学。可见，学习是为政做官的基础条件，是立德、立功和立言的前提。只要

① 论语[M].陈晓芬，译注.北京：中华书局，2016：215.

努力读书,读出名堂,读出境界,就必然会有相当的官位来做,必然就会让别人了解。北宋晚期诗人汪洙《神童诗·四喜》中说人生有四大喜事:“久旱逢甘露,他乡遇故知。洞房花烛夜,金榜题名时。”其中“金榜题名时”正是学习优秀的结果。

4.15 参乎！吾道一以贯之

【原文】

子曰:“参乎！吾道一以贯之。”曾子曰:“唯。”子出,门人问曰:“何谓也?”曾子曰:“夫子之道,忠恕而已矣。”

【引言】

这一章是孔子在说自己所讲的仁道是一个有机的整体,可以用一条线贯穿起来。

【释解】

(1)参:曾参,春秋末年思想家,孔子晚年的弟子之一。

(2)道:儒道,仁道。

(3)一以贯之:即“以一贯之”,可以用一条线或事理贯穿起来。贯:贯穿。

(4)唯:应答声,是的,明白。

(5)何谓也:说什么呢,这是什么意思呢。何:什么。谓:说。也:疑问词,相当于“呢”。

(6)忠恕:忠诚和宽恕。忠:尽心待人,忠诚。恕:推己及人,宽恕。

【译文】

孔子说:“曾参啊！我所讲的儒道是一个有机的整体,可以用一条线贯穿起来。”曾子说:“明白。”孔子出去后,其他学生问曾子说:“这说的是什么意思呢?”曾子说:“老师所讲的儒道,就是忠诚与推己及人之道。”

【拓展】

孔子所讲的这条道是君子之道,是为政做官之道,是以人为本和以仁为己任之道,是学习以修身、齐家、治国和平天下之道,是德治、礼治之道。

4.16 君子喻于义

【原文】

子曰:"君子喻于义,小人喻于利。"

【引言】

本篇实际上一直都在谈论君子之道和为政做官、治国理政的德治之道。这一章继续谈论君子与小人在义利关系上志趣和态度的区别。

【释解】

(1)君子:人格高尚的人。

(2)喻:明白,懂得。喻也有说明、告知的意思。

(3)义:道义,大义,正义。

(4)小人:人格低劣的人。

(5)利:利益,私利。

【译文】

孔子说:"君子明白大义,小人只懂得小利。"

【拓展】

君子和小人有着不同的志趣和态度。君子重义轻利,小人重利轻义。对待君子可以晓之以理,但对待小人却只能用利益来诱导他。

4.17 见贤思齐焉

【原文】

子曰:“见贤思齐焉,见不贤而内自省也。”

【引言】

这一章,孔子继续谈论君子的修身之道。君子随时能以好坏为师,即向好的榜样学习好的方面,但看到不好的人和事,马上就反思自己有没有这方面的毛病和问题。

【释解】

(1)见贤思齐焉:看到贤能的人,就想着向贤能的人看齐啊。焉:用于句中表示停顿,相当于“啊”。

(2)内自省也:心里反省自己。内:内心。自省:自我反省,反思。也:助词,表示判断。

【译文】

孔子说:“看到贤能的人,就想着向贤能的人看齐啊;看到不贤能的人,就在心里反省自己有没有类似的毛病和问题。”

【拓展】

自我反省是一种重要的道德修养方法。曾子曰:“吾日三省吾身:为人谋而不忠乎?与朋友交而不信乎?传不习乎?”①唐太宗李世民曾说:“夫以铜为镜,可以正衣冠;以史为镜,可以知兴替;以人为镜,可以明得失。”②可见,曾子和李世民都是善于自我反省的典范。人生最大的挑战和胜利,就是挑战自己和战胜自己。一个人要不断进步,就必须学会不断自我反省。

---

① 论语[M].陈晓芬,译注.北京:中华书局,2016:3.

② 刘昫,等.旧唐书:一[M].刘后滨,编译.北京:现代教育出版社,2011:176.

4.18　事父母几谏

【原文】

子曰："事父母几谏。见志不从，又敬不违，劳而不怨。"

【引言】

这一章是孔子在讲儿女侍奉父母或孝顺父母的孝道。孝是礼之本。所以，重视礼治的社会都重视以孝治天下。

【释解】

(1)事：侍奉。

(2)几谏：轻微、婉转地劝谏。

(3)见志不从：看到自己的意见不被接受。志：观点，意见。从：听从，跟从。

(4)又敬不违：还是恭敬不违逆。又：还是。敬不违：恭敬不违逆。

(5)劳而不怨：忧愁但不怨恨。

【译文】

孔子说："子女侍奉父母，如果他们有错误，要委婉地劝谏。看到自己的意见不被父母接受，还是恭恭敬敬，不违逆父母，心生忧愁却无丝毫怨恨。"

【拓展】

父母作为长辈，不可能说的话句句正确，做的事情件件都对，因此，做儿女的要能够做到委婉地劝谏。但劝谏有可能被父母接受，也有可能不被父母接受。这时候做儿女的，没有更好的方法，只要不是什么触及原则和底线的大事，只能顺其自然，继续恭敬孝顺父母，不做让父母不高兴的事情，也不产生任何的怨言和怨恨。这才是真正的孝道。

4.19 父母在

【原文】

子曰:“父母在,不远游。游必有方。”

【引言】

上一章孔子讲了如何恒顺父母的孝道,这一章孔子继续讲孝顺父母的一些注意事项。

【释解】

(1)在:活着,在世。

(2)游:到外地游学,到外地做官,出远门。

(3)方:方向,地方,处所。

【译文】

孔子说:“父母还在世的时候,最好不要出远门长时间待在外地。如果必须出远门,那么一定要把去处告诉父母。”

【拓展】

儿行千里母担忧,母行千里儿不愁。不做父母不知道,做了父母才知道,父母多半心思都在儿女身上。别说是出远门,就是孩子去近处,做父母的也总想知道孩子和谁在一起,安全不安全,什么时候回家,等等。但往往儿女觉得这是自己的事情,与父母无关,如果父母问得紧,只好搪塞一下了事。这至少是我的个人感受和体会。

孔子在这里也是在讲自己对孝道和对父母心理的理解和体会。南怀瑾把“游必有方”中的“方”解释为“方法”,即出游一定要有方法,言外之意是安顿父母生活的方法。我觉得,这种解释不符合孔子的原意,也不符合做父母的对儿女远行之事的担忧心理。出游当然是有一些注意事项的,譬如,登山要注意天气变化,多带衣服,拿雨具,甚至带地图,等等,也要安顿好自己年迈父母的生活。但一般来说，出远门要注意带什么东西，安顿好父母的生活，这些都是常人必然会做好的事情。特别是，对于子女比较多的父母来说，父母的生活自然是有基本保障的。但儿女出远门，可能不会把自己要去的地方告诉父母。

在春秋战国时代，天下不是特别安宁，人们出远门遇到危险的可能性比较大。所以，有的人为了不让父母担忧自己的安全，就可能不会把自己要去的目的地全盘说出。这在孔子看来是有违孝道的，因为这只会更让父母担心。

4.20　三年无改于父之道

【原文】

子曰："三年无改于父之道，可谓孝矣。"

【引言】

这一章孔子继续接着前两章谈论孝道的问题。孔子前面谈到了孝道中重要的一个方面就是恒顺父母，无论如何不要惹父母生气，还有就是在父母活着的时候，尽量不要出远门，别让父母担惊受怕。这一章中，孔子在谈论父亲去世之后，子女怎么做才符合孝道的问题。

【释解】

(1)无改：不改变。

(2)于：对。

(3)父之道：父亲生前坚持的做人基本原则。

(4)可谓孝矣：可以说是孝顺了。矣：了。

【引言】

孔子说："父亲去世之后，三年之内不改变父亲生前坚持的做人基本原则，就可以说做到了孝。"

【拓展】

在出生之后的三年内,儿女没有独立生存的能力,这三年全靠父母的养育。所以古代人要求子女在父母去世之后,守三年孝,以报答父母三年养育之恩。每个父母都有着自己的禀性和做人基本原则。父母活着的时候,一般会按照自己做人的基本原则要求儿女,而孝顺的子女尽管不一定完全同意父母奉行的做人原则,但也习惯了这样顺从父母。那么,在父母去世之后的三年内,既然仍然在守孝期,子女就应该像父母活着的时候那样,恒顺父母的做人原则。等守孝期满,子女自己想做出一些调整和改变,就不违反孝道了。这可能就是孔子在这一点上思想的逻辑。

4.21 父母之年

【原文】

子曰:“父母之年,不可不知也。一则以喜,一则以惧。”

【引言】

这一章中,孔子实际上仍然在谈论关于孝道的问题。作为儿女,对父母的年龄要知道得一清二楚。人的寿命是有限的,人们可以根据人类的平均寿命来推测父母可能的寿命限度,尽可能为父母预备好后事。

【释解】

(1)年:年龄,年纪。

(2)一则:一方面。

(3)以:因之,这里是指因为父母长寿和衰老。

【译文】

孔子说:“子女对于父母的年龄不可以不知道。一方面因父母长寿而高兴,一方面又因父母日渐衰老而担忧。”

【拓展】

儿女日渐长大，而父母日渐衰老，“子欲养而亲不待”。当儿女都成家立业的时候，父母往往已经老迈。这时候，上有老，下有小，儿女为了照顾小的，往往会忽视了孝顺老的。等到把自己的儿女和事业安顿好，父母又往往离世了。所以，孝敬父母是不能等待自己将事业和家庭都安顿好之后才开始做的事情。换言之，世界上最不能等的事情，莫过于孝敬父母。

如何孝敬自己的父母？孔子讲了很多道理和方法。但现代社会和古代社会相比，各方面的形势和条件毕竟都发生了巨大的变化。所以，有些孝道还是需要做一些变通。如，常回家看看父母，或者多和父母视频聊天，或者给父母每年过一个隆重的生日，或者在事业、工作和家庭生活上多努力，多取得成绩，让父母脸上有荣耀，即光宗耀祖，等等。

很多时候，子女出于自己的工作性质和要求，不能常陪伴父母身边，和父母在一起的时间较少，不像古代那样，不想出远门就可以不出。所以，子女除了尽可能抽时间陪伴父母，回家看看，更重要的是，要在精神上、心理上多给父母以关心，及时行孝，多做令父母高兴的事情，让父母安享晚年。

4.22　古者言之不出

【原文】

子曰：“古者言之不出，耻躬之不逮也。”

【引言】

在前四章中接连对孝道问题发表自己的见解之后，孔子又转而谈论君子言行要一致的问题。

【释解】

(1)古者：古代的君子。

(2)言之不出：倒装句，即“不出言”，话不轻易说出口，不轻易许诺。之：助词，表示领有、连属关系，这里起倒装作用。

(3)躬之不逮也：倒装句，即"不逮躬"，不能亲自做到。躬：亲身实践，做到。逮(dài)：及，赶上，引申为能够。也：助词，表示判断。

【译文】

孔子说："古代的君子是不会轻易给人许诺的，因为他们以能说出却做不到为耻。"

【拓展】

君子一言，驷马难追。自古皆有死，人无信不立。一个人应当谨言慎行，不要轻易给人做出承诺。"轻诺而寡信"，轻易给人做出承诺最终却无法做到，就会令人心寒，失去信任。不如实话实说，能做到，就说能做到；不能做到，就说做不到。言行要一致，说话要算数。

4.23 以约失之者鲜矣

【原文】

子曰："以约失之者鲜矣！"

【引言】

这一章谈论尊礼守礼和用礼制约束自己行为的重要性和必要性。

【释解】

(1)以约失之者：因为用礼约束自己而犯错误的人。以：因为。约：约束。失之：犯错误。者：指代人。

(2)鲜矣：很少啊。鲜：少，不多。矣：感叹词，啊。

【译文】

孔子说："因为用礼来约束自己的行为而犯错误的人是很少见的啊！"

【拓展】

"约者，束也。内束其心，外束其身，谨言慎行，审密周详，谦卑自牧，皆所谓约。以约则鲜失，敬慎不败也。”①能够自我约束、自我管理、严于律己的人，自然就会少犯错误。相反，不能约束自己，不能自我管理的人，他的欲望就会失控。人心不足蛇吞象，贪婪之人必然寡廉鲜耻，肆意妄为，干出伤天害理的事情来。多行不义必自毙。坏事干多了，必定自取败亡。

4.24　君子欲讷于言而敏于行

【原文】

子曰：“君子欲讷于言而敏于行。”

【引言】

这一章与本篇第二十二章意思相近，二者都在强调言行一致，行胜于言。

【释解】

(1)欲：要，应该，应当。

(2)讷于言：在言语上木讷。讷(nè)：木讷，说话迟钝。于：在。

(3)敏于行：在行动上敏捷。敏：敏捷。

【译文】

孔子说：“君子在言语上要谨慎小心，但在行动上要敏捷。”

【拓展】

总之，孔子强调君子应该少说多做，言而有信，知行合一，言行一致，表里如一。少说空话，多做实事。不要说一套做一套。

---

① 汪绂. 四书诠义[EB/OL]. (2017-01-01)[2022-08-12]. https://m.guoxuedashi.net/SiKuQuanShu/bk94120v/.

4.25　德不孤

【原文】

子曰："德不孤，必有邻。"

【引言】

这一章中，孔子鼓励人们勇敢追求仁德和道义，不要怕势单力孤。

【释解】

(1)德：仁德，道德。这里是指有道德的人。
(2)孤：孤单，孤独。
(3)邻：邻居，同伴。

【译文】

孔子说："品德高尚的人不会孤单，一定有志同道合的人与之为伴。"

【拓展】

朱熹解释说："邻，犹亲也。德不孤立，必以类应。故有德者，必有其类从之，如居之有邻也。"①同类相聚，同声相应。得道多助，失道寡助。周公吐哺，天下归心。有德的人是众望所归，人心所向。无德之人终会众叛亲离，土崩瓦解。"孔子告诉我们，如果真为道德而活，绝对不会孤苦伶仃，一定有与你同行的人，有你的朋友。"②

4.26　事君数

【原文】

子游曰："事君数，斯辱矣；朋友数，斯疏矣。"

---

① 朱熹. 四书章句集注[M]. 北京：中华书局，2011：73.
② 南怀瑾. 论语别裁：上册[M]. 上海：复旦大学出版社，2015：175.

【引言】

这一章是《里仁篇第四》的最后一章。从《里仁篇第四》的第一章开始，孔子都在谈论君子之仁道，鼓励君子勇敢追求仁德和道德，即“里仁为美”，做个明智和智慧的人。只要立志于德，立志于道，就会遇到志同道合的同志。但这最后一章，却用孔子学生子游的话，来告诫君子，行仁道，实践仁德，为政做官，为人处世交友，等等，也必须讲究方式方法。有理想、志向、毅力，勇于实践，又讲究方式方法，就会事半功倍；否则，不讲究方式方法，盲目蛮干，不知变通，就会事倍功半，甚至做无用功。

【释解】

(1)事君：侍奉君主。

(2)数(shǔ)：责备，列举错误，如数说，数落。

(3)斯：则，那就是。

(4)辱：羞辱别人，自取其辱。

(5)疏：疏远别人，自求疏远。

【译文】

子游说：“如果侍奉君主却责备君主，那就是自取其辱；如果与朋友交往却责备朋友，那就是自求疏远。”

【拓展】

有不少学者对子游所说的这一句话中的“事”“数”“斯”等有不同的解释。有的人把“事”解读为“进谏”或“劝谏”，把“数”解读为“频繁”或“多次”，把“斯”解读为“这”，等等。我认为，这些都有点牵强，或者根本就是错误的。

子游在这里指出的“数”，是责备、指摘的意思。无论是侍奉君主还是与人交往，关系过于亲密的话，人们可能就会轻易地责备或数落他人。时间久了，对方就会产生厌烦或厌恶的情绪，从而导致隔阂和误会的产生。这对于亲密关系和信任关系的发展是不利的。水至清则无鱼，人至察则无徒。所以，无论是侍奉君主还是与朋友交往，我们都要给对方留有尊严，留有一定的试错时间和空间，彼此保持适当的距离。看到他人的不足时，我们不要一味地指摘或指责对方，如果硬来指责或列举对方的错误，往往只会适得其反。所以，事君交友，一定要讲究方式方法，要坚持中庸之道，反对太过和不及。“有道则现，无道则隐”。行仁道，当止则止，适可而止。历史上，魏征多次因为劝谏惹怒唐太宗李世民，险些被杀掉。“若不是唐太宗的皇后暗中救魏征一把，这个老头儿的头也是要保不住的啊！后来魏征死了，唐太宗终于信了谗言，还是把他的墓碑给推倒了。一直到唐太宗征高丽失败后，才又想起魏征若在，必不会有此失。因此又树立起他的墓碑。”①

综上所述，《学而篇第一》《为政篇第二》《八佾篇第三》和《里仁篇第四》这四篇分别讲了学习、为政、尊礼和以仁为本的君子之道。这四篇，或说学习、为政、尊礼和以仁为本这四大方面，是以孔子为代表的儒家学说的核心思想，是其余各篇的总纲。

① 南怀瑾. 论语别裁：上册[M]. 上海：复旦大学出版社，2015：176.

公冶长篇第五

该篇共计28章，主要写孔子在日常生活中的一些表现，以及孔子对弟子的一些评价。如果说前四篇提出“学习、为政、尊礼、行仁”君子之道的本体论，那么这一篇及以后各篇就是在谈论君子之道本体的功用和实践运用。本篇以孔子的仁德为标准，对南容、晏平仲、子产、子路、季文子、臧文仲、宰予、申枨(chéng)、微生高等诸多人物的德行进行评论，以判断他们在仁、义、礼、智、信等仁道品质上的优劣得失，让学习者对仁道和君子应有的德行有个具体的把握，以便于学生能够对君子之道活学活用。本篇产生了许多名句，如“朽木不可雕也，粪土之墙不可杇也”“听其言而观其行”“敏而好学，不耻下问”“三思而后行”等，由此可见《论语》对后世的巨大影响。

5.1 可妻也

【原文】

子谓公冶长：“可妻也。虽在缧绁之中，非其罪也。”以其子妻之。

【引言】

孔子在这一章谈论其学生公冶长的为人。公冶长不知因为什么原因坐过牢，但为人不错，诚实守信。公冶长坐牢很有可能是无妄之灾。孔子不因为他坐过牢，历史上有污点，就否定他目前以及以后的德行，所以愿意把自己的女儿嫁给公冶长做妻子。从这件事上可以看出，孔子不会教条地看待人和事物，而是用发展的动态的眼光来观察一个人的德行，看其是否值得信赖，是否可靠。

【释解】

(1)公冶长:复姓公冶,名长,字子芝,春秋时鲁国(今山东诸城贾悦镇近贤村)人。孔子的弟子、女婿,“孔门七十二贤”之一。

(2)妻(qì):嫁给他人做妻子。

(3)缧绁(léi xiè):捆绑犯人的绳索,用在这里指代监狱、牢狱。

(4)以其子妻之:把自己女儿嫁给了他。以:拿,把。子:古时儿、女通称子。这里指女儿。之:他,指公冶长。

【译文】

孔子谈论公冶长说:“公冶长是可以将女儿嫁给他的人,他虽然蹲过监狱,但并不是因为他自己犯罪而蹲的。”于是,孔子就把自己的女儿嫁给了他。

【拓展】

自古迄今,有因为各种原因被关进监狱的人。有的是因为违法乱纪,有的是被人陷害冤枉,有的是被错抓误认的,等等。所以,对一个做过囚犯的人的品行,要具体问题具体分析。传说公冶长之所以被关进监狱,是因为他无意中得罪了一只鸟。公冶长懂鸟语,经常会和鸟交流沟通。一天,有只鸟告诉公冶长,前山有只死羊,你吃肉,我吃肠。公冶长到那里一看,果然发现有只被老虎咬死吃剩下的羊。他把死羊拖回家,和家里人吃了,忘记给鸟留下羊肠子,所以鸟很生气,决意找机会报复他。又一天,鸟儿又告诉公冶长前山又发现一只死羊,让他去拿并把羊肠子分给它吃。这次公冶长走到前山,没有看到羊,却看到一个被害死的人躺在地上,并有公差守候在尸体旁。公差看到公冶长,怀疑是公冶长作的案,不由分说便把他逮捕下狱。后来,官府查清该案凶手,公冶长才被无罪释放。对此,南怀瑾评论说:“由这件事看来,我们可以知道孔子的为人,绝对不是要选一个有财、有势或有学位的人,才把女儿嫁给他。而且最妙的是,他把女儿嫁给坐过牢的公冶长,又把侄女儿嫁给南容——南宫适。”①

---

① 南怀瑾.论语别裁:上册[M].上海:复旦大学出版社,2015:179.

5.2 邦有道,不废

【原文】

子谓南容:“邦有道,不废;邦无道,免于刑戮。”以其兄之子妻之。

【引言】

本篇第一章讲了孔子把女儿嫁给了坐过牢的公冶长,这一章中,孔子又做主将养在自己身边的侄女嫁给南容。那么,孔子是如何评价自己的学生南容的呢?

【释解】

(1)南容:南宫适(kuò),字子容,亦称南宫括、南容,春秋时期鲁国人,“孔门七十二贤”之一。

(2)邦:邦国,诸侯国。

(3)道:仁政、德治、礼治之道,君子之道。

(4)废:废置不用。

(5)刑戮:刑罚和处死。

(6)以其兄之子妻之:把自己的侄女嫁给了南容。以:拿,把。子:古时儿、女通称子。这里指女儿。妻之:嫁给他。之:他,指南容。

【译文】

孔子谈论南容说:“国家有道而政治清明的时候,他就会有官做,他的才干不会被废置不用;国家无道而政治昏暗的时候,他因为具有谨言慎行的品行,也会免于被刑戮。”于是,孔子就把自己的侄女嫁给了南容。

【拓展】

孔子有一个同父异母的哥哥叫孟皮。孟皮生下来就脚有残疾,孟皮死后,他的女儿就由孔子抚养。孔子的学生南容德才兼备,又善于为人处世。孔子认为,南容在和平年代,能够为政做官,充分发挥自己的学识和才干;而在乱世,又能谨言慎行,躲避灾祸,明哲保身,所以就把自己的侄女许配给南容。朱熹说:“以其慎于言行,故能见用于治朝,免祸于乱世也。”①

5.3 君子哉若人

【原文】

子谓子贱:“君子哉若人!鲁无君子者,斯焉取斯?”

【引言】

前两章讲了孔子评价了公冶长和南容的德行,这一章中,孔子对子贱的德行进行评论。孔子认为,这三位学生都是品行不错的人。

【释解】

(1)谓:谈论。

(2)子贱:宓(fú)氏,名不齐,字子贱,曾任单父(今山东省菏泽市单县)宰。子贱是“孔门七十二贤”之一,比孔子小 49 岁。

(3)哉:感叹词,啊。

(4)若人:此人。若:此,如此。

(5)斯焉取斯:子贱是从哪里学习到君子的品行的。斯:这,这个。第一个“斯”指子贱,第二个“斯”指代君子的品行。焉:文言疑问词,哪儿,哪里,怎么。取:取法,取得,获得,学到。

【译文】

孔子评论子贱说:“子贱这个人是君子啊!如果鲁国没有君子的话,那么子贱是从哪里获得这种君子品行的呢?”

【拓展】

“橘生淮南则为橘,橘生淮北则为枳。”孔子通过评论子贱具有君子品格,指出鲁国还是存在着养成君子的文化土壤的。传说子贱在治理单父这

---

① 朱熹.四书章句集注[M].北京:中华书局,2011:74.

个地方的时候，善于动员众人的力量做事，没用几年的工夫就使得人心安定，经济富足，地方大治。

5.4 赐也何如

【原文】

子贡问曰："赐也何如？"子曰："女，器也。"曰："何器也？"曰："瑚琏也。"

【引言】

这一章是孔子评价自己最为优秀的学生之一的子贡，说子贡像一种叫作"瑚琏"的器具。

【释解】

(1)赐：即端木赐，复姓端木，名赐，字子贡。

(2)女：通"汝"，你。

(3)器：器具。

(4)瑚琏(hú liǎn)：古代宗庙中盛黍稷的祭器、礼器，用来比喻人有立朝执政、治国安邦的才能。

【译文】

子贡问孔子："您看我这个人怎么样？"孔子回答说："你是一个有用的器具。"子贡又问孔子："那我是什么样的器具呢？"孔子回答说："宗庙里盛黍稷的瑚琏。"

【拓展】

孔子对子贡的才具和人品做了评价，认为子贡属于清高、富贵的一类人。孔子将子贡比作瑚琏，即一种在盛大活动上使用的祭器、礼器，而礼器是贵重而华美的，使用的环境也是庄严肃穆的。历史上，子贡在政治、外交、经商上的杰出表现也正反映了他的品格和能力。

"子贡是一个政治、外交、语言、经济、工商都精通的人，但平时不露锋芒，不屑做低下的小事，只在孔子身边安心学习。有一次，鲁国有难，子贡自告奋勇，代孔子去办外交，游说诸侯，使鲁国转危为安。据《左传》记载，子贡与诸侯国君分庭抗礼，吴越之战、吴齐之战、越晋之战都是他挑起的，他挑动大国之争，使鲁国免于大国的欺凌而泰然处于战争之外，可见其才具之高。孔子晚年的生活都是靠子贡照顾，孔子死后，别人守孝三年，他在孔子墓旁守丧六年，手植柏树遗址，至今还保存在曲阜孔庙里。可见其道德风格之高尚。孔子以瑚琏之器评价他，是恰如其分的，很切合子贡的身份。由此也可以看出：孔子对学生是十分了解的，故而能因材施教。"①

孔子发表过"君子不器"的观点，认为君子不能像某种器具一样只拥有某种单一的功用。君子应该是大器之才，多才多艺，全面发展，是通才而不是专才。按理来说，子贡应该算是一位通才了。

5.5　雍也仁而不佞

【原文】

或曰："雍也仁而不佞。"子曰："焉用佞？御人以口给，屡憎于人。不知其仁，焉用佞？"

【引言】

这一章是孔子对学生冉雍品行的评论。

【释解】

(1)或：有人。

(2)雍：冉雍，字仲弓，春秋末期鲁国(今山东定陶)人，比孔子小29岁。

(3)仁而不佞：有仁德，但没有花言巧语。而：但是，然而。佞，习惯于用花言巧语谄媚他人，有口才而不正派。

(4)焉：哪里需要，怎么会，何必。

(5)御人以口给：伶牙俐齿地和人争辩。御：防御，抵挡，这里指争辩或顶嘴。以：用，拿。口给(jǐ)：伶牙俐齿，能言善辩。

---

① 来可泓．论语直解［M］．上海：复旦大学出版社，2000：111-112．

(6)屡憎于人：常常被他人憎恶。屡：屡次，常常。憎：憎恨，讨厌。于：被。

(7)不知其仁：不知道冉雍的仁德究竟如何。其：他，指冉雍。

【译文】

有人评论说："冉雍这个人有仁德，但没有花言巧语。"孔子听到后回答说："何必要用花言巧语讨好人呢？和他人伶牙俐齿地争辩，常常被他人憎恶。我不知道冉雍的仁德究竟如何，但何必要用花言巧语讨好人呢？"

【拓展】

孔子喜欢诚实守信、老实本分的人。他说："刚、毅、木、讷，近仁。"①他反对巧言令色，好逞口舌之能。冉雍，有仁德，仁慈，爱人，宽宏大量，厚道，但就是没有花言巧语。孔子喜欢这样的君子之风，认为冉雍有帝王之才。佞人就是喜欢花言巧语、耍嘴皮子、吹牛、好拍马屁的人。一个君子决不能佞，也不需要用佞。

5.6 子使漆雕开仕

【原文】

子使漆雕开仕。对曰："吾斯之未能信。"子说。

【引言】

这一章讲了孔子对学生漆雕开的想法和做法表示肯定和高兴。

【释解】

(1)使：让，叫。

(2)漆雕开：字子开，又字子若，比孔子小11岁，"孔门七十二贤"之一，以德行著称。

(3)仕：做官。

① 论语[M].陈晓芬，译注.北京：中华书局，2016：178.

(4)吾斯之未能信：倒装句，即"吾未能信斯"，我对这个(做官)还没有信心。吾：我。斯：这个。之：助词，宾语前置的标志。信：有信心。

(5)说(yuè)：同"悦"，高兴，喜悦。

【译文】

孔子叫漆雕开去做官。漆雕开回答说："我对做官这件事还没有信心。"孔子听了很高兴。

【拓展】

孔子历来主张学以致用，即学而优则仕，仕而优则学。读书人应当修身、齐家、治国、平天下。所以说，儒家思想是积极入世的思想。孔子觉得漆雕开的学问足以出去为政做官了，但漆雕开觉得自己还有许多没有完全掌握的知识，对于为政做官没有足够把握，想要继续跟着孔子学习。孔子对于漆雕开的学习和做人态度感到非常满意和高兴。因为谦虚使人进步，骄傲使人落后。

5.7 道不行

【原文】

子曰："道不行，乘桴浮于海。从我者，其由与？"子路闻之喜。子曰："由也好勇过我，无所取材。"

【引言】

这一章是孔子对学生子路的性格品质做的评论。

【释解】

(1)道：孔子的德治、礼治思想学说和为政治国之道。

(2)桴(fú)：用来过河的小木筏子。大的木筏子叫筏，小的叫桴。

(3)浮于海：在海上漂流，言外之意是，到海外去生活。浮：漂流。于：在。

(4)从:跟从,跟随。

(5)其由与:大概只有子路吧。其:大概,或许。由:即仲由,字子路,又字季路,鲁国卞人,“孔门十哲”之一,是孔子学生中侍奉孔子时间最长的人。仲由比孔子小9岁,性格刚直,诚实守信,忠于职守,勇于改正错误,深受孔子喜爱。与:通“欤”,吧,啊。

(6)无所取材:不懂得裁度事理,思考问题总是欠考虑。取材:裁量,裁剪。

【译文】

孔子说:“如果我的政治主张行不通的话,我就乘上木筏子到海外去。能跟随我去的人,大概只有子路吧?”子路听到孔子说的话,高兴得不得了。孔子看到子路乐滋滋的样子又说:“子路啊,你好勇的精神超过了我,但思考问题总是欠考虑。”

【拓展】

刘宝楠《论语正义》说:“夫子本欲行道于鲁,鲁不能竟其用,乃去而之他国,最后乃如楚。则以楚虽蛮夷,而与中国通已久,其时昭王又贤,叶公好士,故遂如楚以冀其用,则是望道之行也。至楚,又不见用,始不得已而欲浮海居九夷。”①其实,孔子并非真想去少数民族地区推行他的政治主张。因为在鲁国这个以前最重视周礼的国度都不能实行他的政治主张,去了文化风俗等大相径庭的少数民族地区或异国他乡,更是难上加难。孔子这里所说的话,只是对自己的政治理想无法实现的一种担忧和诗意遐想。结果,子路却把孔子这话当成了孔子表扬自己忠诚勇敢的话,高兴得不得了。孔子见状就想到借此机会敲打子路,尽管其忠勇的品质是好的,但有勇无谋是不行的。一个人除了忠诚勇敢,还得有深深的谋略,懂得恰如其分地处理问题,不然就是鲁莽了。

---

① 刘宝楠.论语正义:全二册[M].高流水,点校.北京:中华书局,1990:171.

5.8 子路仁乎

【原文】

孟武伯问："子路仁乎?"子曰："不知也。"又问。子曰："由也，千乘之国，可使治其赋也，不知其仁也。"

"求也何如?"子曰："求也，千室之邑，百乘之家，可使为之宰也，不知其仁也。"

"赤也何如?"子曰："赤也，束带立于朝，可使与宾客言也，不知其仁也。"

【引言】

这一章，通过孟武伯发问、孔子作答的方式，对孔子的学生子路、冉求和公西赤三人进行评论。孔子认为，他们各有相应的从政才能，但是他们三人是否达到了"仁"的境界，孔子自己还是不能知道，或者无法断言。这一方面，说明仁的境界非常高，非常人所及；另一方面，判断一个人是否达到了"仁"的境界，需要等到那个人到了人生终点的时候才能盖棺定论。因为做人处世是一辈子的事情，学习仁政之道、君子之道也是一辈子的事情。有的人刚开始做得像君子，但后来变成了坏人或歹人；有的人刚开始表现很差，无恶不作，但后来浪子回头，弃恶从善，成为正人君子。

【释解】

(1)千乘之国：拥有一千辆兵车的国家，春秋时指中等诸侯国。乘(shèng)：辆。一乘是一辆四匹马拉的兵车，车上甲士3人，车下步卒72人，后勤人员25人，共计100人。

(4)赋：田地税，赋税。这里是指指挥打仗和后勤保障等军政事务。

(5)求：冉求，字子有，通称"冉有"，鲁国人，孔子的学生，比孔子小29岁。

(6)千室之邑：有一千户人家的大邑或聚居地。这里指公邑。

(7)百乘之家：有一百辆车的卿大夫家，卿大夫的采地、采邑或食邑。

(8)宰：古代县、公邑的行政长官，或卿大夫的家臣、总管。

(9)赤:姓公西,名赤,字子华,又称公西华,今河南省濮阳市濮阳县人。“孔门七十二贤”之一,擅长外交,精通祭祀之礼、宾客之礼。公西华比孔子小42岁,曾“乘肥马,衣轻裘”,到齐国开展外交活动。

(10)束带立于朝:指穿着礼服立于朝堂。束带,即束着冠带,穿着礼服。

(11)宾客:指外国使节、来宾或客人。

【译文】

孟武伯问孔子:“子路有仁德吗?”孔子回答说:“不知道啊。”孟武伯又问孔子“不知道”究竟是什么意思。孔子接着回答说:“子路这个人,在拥有一千辆兵车的国家里,他可以主持军政事务,但我不知道他能否做到仁。”

孟武伯又问:“冉求这个人怎么样?”孔子回答说:“冉求这个人,在拥有千户人家的公邑或拥有一百辆兵车的采邑里,他可以当行政长官或总管,但我不知道他能否做到仁。”

孟武伯又问:“公西赤这个人怎么样呢?”孔子说:“公西赤这个人,可以穿着礼服,站在朝堂上接待外国使节,与来宾谈话,迎来送往,但我不知道他能否做到仁。”

【拓展】

孔子在这里评论的三个学生各有所长。子路孔武有力,擅长军事;冉求擅长处理行政事务;公西赤擅长外交活动。但行仁是一辈子的功夫和学问,所以即使他们各有所长,品行表现一直也不错,但他们是否能做到仁,孔子还无法下结论。

5.9 女与回也孰愈

【原文】

子谓子贡曰:“女与回也孰愈?”对曰:“赐也何敢望回?回也闻一以知十,赐也闻一以知二。”子曰:“弗如也;吾与女弗如也。”

【引言】

这一章通过孔子与子贡的对话,谈论颜回的学习能力。颜回的学习能力和安贫乐道的品质在孔子的学生中是最好的。颜回闻一知十,而子贡谦虚地说自己只能闻一知二。孔子对子贡的说法表示赞同。

【释解】

(1)女:通“汝”,你。

(2)回:颜回。

(3)孰愈:谁更强,谁更好。

(4)赐:端木赐,字子贡,春秋末年卫国黎(今河南省鹤壁市浚县)人。子贡能言善辩,办事干练,还善于经商。

(5)何敢:怎么敢。

(6)望:仰望,望其项背。

(7)弗如:不如。

(8)与:一说是赞同,同意;另一说是做连词用,和。这两种说法都说得通。这里姑且采纳前一种说法。

【译文】

孔子对子贡说:“你和颜回相比,谁的学习能力更强一些?”子贡回答说:“我怎么敢和颜回相比呢? 颜回能够闻一知十,我最多闻一知二。”孔子说:“是不如他啊,我同意你说的,是不如他。”

【拓展】

如果我们采纳第二种“与”的说法,那这一章的最后一句就成了:孔子说:“是不如他啊,我和你都不如他。”事实上,这种情形不仅有可能,而且可能性很大。因为孔子是学而知之,“入太庙,每事问”,而颜回能够闻一知十,并且年纪轻轻就能安贫乐道。

颜回比孔子小 30 岁,14 岁拜孔子为师,29 岁头发花白,41 岁去世。① 从鲁定公十三年(公元前 497 年)孔子带着一些学生离开鲁国开始游访卫国等国家,到鲁哀公十一年(公元前 484 年)冬,他们从卫国返回鲁国,孔子结束

---

① 根据《史记·孔子世家》记载,颜回出生于公元前 521 年,去世于前 481 年,活了 41 岁。另一说是颜回活了 31 岁。这里采用 41 岁的说法。颜回是孔子 68 岁回到鲁国以后去世的,所以其以寿 41 岁为宜。

了14年的漂泊生活。孔子晚年返回鲁国前后，几位与他关系密切的人物先后去世。鲁哀公十年（公元前485年），孔子的夫人丌官氏去世。鲁哀公十一年（公元前484年），孔子时年68岁，返回鲁国。鲁哀公十二年（公元前483年），孔子唯一的儿子孔鲤去世。又过了两年（鲁哀公十四年，公元前481年），颜回去世。转年（鲁哀公十五年，公元前480年），63岁的子路死于卫国内乱，还被剁成肉酱。鲁哀公十六年（公元前479年），孔子去世，享年73岁。

5.10 宰予昼寝

【原文】

宰予昼寝。子曰："朽木不可雕也，粪土之墙不可杇也。于予与何诛？"子曰："始吾于人也，听其言而信其行；今吾于人也，听其言而观其行。于予与改是。"

【引言】

这一章是孔子对学生宰予的评论。学者们对"宰予昼寝"大致有着两种不同的理解。一种是说宰予大白天睡觉，惹得孔子非常生气，才说了"朽木不可雕也，粪土之墙不可圬也。于予与何诛？"这样的话。另一种（以南怀瑾为代表）①是说孔子看到宰予大白天睡觉，突然意识到这是因为宰予一直身体素质差，不得不白天睡一会儿觉。孔子看到这种情况，就大发感慨说，因为朽木里面朽坏了，所以不能被用来雕刻；同样地，被粪土浸染过的墙壁是不能粉刷的。自然地，对于身体不好的宰予来说，别人就不好责备他了。

我个人更同意后一种解读。孔子是有仁德的人，对学生的观察也细致入微，对不同的学生的身体、心理、性格和品行等都了如指掌，他也因此才能做到因材施教、个性化培养。宰予天生身体差，这是后天很难改变的。所以，当精力不济的时候，宰予白天睡睡觉，也是情理之中的事情。孔子自然不会强人所难，对宰予大加指责。当然，从宰予身体不好这种情形上，孔子也总结出"听其言而观其行"的观察经验和方法。

---

① 南怀瑾.论语别裁：上册［M］.上海：复旦大学出版社，2015：191-192.

【释解】

(1)宰予:姬姓,宰氏,名予,字子我,故又名宰我,春秋末期鲁国人,“孔门十哲”之一,以言语一科见长。

(2)昼寝:白天睡觉。

(3)粪土:腐土、脏土。

(4)杇(wū):抹墙用的抹子。这里指用抹子粉刷墙壁。

(5)于予与何诛:对于宰予这类人,有什么可责备的呢。于:对于。予:宰予。与:类,同类。何诛:有什么可责备或批评的。诛:责罚,责备,批评。

(6)始吾于人也:刚开始我对于他人。始:刚开始,起初。吾:我。于人:对于他人。也:语气助词,表示停顿。

(7)于予与改是:对于宰予这类人,我改变了我的看法。是:这个,指孔子起初的看法或观点。

【译文】

宰予白天睡觉。孔子说:“腐朽的木头是无法用来雕刻的,被粪土侵染的墙壁是无法粉刷的。对于宰予这类人,有什么可责备的呢?”孔子接着说:“起初我对于他人,听了他说的话,就相信了他的行为表现;现在我对于他人,听了他说的话,还要观察他的行为表现。从宰予这类人这里我改变了观察和相信人的方法。”

【拓展】

孔子把自己的教学内容分为德行、政事、文学、言语四科。这被后世之人称为“孔门四科”。其中,在德行方面表现优秀的有颜渊、闵子骞、冉伯牛、仲弓;在言语方面表现优秀的有宰予、子贡;在政事方面表现优秀的有冉有、季路;在文学方面表现优秀的有子游、子夏。由此可见,宰予以言语优秀著称。

5.11 吾未见刚者

【原文】

子曰:“吾未见刚者。”或对曰:“申枨。”子曰:“枨也欲,焉得刚?”

【引言】

这一章是孔子评论学生申枨的话。孔子的评论主要阐明了一个道理：无欲则刚，有欲则不刚。

【释解】

(1)刚：刚强。

(2)者：指代人。

(3)或：有人。

(4)申枨：姓申，名枨(chéng)，字周，春秋时鲁国人，精通“六艺”，“孔门七十二贤”之一。

(5)欲：私欲，欲望。

(6)焉：哪里，怎么。

【译文】

孔子说：“我没有见过刚强的人。”有人回答说：“申枨就是刚强的人。”孔子说：“申枨这个人私欲很重，怎么能够刚强呢？”

【拓展】

俗话说，英雄难过美人关。我们这个尘世间，诱惑很多。譬如，权势的诱惑，金钱的诱惑，情色的诱惑，名利的诱惑，虚荣心的诱惑，等等。世界上有多少人能做到孟子所说的“富贵不能淫，贫贱不能移，威武不能屈”的大丈夫之行呢？南朝经学家皇侃说：“刚谓质直而理者也。夫子以时皆柔佞，故云吾未见刚者。”[①]意思是说，刚强的人，性格耿直，且明白事理。但在孔子生活的春秋末年，社会风气越来越糟糕，充斥着欲望、阴柔和奸佞，孔子对此深恶痛绝，所以说自己从未见过刚强的人。

对于有欲望的人，欲望就是这个人的软弱之处。人性的弱点有很多，贪婪、自私、妒忌、好逸恶劳、优柔寡断、虚荣、胆小、刚愎自用、猜忌、悲观，等等。这些弱点是人无法刚强的原因。

---

① 何晏，邢昺. 论语注疏[M]. 北京：中国致公出版社，2016：68.

明末清初,名臣洪承畴被清军俘虏之后,宁死不降,绝食数天。皇太极看他是个人才,想争取过来,就寻找洪承畴的"软肋"。开始的时候,皇太极每天派十多个美女去陪他。洪承畴忍住了。紧接着,皇太极派降臣礼部尚书范文程去劝降。范文程懂得察言观色,在和洪承畴在监牢里聊天的时候,发现屋梁上掉下一点渣土,正好落在洪承畴的衣服上,洪承畴边说边"屡拂拭之"。这终于让范文程发现了洪承畴贪生怕死的"软肋"。最终,皇太极派自己的妃子小博尔济吉特氏降服了他。而洪承畴也因此成为乾隆皇帝眼中对清朝建立功劳最大的甲等贰臣。①

总之,还是那句话:"有求皆苦,无欲则刚。"

5.12 我不欲人之加诸我也

【原文】

子贡曰:"我不欲人之加诸我也,吾亦欲无加诸人。"子曰:"赐也,非尔所及也。"

【引言】

这一章,通过子贡与孔子的对话,来呈现孔子如何看待子贡的自我评价。孔子认为,子贡对自己不愿意强加于人的做人原则自信满满,但是实际上他却做不到自己所说的那样。

【释解】

(1)欲:想要,愿意。

(2)加:把个人的想法或意志强加于他人。

(3)诸:之于。

(4)赐:即端木赐,字子贡。

(5)非尔所及也:不是你所能做到的。尔:你。及:做得到,能做到。也:语气助词,表示判断。

---

① 乾隆皇帝把他列入《清史·贰臣传》,列于贰臣甲等。

【译文】

子贡说："我不愿意别人把意志强加于我，我也不愿意把意志强加于他人。"孔子说："子贡啊，这不是你所能做到的。"

【拓展】

仁者之道，就是"己欲立则立人，己欲达而达人；己所不欲，勿施于人"。对人和事要忠心忠诚，对自己要严于律己，对他人要宽以待人。这就是忠恕之道。忠恕之道，也是推己及人、将心比心和换位思考之道。

当然，忠恕之道，或者说"己所不欲，勿施于人"，从绝对意义上讲，也是不可能完全做到的。"为什么呢？世界上任何一个人，只要是活着，一定烦恼了别人，这是必然的道理……人活在世上，都是把自己的痛苦加在别人身上，然后自己得到一点所谓'享受'，所谓'幸福'。所以子贡说了这些话以后，孔子说他做不到，任何人都做不到的。人活在世界上是互助的，我们的幸福享受，一定有赖于人，甚至妨碍了别人。不过，如能常生警觉，想到妨碍了别人时，尽量少妨碍一点，已经是最好的道德了。所以说，绝对无私，绝对无欲，是做不到的。"①

5.13　夫子之文章

【原文】

子贡曰："夫子之文章，可得而闻也；夫子之言性与天道，不可得而闻也。"

【引言】

本篇前面几章都是关于孔子对学生等人的评论。这一章却是子贡关于孔子所传授的知识和学问的评论。孔子掌握了各种各样的知识，当时社会上流传的"六经""六艺"他无所不通，并且有着自己独立的思考和见解。但孔子是因材施教、因人制宜的老师，根据学生的天赋和学习能力，来传授不

① 南怀瑾. 论语别裁：上册[M]. 上海：复旦大学出版社，2015：194.

同的知识内容。譬如,适合于学习一般性的知识和学问的学生,孔子就传授给他们一般性的知识和学问;适合于学习性与天道等比较高深、玄虚抽象的知识和学问的学生,孔子就传授给他们比较高深、玄虚抽象的知识和学问。

【释解】

(1)夫子:先生,老师,指孔子。

(2)文章:指孔子所传授的"六经"等书简和文献知识。

(3)可得而闻:可以得到和听到。

(4)性:指人性。

(5)天道:宇宙自然规律。

【译文】

子贡说:"老师所讲授的书简和文献知识,我们可以得到和听到;但老师所谈及的关于人性和天道的知识,我们不能得到和听到。"

【拓展】

孔子所讲的书简和文献知识,都经过孔子的整理和编订,学生们可以传抄和借阅,也可以在课堂上听到老师讲授。所以子贡说学生们"可得而闻"。但孔子在课堂上讲到的人性和天道等概念,并没有整理或写成书,他也很少在学生面前做深入讲解和探讨。所以,学生虽然听到和知道人性和天道这样的概念,却也只有模糊的认知和了解,连子贡这样天赋好的学生也"不可得而闻"。

至于为什么孔子很少或几乎不在学生面前谈论人性和天道方面的知识,原因可能有三方面:第一,关于人性和天道的知识比较抽象、复杂,不容易谈论清楚,属于务虚的东西,不符合孔子重视社会实践和为政做官方面务实的知识和学问的兴趣和理念,所以,务实不务虚的孔子不喜欢讲这方面的知识和学问。第二,学生们的学习能力和理解能力有限,孔子即使讲论这些知识,学生们也很难理解,所以讲还不如不讲。也许,孔子与天赋和学习能力最高的颜回一起研讨过。第三,孔子自己对人性和天道的知识掌握有限,无法做深入细致的探讨。例如,孔子关于人性的言论,就是"性相近,习相远",并没有对人性是善是恶给出自己的结论。当然,也许孔子认为无论讲人性善还是讲人性恶,都不利于人的社会化成长,也无益于社会的发展和进步,所以就模糊地谈论人性相近而习惯越来越不同的现象。此外,关于天道的知识,主要体现在《周易》等书简文献中。孔子自然是懂得《周易》的知识的,但《周易》的知识抽象玄妙、晦涩难懂,孔子也不能保证自己的理解百分之百正确或符合原意。因此,孔子很少讲高深玄妙的东西,是对学生负责,也体现出实事求是的务实态度。当然,也许还有一些为人难知的原因。

《中庸》说:"天命之谓性,率性之谓道,修道之谓教。"[①]孔子说:"中人以下,不可以语上也。"[②]人性与天道,属于"上"的范畴,所以,孔子是不怎么讲的。特别是关于天道的问题,科技发达进步的今天,仍有许多难以解释清楚的问题,更不用说孔子那个时代了。

5.14 子路有闻

【原文】

子路有闻,未之能行,唯恐有闻。

【引言】

这一章,是对孔子学生子路勇于实践所学仁道的意志和品格的记录。我国传统文化中一贯倡导知先行后,知行合一。知识和理论是行动的指导,行动是实践知识和理论的结果。知和行相辅相成,缺一不可。子路是孔子众多学生中勇于践行仁道的典范,虽然其在谋略上和缜密思考上还是欠缺了一点什么,但是子路勇于行动的品格却是孔子最为欣赏和喜爱的。可以说,在孔子眼中,子路就是最可爱的也最为忠心的学生。

【释解】

(1)有闻:听到一种做人处世的道理。

(2)未之能行:尚未能实行。未:尚未,还没有。之:虚用,无所指。

(3)唯恐有闻:唯恐又听到什么新的为人处世的道理。唯恐:只怕,唯独担心。有:通"又",表示进一层。

---

① 孔子,等. 四书五经[M]. 李择非,整理. 沈阳:万卷出版公司,2009:17.

② 论语[M]. 陈晓芬,译注. 北京:中华书局,2016:71.

【译文】

子路听到一个好的为人处世的道理，就会立即去实行。如果还没来得及去实行，就唯恐又听到新的道理。

【拓展】

由上可见，子路是一个行动上的巨人。他行动力极强，勇于实践，知行合一。在子路看来，如果听闻一个好的道理而不去践行，那就是一种罪过。

据《左传》鲁哀公十五年记载：孔子的学生子路和子羔都在卫国做官。子路做卫国大夫孔悝的家臣，子羔做卫国的大夫。有一天，卫国发生内乱，蒯聩带兵劫持了孔悝（孔文子之子，蒯聩的外甥）。蒯聩是卫灵公之子，卫出公的父亲。蒯聩做太子时，与卫灵公夫人南子关系不好，想杀掉南子。后来事情败露，蒯聩逃到国外。他的儿子姬辄继位，成为第二十九代卫国国君卫出公（前 492 年—前 481 年、前 476 年—前 470 年在位）。蒯聩回国后，希望夺回君主之位，发动了宫廷政变。挟持外甥孔悝后，蒯聩势力壮大，政变取得成功，其子卫出公出逃国外，蒯聩继位为卫后庄公，成为卫国第三十代国君，前 480 年—前 478 年在位。卫庄公为感谢孔悝的帮助，铭鼎以志。

子路就不幸死在这场政变当中。当时，子路听到发生了事变，本来有机会逃走。他在城门口遇到了子羔，子羔劝他一起离开，远离是非之地。但子路认为，自己是孔悝的家臣，自己的主人被劫持，见危授命，天经地义，不能不管。子路奔到孔悝家，和蒯聩率领的甲士激战，不幸被杀死，还被剁成肉酱。在死之前，子路说“君子死，冠不免”，于是放下兵器，整理好冠带，从容就义。孔子听到鲁国发生事变后，就断言，自己的学生子羔能平安回来，但子路必死无疑。由此可以看出，孔子对学生禀性和品格的了解程度。

5.15 孔文子何以谓之“文”也

【原文】

子贡问曰：“孔文子何以谓之‘文’也？”子曰：“敏而好学，不耻下问，是以谓之‘文’也。”

【引言】

这一章，是通过子贡与孔子的问答来呈现对卫国大夫孔圉这个人的谥号的评论。孔文子是孔悝的父亲，孔文子的夫人是卫灵公之女，也就是卫后庄公蒯聩的姐姐。

卫国大夫孔文子在活着的时候，做了一些不太光彩的事。晋国发生内乱后，晋悼公的儿子慭（yìn）逃到了卫国，卫国大夫太叔懿子把女儿嫁给了他，生下儿子太叔疾（又名世叔齐），太叔疾长大后做了卫国的大夫，娶了逃到卫国的宋国大夫子朝的女儿，并与子朝女儿的妹妹发生暧昧关系。子朝因故离开卫国后，孔文子就诱使太叔疾把子朝的女儿休掉，而娶自己的女儿为妻。太叔疾娶了孔文子的女儿之后，还不安分，又引诱前妻的妹妹做自己的非正式的老婆，并把她安置在另外一个住处。这件事情让孔文子知道了，孔文子大怒，把自己的女儿又夺了回来。后来，太叔疾逃亡到宋国之后，孔文子立了太叔疾的弟弟太叔遗做了太叔疾爵位的继承人，并把这个夺回来的女儿孔姞又嫁给太叔遗为妻。正是因为孔文子做了这样一些不好的事情，所以，子贡对孔文子死后被赐予的谥号“文”产生了疑惑，随即请教老师孔子，于是孔子便做了解释。

【释解】

（1）孔文子：卫国大夫，名圉（yǔ），谥号“文”。

（2）敏：聪敏。

（3）好学：喜欢学习，热爱学习。

（4）不耻下问：向地位、学问不如自己的人请教而不感到丢面子。

【译文】

子贡问：“为什么给孔文子‘文’这一谥号呢？”孔子回答说：“这是因为孔文子聪敏而喜欢学习，还不介意向学问和地位都不如自己的人请教，所以他的谥号是‘文’。”

【拓展】

在古代，人们非常看重谥法。谥法就是给人死后封谥号的方法。谥号一般就是一个字,多者是两个字。如,汉文帝的"文",汉武帝的"武",等等。像文、武、明、睿、康、景、庄、宣、懿都是好的谥号,而厉、幽、灵、炀、哀等都是不好的谥号。谥号很大程度上反映了这个人生前所做的最为典型的事情的基本特征,相当于给人盖棺定论。而孔文子就是因为聪敏好学和不耻下问这两点而获得了"文"的谥号。

5.16 有君子之道四焉

【原文】

子谓子产:"有君子之道四焉:其行己也恭;其事上也敬;其养民也惠;其使民也义。"

【引言】

这一章是孔子对郑国宰相子产所行的君子之道的评论。

【释解】

(1)子产:姬姓,名侨,字子产,又字子美,郑穆公之孙、公子发(字子国)之子,春秋时期郑国著名政治家和外交家。

(2)四焉:四个方面。焉:文言助词,不译。

(3)行己:行为举止,行动表现。

(4)恭:谦恭有礼,端庄谦和。

(5)敬:严肃认真,做事虔敬。

(6)养民:养育人民,实行使人民维持和发展生计的政策。

(7)惠:恩惠,好处。这里是指给人民以恩惠和好处,让利于民。

(8)使民:役使人民。

(9)义:符合道义的原则。这里是指张弛有度,适度,合情合理。

【译文】

孔子谈论子产说:"子产具有四个方面的君子之道:他在行为举止上能做到谦恭有礼;在处理政事上能做到严肃认真;在养育人民方面能做到让利

于民；在役使人民方面能做到张弛有度。”

【拓展】

子产在郑简公、郑定公时执政 22 年，左右逢源于晋楚两个大国之间，确保了郑国的安全和尊严。他主持了郑国自上而下的改革，并把改革的成果以刑法的形式公布；实行土地私有化并规范不同家庭之间的地界；实行赋税制度，对私田按土地多少课税，无论老百姓还是贵族，通通要纳税；收集民众言论和意见，集思广益，不断改善政治和社会事务。政治和经济方面的改革激活了社会生产力，使郑国社会出现繁荣振兴的局面。

北宋学者邢昺说："子产德能居位，合于道者有四，故夫子表之：行己恭，则能修身。事上敬，则能尽礼。养民惠，则田畴能殖，子弟能诲，故夫子称为'惠人'。惠者，仁也。仁者爱人，故又言古之遗爱也。使民义，则《集注》所云'如都鄙有章，上下有服，田有封洫，庐井有伍之类'，皆是。"①子产作为一位贵族，能做到平时加强自我修养，恭敬对待国君，办理政事认真负责，养民和使民都能做到以民为本，以仁为本，这在当时僭越之风盛行、许多卿大夫作威作福的时代，实在是难能可贵。子产治国理政的能力如此卓越，使得郑国人民安居乐业，经济繁荣，社会安定，邦交稳定，值得赞叹。难怪孔子给予子产的君子风范和治国理政能力以极高的评价。

5.17 晏平仲善与人交

【原文】

子曰："晏平仲善与人交，久而敬之。"

【引言】

这一章是孔子对齐国大夫晏平仲的评论。孔子评论晏平仲善于与人交往，并且相处越久，就越尊敬人。

---

① 刘宝楠.论语正义：全二册[M].高流水，点校.北京：中华书局，1990：188-189.

【释解】

(1)晏平仲:晏子,名婴,字平仲,谥号“平”,春秋后期齐国的国相,曾在齐灵公、庄公和景公三朝任事,是著名的政治家和外交家。他爱国忧民,勇于直谏,以礼治国,轻赋省刑,作风朴素,深得百姓爱戴。

(2)之:这里指他人、朋友。

【译文】

孔子说:“晏平仲善于与人交往,与人相处越久,就越尊敬人。”

【拓展】

路遥知马力,日久见人心。人与人交往的过程中,一开始彼此还毕恭毕敬,相处久了,作风就散漫了,恭敬心减掉许多。晏平仲却能做到始终如一,可见其自身品格是多么高尚。

你敬人一尺,人敬你一丈,所以古人强调相敬若宾。正因为晏平仲对人诚恳庄敬,所以与他交往的人也同样对他诚恳庄敬,久而久之,其待人接物的庄敬风格和名声便家喻户晓,他也越来越得到更多人的敬重。俗话说,好事不出门,恶事传千里。但晏平仲的美名能传遍各诸侯国,自然是因为他在为人处世和为官的过程中充分展现了君子之道。

《晏子春秋·内篇杂上》记载了一个关于晏平仲为人处世的故事。晏平仲担任齐国国相的时候,有一天,给晏平仲驾车的车夫的妻子从门缝里偷看丈夫的行为表现。她发现丈夫驾车时,趾高气扬,自豪满满。就想等车夫回来的时候给他泼泼冷水。车夫回家后,妻子要求跟车夫离婚。车夫很纳闷,忙问何故。车夫妻子说:“晏子身高不满六尺,身为齐相,各国闻名。今天我看到成就颇多、地位尊贵的晏子,仍能保持谦和庄敬、礼贤下士的态度。但是,你呢,身高八尺,做着车夫没什么,但你气势凌人、骄傲自满的样子,和晏子有着天壤之别。我实在受不了你这样不知天高地厚的样子。”车夫听到妻子这么一通训话,自知理亏和不当,就向妻子保证说,一定改掉自己身上的坏毛病,做个谦卑庄敬的人。车夫说改就改,立竿见影,再给晏子驾车的时候,处处收敛。晏子觉得奇怪,就问他怎么回事。车夫据实相告。晏子觉得车夫做得对。后来,车夫刻苦读书,掌握了为政做官的知识,又经晏子推荐做了齐国的大夫。由此可见，晏平仲也是一个谦和有礼、平易近人的人。

5.18 臧文仲居蔡

【原文】

子曰："臧文仲居蔡，山节藻棁，何如其知也？"

【引言】

这一章是孔子对春秋时鲁国大夫臧文仲在家庭建设方面的做法做的评论。孔子认为他这些做法有些不明智。

【释解】

(1)臧文仲：姓臧孙，名辰，谥号"文"，鲁国贵族，世袭司寇，执礼维护公室。他博闻强记，好学不倦，从善如流，赏罚分明，做事不拘常礼。在鲁庄公、闵公、僖公、文公四位国君执政期间任鲁国司寇，忠于国家事务，为鲁国社会和经济发展作出了贡献。

(2)居蔡：家里养有国君用以占卜的大龟。居：在家里藏养、蓄养。蔡：国君用以占卜的大龟。蔡这个地方产大乌龟，所以用"蔡"指代大乌龟。

(3)山节藻棁：将养龟的屋子里的斗拱雕刻成山的形状，并在房梁上的短柱上画了水草花纹。山：山形的，山状的。节：柱上的斗拱。棁(zhuō)：房梁上的短柱。藻：水藻，藻类植物。山节藻棁是古时装饰天子宗庙的做法。

(4)何如：怎么样。

(5)知：智慧，聪明。

【译文】

孔子说："臧文仲在家里养了一只大龟，养大龟的屋子里，斗拱被雕刻成山的形状，房梁上的短柱上画有藻类植物的纹饰，他的智慧能怎么样呢？"

【拓展】

自古以来，学者们猜想孔子批评臧文仲这样的做法，其原因可能有两种。一种是，将房子斗拱和房梁上的短柱搞成“山节藻棁”僭越了周礼中的规定。因为山节藻棁，是古时装饰天子宗庙的做法。另一种是，因为臧文仲蓄养大龟是为了占卜，这在孔子看来是一种迷信鬼神的活动。西周初期，周公旦就开始提倡“敬德保民”，到了孔子这里开始提倡“敬鬼神而远之”，即提倡务实做事，少做玄虚的事情。

以理推之，如果臧文仲真的做了僭越周礼的事情，那么，孔子应该批评他不仁不义。但实际上孔子批评臧文仲“不明智”，所以这里孔子批评的应该是臧文仲用大龟占卜的迷信活动。

5.19 令尹子文三仕为令尹

【原文】

子张问曰：“令尹子文三仕为令尹，无喜色；三已之，无愠色。旧令尹之政，必以告新令尹。何如？”子曰：“忠矣。”曰：“仁矣乎？”曰：“未知。焉得仁？”

“崔子弑齐君，陈文子有马十乘，弃而违。至于他邦，则曰：‘犹吾大夫崔子也。’违之。之一邦，则又曰：‘犹吾大夫崔子也。’违之。何如？”子曰：“清矣。”曰：“仁矣乎？”曰：“未知。焉得仁？”

【引言】

这一章，通过子张和孔子的问答，来谈论令尹子文和陈文子二人是否达到了仁德的境界。结果是，孔子认为，尽管令尹子文做到了忠诚于国家，陈文子做到了清高，但二人仍然没有达到仁德。

【释解】

（1）令尹：楚国最高行政长官，相当于中原国家的国相。

（2）子文：鬬（dòu）氏，名子文，又名穀於菟（gǔ wū tú），春秋时期楚国大夫鬬伯比的儿子。公元前664至公元前637年为楚国令尹，清正廉洁，处事公平，不徇私情，勤政不倦，成绩突出。齐桓公曾因此赞叹说：“唯楚有才，此言不虚也！”

(3)三已之：令尹子文多次被罢免。三：多次。已：罢免。之：指令尹子文。

(4)愠：含怒，生气。

(5)仁矣乎：仁了吗。仁：有仁德。矣：文言助词，用于句末相当于“了”。乎：吗。

(6)焉得仁：怎么算得上仁呢。焉：怎么，哪里。得：算得上。

(7)崔子：崔杼，姜姓，崔氏，名杼，谥号“武”，又称崔子、崔武子，春秋时期齐国大夫，齐丁公的后代，先后在齐惠公、灵公、庄公、景公朝中做官。

(8)弑：古代称子杀父、臣杀君为“弑”。

(9)齐君：指被崔杼所杀的齐庄公。

(10)陈文子：陈姓，名须无，即田文子，谥号“文”，齐庄公时大夫，与晏婴、崔杼等同时。

(11)弃而违：舍弃而离开。

(12)犹：犹如，如同。

【译文】

子张问孔子说：“令尹子文多次做楚国宰相，脸上没有露出高兴的神色；多次被免职，也没有露出生气的神色。他每一次被免职，都会把自己熟悉的宰相政务告诉给新接任的宰相。您看这个人怎么样呢？”孔子回答说：“令尹子文可以算得上忠臣了。”子张又问孔子：“算得上仁了吗？”孔子回答说：“不知道啊。他怎么算得上仁呢？”

子张问孔子说：“崔杼杀了他的君主齐庄公，陈文子有十辆马车和四十匹马，（为了躲避内乱）都舍弃不要了，离开了齐国。他到了另外一个国家，观察之后说：‘这个国家的执政者犹如我齐国的崔杼大夫。’于是就离开了这个国家。又到了一个国家，观察之后又说：‘这个国家的执政者犹如我齐国的崔杼大夫。’于是又离开了。您看这个人怎么样呢？”孔子回答说：“这个人可以算得上清高了。”子张又问：“陈文子算得上仁了吗？”孔子回答说：“不知道啊。他怎么算得上仁呢？”

【拓展】

令尹子文和陈文子两个人，一个算得上忠臣，一个算得上清高之人，但两个人在孔子眼里都算不上仁人。这是为什么呢？这正如前文有关部分已经谈及的那样，行仁是一辈子的事情，一个人是否达到仁的境界，只有到死亡的那一刻才能盖棺定论，否则都有变数，都是不确定的。此外，孔子说："志士仁人，无求生以害仁，有杀身以成仁。"①换言之，在孔子眼里，仁是一个非常崇高而完美的境界。这样的境界，很少有人能够达到。

5.20 季文子三思而后行

【原文】

季文子三思而后行。子闻之，曰："再，斯可矣。"

【引言】

这一章是孔子对季文子谨慎思考后才行动的评论。孔子认为，季文子本身属于缜密思考型的人，对于这样过分思考的人，孔子主张他们应减少思考的次数，提前投入行动。

【释解】

(1)季文子：即季孙行父，姬姓，季氏，谥号"文"，史称"季文子"。季文子从公元前601年至公元前568年共在鲁国执掌国政33年，辅佐鲁宣公、鲁成公、鲁襄公三代君主，鲁成公、鲁襄公时任正卿。正卿，是春秋时期部分诸侯国的执政大臣兼军事最高指挥官，权力仅次于国君。他忠贞守节，勤政廉洁，勤俭持家。

(2)三思而后行：反复思考而后行动。

(3)斯：就。

【译文】

季文子每做一件事之前都要反复考虑来考虑去。孔子听说后，说："季文子考虑两次就可以了。"

---

① 论语[M].陈晓芬，译注.北京：中华书局，2016：207.

【拓展】

两利相权取其重，两害相权取其轻。人们遇到利益攸关的大事时，往往会反复思考。周围的旁观者也往往劝说其要三思而后行。季文子做事过于谨慎，顾虑重重，所以孔子希望过分谨慎小心的人要减少思考的次数，积极行动起来，在行动中再改进和完善自己的想法。

5.21　宁武子，邦有道，则知

【原文】

子曰："宁武子，邦有道，则知；邦无道，则愚。其知可及也，其愚不可及也。"

【引言】

这一章是孔子关于宁武子有智慧的评论。

【释解】

(1)宁武子：姓宁，名俞，谥号"武"，春秋时期卫国大夫。
(2)知：智慧，聪明。
(3)愚：愚笨，愚昧。这里是指装傻充愣。
(4)可及也：可以达到。及：达到，赶得上。也：语气助词，表示判断。

【译文】

孔子说："宁武子这个人，当国家有道时，他就表现得非常有智慧；当国家无道时，他就表现得愚笨。他的那种聪明智慧，别人可以赶得上，但他的那种装傻充愣，别人是很难做到的。"

【拓展】

宁武子在国家政治清明的时候，就会充分发挥自己的聪明才干，为卫国竭尽全力；但是当国家局势混乱、发生内乱的时候，他就开始装傻充愣，明哲保身,见机行事。“宁武子所处的卫国,在卫文公统治时期政治比较清明,他的智慧才能都被发挥出来,这是他的智。到了卫成公统治时期,政局混乱,动荡不安,情况险恶,招来祸难。成公被逐,流亡在外。宁武子周旋其间,尽心竭力,不避艰险,最后使卫成公复国。卫成公是个不识人的昏君,他曾杀忠臣叔武,宁武子奉侍昏君,表面上碌碌无为,好像没有什么表现,可是他对国家、对社会做了不少好事。所以孔子赞扬宁武子一个‘愚’字,宁武子既有装傻的一面,又有在傻的掩盖下,尽忠竭谋的智的一面,‘愚表智里’,这是别人所不能及的。”①宁武子在危机四伏的时候,能够通过韬光养晦明哲保身,又能尽可能做一些力所能及的好事,这是他人所不能做到的。这符合孔子“天下有道则见,无道则隐”的思想,所以,孔子对宁武子的做法持赞许的态度。

5.22 子在陈

【原文】

子在陈,曰:“归与!归与!吾党之小子狂简。斐然成章,不知所以裁之。”

【引言】

这一章,是在陈述孔子在陈国时想要回到家乡鲁国的心声。南宋朱熹说:“此孔子周流四方,道不行而思归之叹也。”②孔子离开鲁国开始周访各国,希望寻觅到为政做官以施展平生所学的机会,但在齐国、卫国、陈国、蔡国、楚国等地都不见用。孔子晚年在陈国的时候,又遇到吴国侵陈,晋楚争霸轮流伐陈,还遇到在陈地绝粮,他感叹世道确实大变了,自己的那一套政治主张无人信用,道不可行,就有了回家讲学和整理“六经”等古典文献的打算。正好这时候,鲁国执政者季康子希望召回孔子的学生冉求协助他处理鲁国政务。孔子觉得这是一个绝佳的机会,因此,准许冉求回国为政做官,以实现学而优则仕的夙愿。孔子自己呢,也趁此机会表达自己想回鲁国的

① 来可泓.论语直解[M].上海:复旦大学出版社,2000:130.
② 朱熹.四书章句集注[M].北京:中华书局,2011:80.

心声，以便通过在鲁国为政做官的学生冉求等人牵线搭桥，让鲁国的执政者请他回国为官。

【释解】

（1）陈：春秋时期的陈国，大约在今河南东部和安徽北部一带。

（2）归与：回去吧，回家吧。与：同“欤”，感叹词，吧。

（3）吾党：我的乡党。乡党，指乡里、家乡；乡族朋友，老乡。古代五百家为一党，一万两千五百家为一乡，合而称乡党。

（4）小子：指孔子在鲁国的学生。

（5）狂简：志向高远而处事疏阔。志在有为，积极进取，但谋事不周密，思考有疏漏，办事粗狂，容易脱离实际。

（6）斐然成章：形容言语或文章富有文采。斐然，有文采的样子。

（7）裁之：对文章进行裁剪、润色。

【译文】

孔子漂泊在陈国的时候，突发感叹道：“回家吧！回家吧！我在家乡的学生们立志高远，但为人处世上还有些简单粗糙。尽管他们的文章都富有文采，但是他们还不懂得如何裁剪加工它们。”

【拓展】

人能弘道，非道弘人。在经历了十多年的诸多艰难、碰壁和挫折之后，孔子在晚年思乡之情愈加迫切。孔子想着，既然道不可行，那么还不如回家整理整理文献典籍，整理自己的讲义，在文化传承和传播方面做些自己力所能及的事情，立德、立功和立言这三者之中，虽然无法立功，但可以立德和立言啊。活着不能让“老者安之，少者怀之”，但“朋友信之”，学为人师，行为世范，木铎之任，自己总可以担当下来吧。

5.23　伯夷、叔齐不念旧恶

【原文】

子曰：“伯夷、叔齐不念旧恶，怨是用希。”

【引言】

这一章是孔子对商末周初伯夷、叔齐二位贤者为人处世之道的评论。伯夷、叔齐能够做到主动让出国君君位，并且不去计较过去的恩怨，这是十分难得的君子行为。孔子之所以对此二人进行评说，也是为了教育更多的人能够做到不念旧恶，放下思想包袱，做一个勇敢的向前看的人。

【释解】

(1)伯夷、叔齐：殷朝末年孤竹国第八任君主亚微的两个儿子。孤竹国在今河北卢龙县一带，是商朝的一个宗族国。孤竹君亚微有三个儿子，分别是长子伯夷、次子亚凭、三子叔齐。孤竹君想要立三子叔齐为继承人。亚微死后，国人就准备立叔齐为国君。但叔齐认为，伯夷为长兄，立长不立幼，遂让位于伯夷。伯夷以父命为尊，坚决不当国君。这二人为避免尴尬，就一起逃到了国外。孤竹国最终立了二子亚凭为国君。伯夷、叔齐二兄弟，听说西岐周国文明兴盛，一起奔向那里，在路上正好碰到周武王起兵讨伐商纣王。伯夷和叔齐觉得周武王这是不孝不忠的行为，坚决拦阻。为什么说周武王起兵伐纣不忠不孝呢？首先，周文王死后，周武王应该厚葬父亲并守孝三年，但他没能做到，所以为不孝；其次，周武王伐纣是以下犯上，以臣弑君，所以为不忠。当然，伯夷和叔齐叩马谏伐不会成功。周朝统一天下后，二人以吃周朝的粮食为耻，逃到深山中以野果野草充饥，最终饿死在首阳山中。首阳山究竟在哪里？有的人说在河北省、河南省，有的人说在陕西省、甘肃省等地。我个人认为，首阳山应在今山西省永济市韩阳镇首阳(长旺)村一带。主要有三个原因：在古代，山西省临汾运城一带是尧舜之乡，伯夷、叔齐从河北逃出，不会再回到原孤竹国之地；河南、陕西是二人伤心之地，他们也不会选择位于河南和陕西的首阳山；至于甘肃，古时候比较偏远，可能性更小。这只是一己之见，自然也有待进一步考证。

(2)不念旧恶：不计较过去的怨仇、怨恨或过节。

(3)怨是用希：怨恨因此也减少了。怨：怨恨、记恨。是用：是以，因此。希：同“稀”，稀少，减少。

【译文】

孔子说:“伯夷、叔齐二人不计较别人过去的怨仇,别人对他们的记恨也因此减少了。”

【拓展】

仁者无敌。像伯夷、叔齐这样有仁德的人,不念旧恶,“成事不说,遂事不谏,既往不咎”,心中不树敌,因此也就没有敌对的人能够对他的心理和为人处世等产生什么不好的影响。他也就能做到真正地“无敌于天下”。这正如《老子》一书中所说的:“江海之所以能为百谷王者,以其善下之,故能为百谷王……以其不争,故天下莫能与之争。”①“曲则全,枉则直,洼则盈,敝则新,少则得,多则惑。是以圣人抱一为天下式。不自见,故明;不自是,故彰;不自伐,故有功;不自矜,故长。夫唯不争,故天下莫能与之争。古之所谓‘曲则全’者,岂虚言哉?诚全而归之。”②

5.24 孰谓微生高直

【原文】

子曰:“孰谓微生高直?或乞醯焉,乞诸其邻而与之。”

【引言】

这一章是孔子对微生高这个人是否直率的评论。

【释解】

(1)孰谓:谁说。

(2)微生高:姓微生,名高,春秋时鲁国人,孔子的学生。

(3)直:直率,直爽。

(4)或:有人。

---

① 老子[M].饶尚宽,译注.北京:中华书局,2015:143.

② 老子[M].饶尚宽,译注.北京:中华书局,2015:49.

(5)乞醯:讨要一些醋,借一些醋。乞:讨要。醯(xī):醋。

(6)诸:之于。

(7)邻:邻居,邻里。

(8)与:给。

【译文】

孔子说:“谁说微生高这个人直率呢?有人向他讨要点醋,他不直接说家里没有醋了,却从其他邻居家里讨要了一点醋,给了那个人。”

【拓展】

孔子认为,如果有人向你讨要东西,你有,就说有;没有,就说没有。这就是“直”道。否则,就是不“直”。我觉得,孔子这样的观点也有待商榷。

因为我在早年的人生经历中也有过类似的被借东西的体验。如果一个人向我借东西,我有,当然就会大大方方地借;但有时候没有,就觉得不好意思直接说没有,因为担心别人说自己故意不借。这时候,我就想着能否从熟悉的邻居或朋友那里借点给那人,以表示自己的善意和自己的确没有那人所借的东西,即以证清白。也就是说,微生高遇到的事情,许多心地善良和珍惜人与人之间信任和情感的人可能都会遇到。如果微生高能直接向借醋的人说自己家里也没有醋了,并说请等一下,我给你向邻居借点醋,然后从邻居那里借了醋,给了借醋的人,那么这也是一种直率或直爽的表示。当然,如果微生高家里没有醋了,却说自己有醋,然后暗地里从邻居家借了醋,那就不能说是“直率”了,而是可能有些“虚荣”,或“打肿脸装胖子”。

所以,“直”既有行为上直率、坦率的意思,也有直言以告的意思。

尾生抱柱故事的主人公尾生就是微生高。微生高与女子相约于桥下见面,他为了信守约定,当大雨倾盆,桥下被水淹了,还不离开桥下,最后淹死了。为了一个可能延迟的约定,而丧失自己的生命,无法为父母尽孝、为国尽忠,也无法给女子一个交代,这简直是迂腐和愚蠢了。

在我看来,微生高向邻居借醋,如果明确对借醋的人说了,也是一种善良的直率;而微生高抱柱而死,则是一种愚直。

总之,人生的角色很多,人生的价值和意义也有许多方面。我们不能因小失大,不能捡了芝麻丢了西瓜,不能因小信而失去大信,不能不知变通而愚直。

5.25 巧言、令色、足恭

【原文】

子曰："巧言、令色、足恭，左丘明耻之，丘亦耻之。匿怨而友其人，左丘明耻之，丘亦耻之。"

【引言】

这一章是孔子对两种不好的行为或现象加以批评。一种是花言巧语、逢迎巴结和溜须拍马；另一种是口蜜腹剑、表里不一、笑里藏刀。前者至少是为了自己的利益而愿意奴颜婢膝之人，后者则很可能是得志便猖狂的小人。

【释解】

(1)巧言：表面上好听而实际上虚伪的话。

(2)令色：伪善、谄媚的脸色。

(3)足恭：貌似恭敬、献媚邀宠的姿态。

(4)左丘明：一说复姓左丘，名明；一说单姓左，名丘明；一说姓丘，名明，因其父任左史官，故称左丘明，春秋末期史学家、文学家、思想家，著有《左传》(又称《左氏春秋》)、《国语》等。左丘明是与孔子同时代的鲁国人，与孔子有交往。

(5)丘：孔丘，孔子。

(6)匿怨而友其人：心里藏着怨恨，但表面上与人交好。匿怨：内心里藏匿着怨恨。友：与……交好。

【译文】

孔子说："说着取巧、虚伪的话，装出一副和颜悦色的样子，摆出貌似恭敬、献媚邀宠的姿态，左丘明以此为耻，我也以此为耻；心里藏着怨恨，但表面上与人交好，左丘明以此为耻，我也以此为耻。"

【拓展】

孔子喜欢真诚直率的人，喜欢言行一致、表里如一的人，喜欢不卑不亢、心地善良的人。他讨厌花言巧语、言行不一、阿谀奉承之人，讨厌自私自利、唯利是图、笑里藏刀的人。我相信，君子之交与小人之交有着根本的不同。孔子说："君子周而不比，小人比而不周。"[①]君子之交淡如水，久而敬之；小人之交甘若醴，受利益驱使。

5.26 颜渊、季路侍

【原文】

颜渊、季路侍。子曰："盍各言尔志？"子路曰："愿车马、衣、轻裘与朋友共，敝之而无憾。"颜渊曰："愿无伐善，无施劳。"子路曰："愿闻子之志。"子曰："老者安之，朋友信之，少者怀之。"

【引言】

这一章是孔子让学生颜回和子路各自说说自己的人生志向。从志向的谈论，可以看出一个人在仁德上的修为。子路愿意和朋友们分享物质的财富；颜回愿意做了善事不留名，做出成绩也不会到处宣扬，也就是一心一意付出和奉献，不图个人名利；孔子的志向是让社会上的老人生活都能得到保障，让朋友们都能得到信任，让下一代都能得到关怀。为此，蕅益大师曾在这一章的批注中说："子路忘物，颜子忘善，圣人忘己。"这个评论的确是画龙点睛，十分精辟。

【释解】

(1)颜渊：即颜回，颜氏，名回，字子渊，又称颜子，不幸英年早逝，终年41岁。

(2)季路：即仲由，字子路，又字季路，鲁国卞人。

(3)侍：服侍，站在旁边陪着侍候。

(4)盍：何不。

(5)各言尔志：各自谈谈你们的志向。

(6)轻裘：轻暖的皮衣。

---

① 论语[M].陈晓芬，译注.北京：中华书局，2016：16.

(7)与朋友共:和朋友一起使用。
(8)敝之:用坏了它们。
(9)伐善:夸耀自己的善、好。
(10)施劳:宣扬自己的功劳。施:表白,宣扬。劳:功劳,成绩。
(11)老者安之:对于老者而言,使他们得到安定、安乐。
(12)朋友信之:对于朋友而言,使他们获得信任、信赖。
(13)少者怀之:对于年轻一代来说,使他们得到关怀、爱护。

【译文】

颜回、子路二人侍立在孔子两侧。孔子开口说:“你们何不谈谈自己的志向呢?”

子路说:“我愿意把我的车马、衣服和轻暖的皮衣拿出来和我的朋友共同使用,就是用坏了也不抱怨、遗憾。”

颜渊说:“我愿意不夸耀自己的好,不宣扬自己的功劳。”

子路这时候问孔子:“我们愿意听听老师您的志向。”

孔子说:“我的志向是让年老的人得到安乐,让朋友们获得信任,让年轻一代得到关怀和爱护。”

【拓展】

“君子喻于义,小人喻于利”。子路的志向是与朋友们分享财富;颜回的志向是一心为善,安贫乐道,重义轻利,不图回报,更不宣扬自己的好处;孔子的志向是心怀天下,修齐治平。如果说子路只是登堂还未入室,那么,颜回却已是登堂入室的弟子。而孔子则是颜回的师友。

5.27 已矣乎!

【原文】

子曰:“已矣乎!吾未见能见其过而内自讼者也。”

【引言】

这一章是在陈述孔子对世人只看见别人有过而看不到自身有过这种现

象的感叹。孔子曾说过:“见贤思齐焉,见不贤而内自省也。”[①]这句话的意思是说,人要向贤能的人学习他们身上的优点,同时看到不贤能的人身上的缺点,及时在心里反省自己是否有同样的缺点,犯同样的毛病。只有这样,才能日新,日新,日日新,不断地完善自己。但是,现实中,人们往往只盯着别人身上的缺点,而看不到自己的缺点;或者,反过来,只看到自己身上的优点,而看不到别人的优点或亮点。这二者都是不可取的。

【释解】

(1)已矣乎:过去的就算了吧,罢了罢了。已矣:完了,逝去,罢了。乎:感叹词,吧。

(2)能见其过:能够看到自己的过错。

(3)内自讼:从内心责备自己。自讼:自责。

【译文】

孔子说:“罢了罢了,我还没有见过能够看到自己的过错而在内心责备自己的人。”

【拓展】

“人谁无过,过而能改,善莫大焉。”[②]人非圣贤,孰能无过?有则改之,无则加勉。如果知道自己有过错而能主动改掉,这就是很大的优点。刘宝楠说:“人凡有过,其始也皆藏于意,故能自见。能自见而内自讼,则如恶恶臭,必思所以去之。”[③]人拥有追求进步和完善的自觉,就容易发现自己身上的过失。例如,曾子“吾日三省吾身”,每天都从三个方面来反省自己,就不会轻易犯错误。明代的袁了凡坚持日行一善,最终完善了自己,也改变了自己的命运。所以,见贤思齐,见不贤而内自省,这是非常明智的举措。

---

① 论语[M].陈晓芬,译注.北京:中华书局,2016:43.

② 左丘明.左传[M].杜预,注.上海:上海古籍出版社,2016:331.

③ 刘宝楠.论语正义:全二册[M].高流水,点校.北京:中华书局,1990:206.

5.28 十室之邑

【原文】

子曰："十室之邑，必有忠信如丘者焉，不如丘之好学也。"

【引言】

这一章，是《公冶长第五》篇的最后一章。这一整篇都在通过孔子或其他的人，对一些社会人物和孔子的学生等具体个人的品行和事情好坏的谈论，来让学生或读者对如何学习君子之道、如何践行君子之德、如何为人处世和治国理政等进行具体观摩和研习。而最后这一章更是画龙点睛之笔。借孔子之口，指出所有的人都有进步和完善的基本条件，即"性相近，习相远"，但其中最为重要的是，只有好学不倦、善于学习的人，才能完全掌握孝悌忠信、礼义廉耻这些美德，才能成就君子之道，才有可能成为圣人。

【释解】

(1)十室之邑：只有十户人家的小地方。

(2)丘：孔丘，孔子。

(3)焉：语气助词，表示停顿。

(4)好学也：喜好学习，乐于学习。也：语气助词，表示判断。

【译文】

孔子说："即使只有十户人家的小地方，也必定有像我这样讲忠信的人，只是他们不如我这样好学、乐学罢了。"

【拓展】

蕅益大师曾批注说："孔子之忠信与人同，只是好学与人异。好学二字，是孔子真面目。故颜渊死，遂哭云，天丧予。"世界上生而知之者极少，几乎没有。学而知之者不少，但好学不倦者也不多。孔子说他自己也是学而知之者，而非生而知之者。并且，在孔子眼中，在当时的社会，能称得上名副其实好学不倦的人，除了他自己，也只有他最得意的学生颜回了。至于困而不学者，则人数更多了。

因此，好学不倦，乐在其中，是君子之道的一项必要而重要的内容。孔子说："知之者不如好之者，好之者不如乐之者。"①韩愈说："业精于勤荒于嬉；行成于思毁于随。"②学习者要树雄心，立壮志，带着目标和任务学，要不断拓展自己的兴趣，带着兴趣学，还要吃苦耐劳，带着毅力学。功夫不负有心人，"众里寻他千百度，蓦然回首，那人却在灯火阑珊处"。

① 论语[M]. 陈晓芬，译注. 北京：中华书局，2016：71.

② 韩愈. 韩昌黎文集校注[M]. 马其昶，校注. 马茂元，整理. 上海：上海古籍出版社，1986：45.

雍也篇第六

该篇共计30章。《雍也篇第六》是《公冶长篇第五》的继续。换言之，本篇继续通过孔子等人对一些古今社会人物和学生的若干具体行为表现的评论，来具体化君子之道和仁政之道的实践特征，使孔子的学生和其他学习者能够对君子为人处世之道和圣人治国理政之道有个比较准确的了解和把握。如果说《公冶长篇第五》主要谈论的是君子为人处世之道，那么本篇《雍也篇第六》主要谈论的是君子治国理政之道。君子为人处世之道和君子治国理政之道，其实有个共同的根本性特征，那就是中庸。所谓中庸，是一种务实的恰如其分的或者最佳的关系平衡状态。它是与极端状态相对立的一种辩证统一的和谐状态。

6.1 雍也可使南面

【原文】

子曰："雍也可使南面。"

【引言】

这一章是《雍也篇第六》的第一章。这一章是孔子在评论自己的学生冉雍拥有为政做官的德行和才干。

【释解】

(1)雍：即冉雍，名雍，字仲弓，春秋末期鲁国人，比孔子小29岁，孔子的德行第一的学生。

(2)使南面：称南面，为政做官。在传统文化中，南方五行属火，面向南方即朝向阳光,所以以坐北朝南为尊。凡是天子、诸侯、卿大夫等拥有食邑、土地、爵位和治理人民权力的人,其治国理政就被称为“使南面”或“称南面”。

【译文】

孔子说:“冉雍这个人具有为政做官的德行和才干,他可以去为政做官。”

【拓展】

有的学者把“使南面”理解得比较偏狭。如,刘向、朱熹、南怀瑾等人认为,“使南面”就是具有帝王之才,或者具有当一方诸侯的才能。① 我赞同蕅益大师、雪公老人等学者的比较宽泛的观点,即“使南面”就是为政做官的意思。

孔子认为,冉雍已经具备为政做官的品质和能力,他可以去从政做官了。

6.2 仲弓问子桑伯子

【原文】

仲弓问子桑伯子,子曰:“可也,简。”仲弓曰:“居敬而行简,以临其民,不亦可乎?居简而行简,无乃大简乎?”子曰:“雍之言然。”

【引言】

这一章通过仲弓与孔子谈论子桑伯子德行是否适合治理百姓的对话,对“居敬而行简”和“居简而行简”两种不同的社会治理方式的可行性做出判断。

【释解】

(1)子桑伯子:复姓子桑,名户,即子桑户,又名子桑伯子。鲁国隐士,和

① 例如,朱熹在《论语集注》卷三中说:“南面者,人君听治之位,言仲弓宽弘简重,有人君之度也。”见:朱熹.四书章句集注[M].北京:中华书局,2011:81-82.

子舆是朋友。

(2)简：简要，精简，一切从简。

(3)居敬：时刻保持谨慎恭敬、严于律己的态度。

(4)行简：处理政事，简要而不烦琐。

(5)以临其民：来面对和治理百姓。临：面临、面对。这里引申为治理。

(6)居简而行简：以只求简单的态度随便地处理政务。居简：保持简单的处世方式。行简：指简单随便地处理政务。

(7)无乃：岂不是。

(8)大简乎：太简单了吗？大：太。

【译文】

仲弓问孔子子桑伯子这个人怎么样？孔子说："他还可以，他处理政事一切从简，简要而不烦琐。"仲弓又问："时刻保持谨慎恭敬的态度来简要地处理政事，治理百姓，不也可以吗？但以只求简单的态度随便地处理政务，岂不是太简单了吗？"孔子回答说："冉雍，你说得对。"

【拓展】

由上可见，孔子对于恭敬而简要地处理政务的方式是认可的，但对于为了简单而随便地处理政务的方式是不认可的。因为当简要流于简单随便的话，为官者就失去了对亲民政务的恭敬之心，久而久之，就可能怠慢百姓，懈怠政事。

当然，孔子和子桑伯子二人治国理政的方式还是有所不同的。在孔子看来，子桑伯子本质精美但缺礼少文；但在子桑伯子看来，孔子本质精美但讲求繁文缛节。文质彬彬，然后君子，这是孔子的一贯主张。但在主张简约的人看来，孔子还是礼文过多了一些。历史上，刘邦为人豁达，大度宽容，但有时候给人的印象是一副吊儿郎当、不太在乎的样子。子桑伯子在简约这一点上就有点像刘邦。所以，判断是简约还是简单随便的标准，就在于能否比较完美地处理好政事。采取认真负责的态度，简约地处理政事，自然是可以做好政事的；反之，采取简单随便的态度处理政事，自然是做不好的。

6.3 弟子孰为好学

【原文】

哀公问:"弟子孰为好学?"孔子对曰:"有颜回者好学,不迁怒,不贰过。不幸短命死矣。今也则亡,未闻好学者也。"

【引言】

这一章是鲁哀公在问孔子,孔子的哪个学生是好学的人。或者说,鲁哀公在问孔子他的学生中哪个是最为出类拔萃的。当然,这种问,必定伴随着选任能够为鲁国服务的为政人才的意图。

【释解】

(1)哀公:鲁哀公,鲁定公之子,春秋时期鲁国第二十六任君主,公元前494至公元前468年在位。鲁悼公是他的儿子。

(2)孰:谁。

(3)不迁怒:不把怒气发泄到无关的人和物上。

(4)不贰过:不会第二次犯同样的错误。贰:再次,第二次,重复。

(5)亡:无,没有。

【译文】

鲁哀公问孔子:"你的学生中谁是好学之人呢?"孔子回答说:"有一个叫颜回的学生好学,他从不把怒气发泄到无关的人和物上,也不会第二次犯同样的错误。但他不幸短命死了。现在没有像他那样好学的人了,也没有听说谁是好学的。"

【拓展】

在孔子眼中,颜回是最为好学的学生,也是其最欣赏的学生。通常,很少有人能够做到"不迁怒,不贰过"。当我们在某一个强势的人那里受了委屈、怨气,不敢发作,我们可能会迁怒于其他弱势的局外人。譬如,有些人在工作上不顺气，往往会莫名其妙地把怨气或怒气撒到家里人身上，结果乱上加乱，惹得更多人生气和不得安宁。至于“不贰过”，也是不容易做到的。毕竟有些错误可能是习惯造成的，习惯成自然，不知不觉就又犯了。

再者，能够像曾子那样，每天都反省自己思想和行为的人不多。“见贤思齐，见不贤而内自省也”，见到好的就学习，见到不好的就反省，有了错误就改掉，说起来容易做起来难啊。

6.4 子华使于齐

【原文】

子华使于齐，冉子为其母请粟。子曰：“与之釜。”请益。曰：“与之庾。”冉子与之粟五秉。子曰：“赤之适齐也，乘肥马，衣轻裘。吾闻之也：君子周急不济富。”

【引言】

这一章是孔子在给自己的学生冉有讲授“君子周急不济富”的道理。孔子认为，君子应该做的公益慈善，是救济贫困，雪中送炭，而不是锦上添花，让富者更富，应该损有余而补不足，不应当损不足而补有余。这就是儒家中庸主义的人道主义精神。

【释解】

(1)子华：即公西赤，又称公西华。

(2)使于齐：出使齐国。使：出使。于：介词，到，在。齐：齐国。

(3)冉子：即冉求，字子有，通称“冉有”，被人尊称“冉子”。

(4)粟：这里指小米。粟：带壳的谷粒、谷子，粟去壳以后叫作“小米”。

(5)与之：给她。

(6)釜：古代计量单位，一釜约等于六斗四升。

(7)庾(yǔ)：古代计量单位，一庾等于二斗四升。

(8)秉：古代计量单位，一秉等于十六斛(hú)，即一百六十斗。

(9)赤：即子华，公西赤，公西华。

(10)适齐:到齐国。适:到。

(11)乘肥马:坐着由肥马拉的车子。

(12)衣轻裘:穿着轻暖的皮衣。衣:穿着。

(13)周急不济富:救济贫困和急需帮助的人,不周济已经很富裕的人。周:周济、救济。

【译文】

子华出使到齐国去了,冉求为他的母亲向孔子请求补助一些谷米。孔子说:“给他六斗四升吧。”冉求觉得有点少,就请求再增加一些。孔子说:“那就再给她增加二斗四升。”结果冉求却给了子华母亲足有八百斗谷米。孔子知道后,说:“公西赤出使到齐国,坐着肥马拉的车子,穿着轻暖的皮衣。我听说过这个道理:君子只周济急需救济的人,不周济已经富有的人。”

【拓展】

“求人须求大丈夫,济人须济急时无”。君子不是俗人,更不是小人。俗人和小人,一般多会见风使舵、趋炎附势、溜须拍马。有些人甚至以权谋私,贪污救济品,还有些人把救济品送给那些有权有势有钱的人。所以,孔子认为,君子不能像俗人或小人那样做。君子应该“周急不济富”。要雪中送炭,不要锦上添花,这就是儒家的人道主义精神。

6.5 原思为之宰

【原文】

原思为之宰,与之粟九百,辞。子曰:“毋!以与尔邻里乡党乎!”

【引言】

这一章是说孔子在鲁国当司寇的时候给自己做家臣的学生原思九百斗谷米的年薪。但原思觉得有点多,推辞不受。孔子劝他收下,并建议他如果用不了,可以周济邻里乡亲。这一章与上一章孔子批评冉求多给了子华补助形成鲜明的对照。通过对照,我们可以看出,孔子主张“周急不济富”。建议冉求给子华的母亲适当的补助，而不给予其过多的补助，不是因为孔子舍不得，而是因为子华做了鲁国的外交官，其薪酬是不少的。既然子华家里不贫困，冉求便没有必要锦上添花。而孔子可能知道原思家里不怎么富裕，其乡里乡亲也大多经济贫困，所以给原思多开一些薪酬，使得原思有更多的力量周济贫困的乡党。因此，这一章和上一章都在表达孔子“周急不济富”的思想主张。

【释解】

(1)原思：即原宪，字子思，春秋末年宋国商丘人，“孔门七十二贤”之一，比孔子小36岁。原思出身贫寒，个性刚直，安贫乐道。孔子在鲁国做司寇时，原思曾做过他的家务总管。孔子去世后，原思隐居在卫国，过着清苦的生活。后来，子贡当了卫国的大夫，坐着马车去看原思，看到原思衣冠不整，就关心地问原思是否生病了。原思耿直地说：“无财谓之贫，学道而不能行者谓之病，我没有病，只不过穷而已。”子贡听后，既尴尬又惭愧，寒暄过后，就离开了。

(2)为之宰：做孔子的家宰、管家。宰：家宰，管家。

(3)粟九百：九百斗谷米。汉代孔安国认为，这里的计量单位是斗。有的学者认为这里的计量单位是斛(一斛等于十斗)。我觉得这里的计量单位是斗比较合理。因为孔子做司寇时的年薪是六万斗。孔子除了要养家糊口，还要给其他的家臣开支，所以不太可能给原思九百斛，即九千斗。

(4)辞：推辞不受。

(5)毋：别，不要。这里是指不要推辞。

【译文】

孔子做鲁国司寇的时候，原思给孔子家做总管。孔子给原思九百斗谷米的年薪。原思推辞不接受。孔子说：“别推辞了！你如果吃不了，可以周济你的乡亲们。”

【拓展】

如前所述，这一章里孔子的态度和上一章的形成了鲜明的对比。上一章因为子华做了鲁国的官，有较高的收入，所以当冉求给他申请补助的时候，孔子主张少给一些。这一章，因为原思出身贫贱，家里较穷，所以孔子给他开较高的薪酬。对于孔子的这种做法，南怀瑾有比较精彩到位的评价："从这个故事，我们看到孔子作之君、作之亲、作之师的风范。除了是长官的身份之外，还身兼父母、师长之责，随时以生活中的事例来教育学生，这也就是后世儒家所该效法其教化精神的重点之处。"①

6.6 犁牛之子骍且角

【原文】

子谓仲弓曰："犁牛之子骍且角。虽欲勿用，山川其舍诸？"

【引言】

这一章是孔子对仲弓品行和才能的肯定。认为其能够作为社会有用的人才。

【释解】

(1)谓：谈论。

(2)犁牛：耕牛。古代祭祀用的牛不能是耕牛，而要用毛色纯红、牛角端正、单独饲养的牛。

(4)骍且角：毛色纯红、牛角端正的牛。骍(xīng)：赤色的马和牛，亦泛指赤色。角：角长得端正。

(5)用：指用于祭祀。

(6)山川：这里是指山川之神，比喻社会上层统治者。

(7)其舍诸：岂会舍弃它呢。其：岂，岂会，怎么会，难道会。舍：舍弃。诸：之于。

【译文】

孔子评论仲弓时说："耕牛产下的牛犊毛色纯红，牛角端正。人们虽然不想用它来做祭祀用的牛，但山川之神怎么会舍弃它呢？"

① 南怀瑾.论语别裁：上册[M].上海：复旦大学出版社，2015：230.

【拓展】

仲弓出身贫贱,其父亲品行一般,甚至有些恶劣。但仲弓却完全不同于其父,好学君子之道。他严于律己,宽以待人,行为高尚,才能优秀。孔子这里借耕牛和祭祀用的牛来比喻仲弓之父与仲弓之间的巨大差异。言外之意是说,虽然仲弓的父亲品行和才具一般,无法为政做官,但仲弓却是个难得的从政人才,可以出仕为官。青出于蓝而胜于蓝。古代也有不少这样的例子,顽劣的瞽瞍却生下了英明睿智的舜,治水无能的鲧却生下了三过家门而不入的大禹,等等。

在《雍也篇第六》的第一章,孔子已经指出仲弓具有“使南面”的潜质,这一章是《雍也篇第六》的第六章,孔子又一次地指出,仲弓具有不同于其父亲的非凡的纯正品质和为政做官的才能。朱熹说:“仲弓父贱而行恶,故夫子以此比之。言父之恶,不能废其子之善。”①因此,英雄不问出处,君子不问出身。一切唯才是举,选贤与能。

6.7 回也,其心三月不违仁

【原文】

子曰:“回也,其心三月不违仁,其余则日月至焉而已矣。”

【引言】

这一章是孔子在评论颜回仁德修养的境界。在孔子的学生中,能长期安贫乐道的人,最杰出的要数颜回。颜回“一箪食,一瓢饮,在陋巷”,也不改其乐。安于仁,就是颜回的乐处。

【释解】

(1)回:颜回,颜渊。

(2)三月:指较长的时间。三:多个。

(3)不违仁:不违反仁德,不离开仁道。

---

① 朱熹.四书章句集注[M].北京:中华书局,2011:83.

(4)其余:其他的人。

(5)日月:指较短的时间。

(6)至焉:做到仁。焉:于此,这里是指达到仁德。

(7)而已:助词,罢了。

【译文】

孔子说:“颜回这个人,他的心可以在较长的时间内不离开仁德,而其他的人则只能在较短的时间内做到不离开仁德罢了。”

【拓展】

由上可见,孔子对颜回的称赞是独一无二的。颜回能够做到在长时间内心不离道,道不离心。但是,我们要注意,尽管颜回已经非常好学了,也能够做到在较长时间内安处于仁德的境界,但是孔子并没有说颜回能够永久地安处于仁德的境界。换言之,孔子仍然无法断定颜回是“仁”了。假如有人问颜回仁吗,我相信孔子也只能回答说:“未知也。”为什么呢?原因其实前文已经说过了:“仁”的结论只能等一个人这辈子过完了,才能盖棺定论。就像古代给一个人起谥号一样,一个人这辈子结束了,才能有定论。

6.8　仲由可使从政也与

【原文】

季康子问:“仲由可使从政也与?”子曰:“由也果,于从政乎何有?”曰:“赐也可使从政也与?”曰:“赐也达,于从政乎何有?”曰:“求也可使从政也与?”曰:“求也艺,于从政乎何有?”

【引言】

这一章,是鲁国执政者季康子在问孔子认为他的三个学生有没有从政能力。当时,鲁国内忧外患,所以拥有大局观念、比较开明的权臣季康子想要从孔子的学生中挑选一些能够帮衬他治国理政的人才。孔子对自己的学生仲由(子路)、端木赐(子贡)和冉求(冉有)三个人的性格特点和才具特征一一作答,内心希望季康子能够从中挑选到中意的人才。从后来的结果看,季康子选择了冉求做自己从政的助手。这段问答,应该发生在孔子晚年返回鲁国之前逗留在卫国期间。

孔子周游列国总计 14 年的时间。大体可分为三个阶段。

第一,以卫国为中心活动的阶段。卫国辖地大致为今河南北部。时间是从鲁定公十三年春(公元前 497 年)至鲁哀公二年秋(公元前 493 年),大约 5 年的时间,孔子的年龄大约是 55 岁到 59 岁。

第二,以陈国为活动中心的阶段。陈国辖地大致为今河南省东部。时间是从鲁哀公二年(公元前 493)到鲁哀公六年(公元前 489 年),孔子大约是 60 岁到 63 岁。孔子觉得在卫国不见用,就带着学生一路经曹国、宋国、郑国等地游访,费时大约一年后到了陈国,在陈国安顿下来,住了三年之久。在这期间,孔子带着学生到访过蔡国和楚国边境,访问过楚国负函这个地方的叶公。鲁哀公六年,孔子被困于陈蔡之间,后被楚人所救,由楚地返卫。以陈国为中心活动的时间约为 5 年。

第三,由楚返卫后在卫国继续逗留的阶段。鲁哀公七年(公元前 488 年),64 岁的孔子携学生回到卫国,一直待到 68 岁回到鲁国。这时的卫国国君是卫灵公的孙子卫出公卫辄,其父蒯聩出逃在外。卫国国内政局此时相对稳定。鲁哀公十一年(公元前 484 年),齐国军队征伐鲁国,冉求率领鲁国军队与齐国军队作战,获得了胜利。季康子问冉求其军事指挥能力是从哪里学的。冉求回答说是从孔子那里学习的。同时,冉求向季康子说了自己的老师孔子年纪大了,也想回到家乡的愿望。于是,季康子就派人迎接孔子回到鲁国。孔子周游列国的经历至此结束。这一段时间大约是 5 年。

【释解】

(1)季康子:即季孙肥,姬姓,季氏,名肥,谥号“康”,史称“季康子”,春秋时期鲁国的正卿(鲁国执政者)。

(2)仲由:子路。

(3)果:做事果断,利落。

(4)于从政乎何有:对于从政有什么不可以呢,有什么困难呢。孔子认为,这三位学生各有长处,都具备了从政的才能和品质,就看怎么发挥他们的长处了。

(5)赐:即端木赐,子贡。

(6)达:通达事理,办事干练。

(7)求:即冉求,冉有。

(8)艺:多才多艺。

【译文】

季康子问孔子:“仲由这个人,可以让他出仕为官吗?”孔子回答说:“仲由做事果断,出仕为官有什么不可以呢?”季康子又问:“端木赐这个人,可以让他出仕为官吗?”孔子回答说:“端木赐通达事理,办事干练,出仕为官有什么不可以呢?”季康子又问:“冉求这个人,可以让他出仕为官吗?”孔子回答说:“冉求多才多艺,出仕为官有什么不可以呢?”

【拓展】

孔子培养学生的目的就是为国家和社会培养治国理政的人才。其三千学生中,有72位都是比较知名和贤能的人。而子路、子贡、冉求等更是其中的佼佼者。所以,当季康子主动来询问自己学生的从政才能时,孔子不遗余力地进行了推荐。当然,用谁不用谁,就看季康子自己怎么抉择了。从结果看,政事第一、多才多艺的冉求成为季康子的首选。事实证明,冉求没有辜负季康子的期望,帮助季康子率领军队打败了入侵鲁国的齐国军队,并在税赋改革上成为季康子的重要帮手。开明的季康子把孔子迎接回国,也实质上成全了孔子叶老归根的愿望,以及修书著述儒家经典的事业。鲁哀公十六年(公元前479年),孔子去世。鲁哀公二十七年(公元前468年),在孔子去世11年后,季康子去世。

至于南怀瑾等学者认为,因为季康子执政专权,所以孔子不愿意向季康子推荐自己的学生,那是与历史事实不相符的。如,南怀瑾这样解释说:“季康子接着问,请子贡出来好不好呢?孔子说,不行,不行。子贡太通达,把事情看得太清楚,功名富贵全不在他眼下。聪明通达的人,不一定对每件事盯得那么牢。”①显而易见,孔子如果这样说,那就是撒谎了。尤其是对自己鲁国的执政官这样说,就更不符合君子之道,也不符合周礼。这也与冉求、樊

① 南怀瑾.论语别裁:上册[M].上海:复旦大学出版社,2015:232-233.

迟等人被季康子任用为官的事实不符。就连孔子自己晚年回到鲁国之后，还做了鲁国的国老，以备季康子等人咨询国事。所以，这样的解释，我是不能认同的。

6.9 季氏使闵子骞为费宰

【原文】

季氏使闵子骞为费宰。闵子骞曰："善为我辞焉！如有复我者，则吾必在汶上矣。"

【引言】

这一章说的是孔子的学生闵子骞不愿意做季氏采邑的宰官。这是为什么呢？主要是因为闵子骞是一个尊礼的君子。而春秋时期，礼崩乐坏，在鲁国季氏当政，臣强君弱，与西周时期的礼制不合。所以，闵子骞觉得道不同不相为谋，不愿意做季氏采邑的官。

【释解】

(1)季氏：即季孙氏，春秋战国时，鲁国贵族"三桓"之一。这里的季氏应当是季桓子。

(2)使：派人去请。

(3)费宰：费地的宰官。费(mì)：季氏的封邑，在今山东费县西北一带。

(4)善：好好地，委婉地。

(5)辞焉：推辞啊。焉：语气助词，表示感叹，啊。

(6)复我：再次召我(做官)。

(7)汶上：今山东大汶河北岸，当时属于齐国。这里是指如果季氏再来请闵子骞当官的话，他就要离开鲁国到齐国去。汶(wèn)：即今山东大汶河，当时流经齐、鲁两国。

【译文】

季桓子派人去请闵子骞做费邑的最高行政长官，为他管理采邑。闵子骞对来人说:“请为我好好地向季氏辞谢啊! 如果再来召我做费地宰官的话,那我就一定会跑到汶水那边的齐国去了。”

【拓展】

忠臣必出于孝子之门。之前,派去费邑的宰官时间一长就搞叛乱,让季桓子伤透脑筋。所以,季桓子就想找个忠诚可靠又有能力的人去做他自己采邑的宰官。听闻闵子骞的孝顺很有名,季氏才派人去请闵子骞做他的家臣。但闵子骞对名利看得很淡,对道德修养看得很重,不假思索地婉拒了季桓子派去的人。后来,经孔子劝说,闵子骞还是去当了费邑宰,并取得了不小的政绩。再后来,孔子做鲁国司寇负责推动“堕三都”的工作失败,被季桓子排挤出鲁国政局,刚正不阿的闵子骞也毅然辞职,跟着孔子开始周游列国。

6.10　伯牛有疾

【原文】

伯牛有疾,子问之,自牖执其手,曰:“亡之,命矣夫! 斯人也而有斯疾也! 斯人也而有斯疾也!”

【引言】

这一章是孔子的学生冉伯牛病了,孔子前去他家看他。因为冉伯牛得的可能是一种带有传染性的恶性疾病,所以,孔子从窗户那里去看冉伯牛,并说了一些生死有命、命由天定的话。命由天定是当时传统社会比较普遍的一种社会思想。从夏朝以来不断发展起来的易学思想,为这种天命学说提供了坚实的理论基础。

【释解】

(1)伯牛:即冉耕,姬姓,冉氏,名耕,字伯牛,春秋末期鲁国郓城(今山东省菏泽市定陶区冉堌镇)人,周文王第十子冉季载的嫡裔,因恶疾早逝。在孔子的学生中,“德行第一”的就有冉伯牛,其余三人是颜渊、闵子骞和仲弓。

(2)疾:疾病。

(3)牖(yǒu):窗户。朱熹说:“牖,南牖也。《礼》:病者居北牖下。君视之,则迁于南牖下,使君得以南面视己。时伯牛家以此礼尊孔子,孔子不敢当,故不入其室,而自牖执其手,盖与之永诀也。”①

(4)执其手:握着他的手。

(5)亡之:丧失这个人,死了这个人。

(6)命矣夫:是命啊。矣(yǐ):助词,了。夫(fú):文言助词,相当于“吧”或“啊”。

(7)斯人:这人,这样的人。斯,这,这样的。

【译文】

冉伯牛病得很严重。孔子前去看他,从窗户外握着他的手说:“丧失这个人,是命里注定的吧!这样的人怎么会得这样的疾病呢!这样的人怎么会得这样的疾病呢!”

【拓展】

冉伯牛在德行上是与颜渊、闵子骞和仲弓并列的人。根据因果报应学说,好人有好报,恶人有恶报,冉伯牛应该得好报才是,但他偏偏得了不治之症。孔子想不通,只能说这都是命中注定的事情。相信天命,是春秋战国时期普遍的社会观念,受到这种观念影响和《周易》思想熏陶的孔子也是非常相信天命的。“天行健,君子以自强不息;地势坤,君子以厚德载物”,孔子一生实践着《周易》的乾坤精神,但当出现不幸、挫折或无法实现理想的时候,他也自然地将这一切归于天命使然。

在儒家思想中,乐天知命是君子的一大美德。乐天知命能使人更加淡定从容,“泰山崩于前而不瞬,卒然临之而不惊”。乐天知命让人接受一切难以接受的现实,知足而常乐。《礼记·中庸》说:“君子居易以俟命,小人行险以侥幸。”②孔子晚年返回鲁国前后直到去世,先后经历了几次重大打击——回国前一年,其妻子去世;回国后第一年,自己的儿子孔鲤去世;回国后第二

① 朱熹.四书章句集注[M].北京:中华书局,2011:85.

② 孔子,等.四书五经[M].李择非,整理.沈阳:万卷出版公司,2009:21.

年，颜回去世；回国后第三年，子路去世。子路去世时，孔子已经 71 岁，再过一年多，孔子也去世了。由此可见，孔子晚年先后失去了妻子、儿子和两位得意门生，特别是，被孔子视为将弘扬“法脉”的颜回去世，让孔子说出了“天丧予，天丧予”这样无比心疼的感慨。但因为孔子是乐天知命的，所以他很快就能按照周礼来节制悲痛的情感，淡定从容地接受现实和命运的安排。

6.11 贤哉，回也

【原文】

子曰：“贤哉，回也！一箪食，一瓢饮，在陋巷，人不堪其忧，回也不改其乐。贤哉，回也！”

【引言】

这一章中，孔子对颜回安贫乐道的精神给予由衷的赞赏。

【释解】

(1)贤哉：贤能啊，品质高洁、高尚啊。哉：啊。

(2)回：颜回，颜渊。

(3)一箪食：一筐饭。箪(dān)：古代盛饭食的圆形竹器，小筐子。

(4)一瓢饮：一瓢水。

(5)陋巷：简陋的小巷子。

(6)不堪其忧：不能忍受其清苦。堪：忍受。

(7)乐：乐于追求仁道，或学习和追求仁道仁德的快乐。

【译文】

孔子说：“颜回真是贤能啊！一小筐饭，一瓢水，住在简陋的小巷子里，别人都忍受不了这种清苦贫穷的生活，但颜回也不改变其安贫乐道的精神。颜回真是贤能啊！”

【拓展】

颜回能够安贫乐道，“素贫贱，行乎贫贱”。孟子曾谈及什么是大丈夫人格和精神："居天下之广居，立天下之正位，行天下之大道；得志，与民由之；不得志，独行其道。富贵不能淫，贫贱不能移，威武不能屈，此之谓大丈夫。"[①]可见颜回乃是大丈夫，能够心不离道，道不离心，知仁安仁，乐天知命，自得其乐。

6.12 非不说子之道

【原文】

冉求曰："非不说子之道，力不足也。"子曰："力不足者，中道而废。今女画。"

【引言】

这一章是冉求和孔子的一个对话。冉求说孔子讲的仁道很好，但是自己力不能及。而孔子则批评冉求，这不是你力不能及的问题，而是你自己志向和毅力的问题。

【释解】

(1)非不说子之道：不是不喜欢您所讲的道理、学说。说(yuè)：同"悦"，高兴，喜欢。

(2)中道而废：半途而废。

(3)今女画：现在你自己给自己划了一个边界，不想再前进了。女：通"汝"，你。画：划定界限，停止前进。

【译文】

冉求说："我不是不喜欢您所讲的道理，而是我的能力不够啊。"孔子说："能力不够的人，会半途而废。现在的问题不是你能力不够，而是你自己给自己划了一个边界，不想再前进了。"

【拓展】

孔子说："中人以上，可以语上也；中人以下，不可以语上也。"[②]人的天赋

---

① 孟子[M]. 万丽华，蓝旭，译注. 北京：中华书局，2007：125.

② 论语[M]. 陈晓芬，译注. 北京：中华书局，2016：71.

是有差异的。对于最为抽象的道理,天赋低的人理解起来太困难,而天赋中等和天赋高的人都可以去学习。很明显,在孔子眼里,冉求的天赋虽然不是高等的,但也不是低等的,而是中等的。也就是说,冉求是可以学好孔子所讲的道理的。但冉求心不在焉,于是对孔子所讲的理论有了畏难情绪,孔子见状,予以严厉批评。

孔子把教学内容分为四个科目:德行、言语、政事、文学。德行方面表现突出的有颜渊、闵子骞、冉伯牛和仲弓四人;言语方面表现突出的有宰我、子贡二人;政事方面表现突出的有冉有、季路二人;文学方面表现突出的有子游、子夏二人。冉求即冉有,他多才多艺,礼、乐、书、数、射、御六种技能无所不通,所以其学习能力是毫无疑问的。因此,在学习政事和古典文献知识等方面,冉求不是能力不够,而是用心不用心的问题。孔子不满意冉求只满足于技艺技能的水平,而希望冉求能够不断提升自己思想和修养的高度,所以勉励冉求要知难而进,勇敢前行。

6.13 女为君子儒

【原文】

子谓子夏曰:“女为君子儒!无为小人儒!”

【引言】

这一章是孔子批评教育学生子夏,要其做君子儒,不要做小人儒。

【释解】

(1)君子儒:修身和学习是以利益天下人为己任的儒者。
(2)无为:勿做,不要做。无:勿,不要。
(3)小人儒:修身和学习是以追求个人或家族利益为目的的儒者。

【译文】

孔子告诉子夏说:“你要做君子儒,不要做小人儒。”

【拓展】

孔子说:“君子喻于义,小人喻于利。”①因此,君子儒重义轻利,而小人儒重利轻义。《大学》中说:“大学之道,在明明德,在亲民,在止于至善。知止而后有定,定而后能静,静而后能安,安而后能虑,虑而后能得。物有本末,事有终始。知所先后,则近道矣。”②这里说的大学之道,应该就是君子儒所做的事情。要明明德,要亲民,要止于至善,就是要格物、致知、诚意、正心、修身、齐家、治国、平天下。

君子儒学习旨在明道行仁,而小人儒学习只是为了名利而已。君子儒“正其谊不谋其利,明其道不计其功”③,而小人儒是精致的利己主义者,只为自己的利益而打算。君子儒活读书、读活书、读书活,而小人儒死读书、读死书和读书死;君子儒办事通达,小人儒视野狭窄、斤斤计较,等等。所以,孔子教导学生要做君子儒,勿做小人儒。

6.14 子游为武城宰

【原文】

子游为武城宰。子曰:“女得人焉耳乎?”曰:“有澹台灭明者,行不由径,非公事,未尝至于偃之室也。”

【引言】

这是《雍也篇第六》的第十四章。这一章是孔子问学生子游在做武城宰期间有没有发现什么难得的人才。子游说自己发现了一个叫澹台灭明的人,这个人能够谨守善道和周礼,严格自律,公事公办,从不逢迎拍马和攀附权势。澹台灭明是个做事严谨、值得信赖的人。

【释解】

(1)武城宰:武城的宰官,相当于如今的县长。武城:鲁国的小城邑,在

① 论语[M].陈晓芬,译注.北京:中华书局,2016:43.
② 朱熹.四书章句集注[M].北京:中华书局,2011:4.
③ 班固.汉书[M].赵一生,点校.杭州:浙江古籍出版社,2002:801.

今山东费县境内。

(2)得人:得到了人才,发现了人才。

(3)焉尔乎:于此吗。焉尔:亦作“焉耳”,于此,在这里。乎:吗。

(4)澹台灭明:复姓澹(tán)台,名灭明,字子羽,鲁国武城(今属山东临沂市平邑县南武城)人,“孔门七十二贤”之一,比孔子小 39 岁。最初,澹台灭明拜孔子为师,孔子因其相貌丑陋,就觉得其可能能力一般。后来,澹台灭明不卑不亢,刻苦学习,行不由径,出仕为官,还曾开办私学,有学生三百多人,声名远扬。孔子听说后,觉得自己看走了眼,不应该以貌取人。

(6)行不由径:走路不走小道,这里引申为办事不走后门、不托关系。行:走路。径:小路、小道,引申为歪门邪道。

(7)未尝:未曾,从未。

(8)偃之室:言偃(即子游)的室内。

【译文】

子游做了武城的宰官。孔子问道:“你在此地得到了人才吗?”子游回答说:“发现了一个。这里有个叫澹台灭明的人,办事从来不走后门,没有公事的话从来不到我的屋子里来。”

【拓展】

由上可见,孔子特别重视培养人才、发现人才和正确使用人才。澹台灭明虽然相貌不好,但是为人正派、品行端正、清正廉明、恪尽职守,是一个难得的为政做官之才。而子游也善于发现人才,接纳和善用人才。韩愈说:“千里马常有,而伯乐不常有。”[①]没有发现千里马的伯乐,千里马的才能和功用就无法发挥出来。所以,伯乐和千里马都是极其重要的。而善于培养人才的教育者也是不可或缺的。

① 韩愈. 韩昌黎文集校注[M]. 马其昶,校注. 马茂元,整理. 上海:上海古籍出版社,1986:35.

6.15　孟之反不伐

【原文】

子曰："孟之反不伐。奔而殿，将入门，策其马，曰：'非敢后也，马不进也。'"

【引言】

这一章中，孔子赞赏和夸奖了孟之反在战争失败后勇敢地骑马殿后，以掩护其他败退的鲁军士兵撤离到城里的大无畏精神和他谦虚、低调、不夸耀自己勇敢的品质。

【释解】

(1)孟之反：名侧，字之反，春秋末年鲁国大夫。孟之反是孔子的学生，为人勇敢又谦逊。

(2)不伐：不夸耀自己的功劳或品质。

(3)奔而殿：打了败仗之后负责殿后，掩护其他人撤退。奔：败走，败退。殿：殿后，走在全军最后作掩护。

(4)将入门：将要进入城门。

(5)策其马：鞭打自己的马。策：鞭策，鞭打。

(6)非敢后：不是敢于殿后。

(7)马不进：马跑得不快。

【译文】

孔子说："孟之反不喜欢夸耀自己。军队败退的时候，他勇敢地殿后以掩护他人撤退。将要进入城门的时候，他一边鞭打着自己的马一边说：'不是我敢于殿后，而是我的马跑得不快。'"

【拓展】

鲁哀公十一年（公元前 484 年）春，鲁国军队和齐国军队在鲁国国都郊外打了一仗。齐国因为前一年鲁国和吴国一起伐齐的事，派出国书、高无邳(pī)二位大夫率领军队讨伐鲁国。鲁国的军队由“三桓”的私人武装组成，分左右两军。孟懿子的儿子孟孺子泄代表孟孙氏和叔孙氏两家率领由两家私人武装组成的右翼军。颜羽为他驾驭战车，邴泄任车右。而冉求代表季孙氏率领由季孙氏私人武装组成的左翼军。管周父为他驾驭战车，樊迟任车右。右翼军本来没想和齐国打仗，就是装装样子。所以，当齐国军队开始攻击右翼军时，右翼军因人心不齐、无心作战节节败退。鲁国大夫孟之反在右翼军中，看到自己这一方的军队溃败，也无可奈何，就决定亲自殿后，掩护其他的士兵撤退，一直掩护到大家退入城内安全了为止。

而由冉求率领的季家军，光甲士就有七千多人，此外还有三百武城人做冉求自己的亲兵。这些军队的人数已经超过齐国军队的人数。季家军是有备而来，上下齐心，冉求指挥有方，樊迟勇猛向前给大家做表率，将士用命，季家军很快杀入齐军中，杀死八十个齐国士兵，打退了齐军。第二天，齐军自知不敌，就悄悄撤退回齐国去了。鲁国右翼军败了，但左翼军胜了，鲁国就这样戏剧性地赢得了战斗。

这一章，孔子所谈论的孟之反勇敢殿后而不夸耀自己勇敢的故事，就发生在败退的右翼军中。孟之反主动殿后，掩护其他溃败的人，其勇于牺牲的精神确实值得赞赏，更重要的是，他把跑在其他人后面的原因归结于自己的马跑得不快。这种谦逊的品格和精神更让人佩服之至。君子“功不独居，过不推诿”，孟之反就是这样做的。难怪孔子对孟之反谦逊的德行表示赞赏。

6.16 不有祝鮀之佞

【原文】

子曰：“不有祝鮀之佞，而有宋朝之美，难乎免于今之世矣！”

【引言】

这一章是孔子在卫国逗留时对祝鮀之佞和宋朝之美得到卫灵公重用、赏识这一现象的评论。作为卫国国君的卫灵公，应当选贤与能，亲贤臣，远小人。但是在春秋时期，一切风气都变得庸俗了，执政者开始纵情于美色，并且喜欢听佞臣阿谀逢迎、溜须拍马的好话，不喜欢听逆耳的忠言。这是孔子发出如此感叹的原因。

【释解】

(1)不有：如果没有。

(2)祝鮀(tuó)：字子鱼，春秋时期卫国大夫，能言善辩但心术不正，是卫灵公身边的佞臣。祝：祝史，官职名，掌管礼法和祭礼，通常负责祈雨、驱邪、洁净、祝祷等。

(3)佞：能说会道但不正派，花言巧语，谄媚邀宠。

(4)而：与，和。

(5)宋朝：春秋时期宋国的公子朝。公子朝是个美男子。

(6)免：避免灾祸。

【译文】

孔子说："如果没有祝鮀那样能说会道的本事，也没有宋国公子朝那样可人的美貌，在当今的社会里恐怕很难避免灾祸了！"

【拓展】

无论是谁，人们普遍有个习性，那就是喜欢听好听的，喜欢听奉承话。但良药一般是苦口的，忠言一般是逆耳的。佞人因为能言善辩，能说会道，并且善于揣摩人的心理，所以总是能够说到国君、大夫或大人物的心坎里。这就是为什么佞人在国君、大夫跟前一般是很受宠信和喜爱的。此外，人类还有好色爱美的习性。爱美之心，人皆有之。甚至有的君主，因沉迷于酒色之中而江山不保。宋国的公子朝长得一表人才，深受卫灵公及其夫人南子的喜爱。甚至有传言说，公子朝与南子有染。而孔子与学生逗留在卫国，却很难得到卫灵公的赏识和重用。这说明当时卫国的社会风气已经沉沦，为政者只顾享乐了。

6.17 谁能出不由户

【原文】

子曰:“谁能出不由户?何莫由斯道也?”

【引言】

在这一章,孔子指出他所讲授的儒家之道,或说君子之道,或说修齐治平之道,或说人伦纲常之道,正是积极入世之道、人们日常生活之道。所以,它是人必须遵循和坚持的。

【释解】

(1)户:古时候,门一般有左右两扇。而户是指其中一扇门。当然,也有单扇门的,如寝室门、厨房门往往都是单扇门,这单扇门就叫户。总之,一扇门叫户,两扇门叫门。

(2)何莫:为什么不,为何不。

(3)斯道:这条道,指孔子讲授的儒家学说或为人处世、治国理政之道。

【译文】

孔子说:“谁能不经过房屋的门而走出去呢?为什么不走我指引的这条道路呢?”

【拓展】

一般地讲,佛家是出世之道,道家是成仙之道或隐士之道,而儒家是入世之道。佛、仙、神等都是人做的。人要想成佛、成仙、成神,那必须先把人做好。所以,入世之学是出世之学的根基,是人人必学、人人必走的道路。

孔子主张恢复的周礼德政或礼治,就是主张恢复到社会等级稳定、社会秩序井井有条、上下尊卑严格的西周理想社会。但是,春秋时期礼崩乐坏,再也回不去了。无论是执政者,还是社会人心,都很难回到过去。因为整个社会的经济基础发生了巨变,建立在经济基础之上的上层建筑也必然发生相应的变化。这是孔子所不理解的,或者说是孔子不愿相信的事实。

但有一点,孔子的把握是绝对正确的,那就是做人处世的根本:仁、义、礼、智、信。忠孝节义、诚实守信是仁之根本,是人与人之间建立起码的社会信任的根本。此外,人处于社会中,必然会产生父子、兄弟、夫妻、君臣、朋友这五种人伦关系。人伦的基本道德规范总是要有的,总是要遵循的。

6.18 质胜文则野

【原文】

子曰:"质胜文则野,文胜质则史。文质彬彬,然后君子。"

【引言】

在这一章中,孔子讲了质与文的辩证统一关系。所谓质,是指一个人内在的、朴素的、天然去雕饰的仁德;所谓文,是指一个后天通过学习获得的文化礼仪、言谈举止等修养和文采。这两者应该和谐统一,相辅相成。要做谦谦君子,就必须文质彬彬,文与质和谐统一。否则,不是流于粗野,就是流于虚伪和虚情假意。

【释解】

(1)质:天然的、朴素的、无修饰的本质。这里指人的良知、良能等仁德。

(2)胜:超过,多于。

(3)文:后天经过学习获得的文采、文明礼貌等修养。经过人为雕琢和修饰的东西。

(4)野:粗野,粗鲁,缺乏文采和修饰。

(5)史:过于斯文,酸腐,虚伪,浮夸,缺少诚信等仁德。

(6)文质彬彬:文与质和谐统一,恰到好处。

(7)君子:有仁德又文雅、德才兼备的人。

【译文】

孔子说:"诚实朴素的本质超过了文明礼貌等修养,则会流于粗俗、粗野;但是,文明礼貌等修养超过了诚实朴素的本质,则会流于酸腐、虚伪和浮夸。文与质和谐统一,恰到好处,才是君子应有的风格、风范。”

【拓展】

人类的文明是由无到有、从低级到高级、从简单到复杂不断发展和进化的。最初只有朴素无华的东西,后来才有了文明礼仪、文化文采这些修饰性的东西。所以人们在孝悌、忠信、礼义、廉耻这些基本品质的基础上加上了文明礼貌、优雅谈吐等用来雕饰的东西。

那么,文和质的关系到底应该怎么样?其实,没有一个绝对统一的标准。仁者见仁,智者见智。有的人喜欢简单一些,有的人喜欢华丽一些,等等。但对于春秋时代和当下的人们而言,有一个基本原则是肯定的,那就是文和质都是要有的东西。至于把握到什么程度,就看个人的喜好、时机、场合、目的等因素而定了。

总之,文质彬彬,然后君子。我们说的尊德性,其实就是重视质朴和本质;我们说的道问学,其实就是重视后天的学习和文采雕饰。尊德性而不道问学,不免流于粗野;反之,道问学而不尊德性,则会流于酸腐、虚伪和浮夸。一个人尊德性而又道问学,文质彬彬,才能成为风度翩翩、才华横溢、人见人爱的谦谦君子。

6.19 人之生也直

【原文】

子曰:“人之生也直,罔之生也幸而免。”

【引言】

这一章是孔子在讲正直、不正直与人的生存关系的道理。

【释解】

(1)人之生:人的生存。

(2)直:正直。

(3)罔:不正直、不诚实、会陷害他人的人。

(4)幸而免:侥幸免于灾祸。

【译文】

孔子说:“人的生存是基于正直的品质,而不正直的人也能生存下来,那只是因为他们侥幸地避免了灾祸而已。”

【拓展】

人是社会人。人只有结成一定的社会关系才能维持生存。有些动物,也有社会性的群体。如,蜜蜂有蜂王、工蜂之社会分工;蚂蚁有蚁后、工蚁、兵蚁之分,等等。

因此,人与人之间应该建立和睦互助的关系。那么,正直是一个人与他人得以形成友好互信关系的名片,而不正直则有害于人与人之间友好互信的关系。所以,得道多助,失道寡助。这就是为什么我们的社会需要宪法、法律、规范、道德和秩序。而不正直、不诚实、虚伪、损人利己等行为,只能让人失去信用。在当今社会中,失去信用或被列入信用黑名单的人,就无法从银行贷款,无法取得他人的信任,其社会资源和人脉就会越来越萎缩,其在社会之中的生存和发展也就有了许多有形无形的限制。

所以,人即使为了最起码的生存,也要正直善良起来。《太上感应篇》说:“祸福无门,惟人自召;善恶之报,如影随形。”[①]云谷禅师说:“命由我作,福自己求。”[②]《周易・文言・坤》说:“积善之家,必有余庆;积不善之家,必有余殃。”[③]这些话说得多好!

当然,就像孔子所相信的,人各有命,生死有命,富贵在天。人一生的福报运气是各方面因素综合作用的结果。但正直善良的人,做事都会仰无愧于天,俯不怍于人,因此对于他们来说,内心康宁、知足常乐是必然的事情。

---

① 道教宝典:太上感应篇释义[M].李信军,编译.北京:宗教文化出版社,2009:1.

② 袁了凡.了凡回训[M].净庐主人,译.天津:百花文艺出版社,2007:15-17.

③ 周易[M].郭彧,译注.北京:中华书局,2006:351.

6.20 知之者不如好之者

【原文】

子曰："知之者不如好之者，好之者不如乐之者。"

【引言】

这一章中，孔子在讲学习方面的一个道理。孔子把学习的人分作三种：知之者、好之者和乐之者。

【释解】

(1)知之者：知道学习的人。知：知道，了解。之：这里是指学习或经营事业。者：指代人。

(2)好之者：喜好学习的人。好：喜好，喜欢。

(3)乐之者：乐于学习的人。乐：乐于，以……乐。

【译文】

孔子说："知道学习或经营事业的人不如喜好学习或经营事业的人，喜好学习或经营事业的人不如乐于学习或经营事业的人。"

【拓展】

孔子一生对学习之事和经营事业非常重视。因为读书是人类进步的阶梯，学习是掌握和领会为人处世之道、为政做官之道的唯一途径。对于孔子来说，人生的大事就是学而优则仕，就是修身、齐家、治国、平天下。

兴趣是最好的老师，所以知之者不如好之者。但是，如果只是将学习和事业作为一种喜好或兴趣的话，那么，这种兴趣或许是会转移的，那就可能三天打鱼，两天晒网了。因此，如果有人能以学习或做某事为乐趣的话，那就可能更能持久，也更能做出成绩来。

6.21 中人以上，可以语上也

【原文】

子曰："中人以上，可以语上也；中人以下，不可以语上也。"

【引言】

上一章孔子讲了知道、喜好和乐于（学习或做事）的三种不同境界，认为知之者不如好之者，好之者不如乐之者。这一章他接着讲人的根器或慧根也大致有三种情形：上等智、中等智、下等智。对于中等智和上等智的人来说，是可以给他们讲授高深的学问的；但是对于下等智的人来说，给他们讲高深的学问无异于对牛弹琴。

【释解】

（1）中人以上：指中等智和上等智的人。

（2）语上也：可以讲授高深的学问。语：讲授，讲说。上：高深的学问。也：语气助词，表示判断。

（3）中人以下：指下等智的人。

【译文】

孔子说："具有中等智和上等智的人，可以给他讲授高深的学问；具有下等智的人，不可以给他讲授高深的学问。"

【拓展】

人的根器、慧根或天赋不尽相同。所以上智、中人和下愚这样的三分法，或者在此基础上更加细化的九分法，如上智之人也可以三分为上上、上中和上下三种情形，都是具有一定的科学依据的。这也是为什么要因材施教、分年级教育的原因。

秀才遇到兵，有理说不清。有时候，无声胜有声，百口莫辩的时候，再去争辩也无济于事。这时候，也许沉默是金。

6.22　樊迟问知

【原文】

樊迟问知。子曰："务民之义，敬鬼神而远之，可谓知矣。"问仁。曰："仁者先难而后获，可谓仁矣。"

【引言】

这一章是孔子对于樊迟所提问题的回答。樊迟提了两个问题：什么是智；什么是仁。无论智，还是仁，都是比较抽象的概念。说简单就简单，说复杂也复杂。换言之，回答什么是智、什么是仁，可以有多个相近或不尽相同的答案。例如，不同的学生问孔子什么是孝，孔子都根据不同的对象和当时考虑问题的重点给出了不同的，甚至有很大不同的回答。

【释解】

(1)樊迟：即樊须，名须，字子迟，春秋末鲁国人，比孔子小36岁。樊哙是樊迟的第七世孙。

(2)知：同"智"，聪明，智慧。

(3)务民之义：致力于人民的正义事业，努力为人民服务。这里是指全心全意致力于整个社会的仁政德治实践，以尽可能保护老百姓的实际利益。务：致力于，从事。义：正义、仁政德治以及老百姓的实际利益。

(4)仁：仁德，仁道，仁政。

(5)先难而后获：先天下之难而难，后天下之获而获；吃苦在前，享乐在后。仁者总是带头做难做的事情，而在分配成果的时候却排在民众的后面。"先难而后获"类似于范仲淹说的"先天下之忧而忧，后天下之乐而乐"。

【译文】

樊迟问孔子怎样做才算聪明智慧。孔子说："全心全意致力于整个社会的仁政德治实践，以尽可能保护老百姓的实际利益，尊敬鬼神但要远离它们，这就可以说是聪明智慧了。"樊迟又问孔子怎样做才算有仁德。孔子说：

“有仁德的人总是带头做难做的事情，而在分配成果的时候却排在民众的后面。这就可以说是有仁德了。”

【拓展】

这一章通过樊迟和孔子的问答提出了“智”与“仁”两个重大社会现实问题。从中可以看出，孔子主张以人为本，主张明明德和亲民；主张尊敬鬼神，但不要迷信鬼神；主张务实，不要务虚；主张有仁德的人吃苦要在民众的前面，享乐要在民众的后面。

“国将兴，听于民；将亡，听于神。”[①]可见，国家要兴盛发展，必须以百姓意愿为意愿，必须围绕人民的实际利益谋发展，必须从群众中来，到群众中去；必须相信群众，依靠群众，为了群众。“慎终追远，民德归厚”，尊敬鬼神有利于培养人们对天地的敬畏之心，而迷信鬼神则是糊涂和愚蠢的行为。在处理与人民群众的关系问题上，“君对臣以仁，臣事君以忠”。孟子曰：“君之视臣如手足，则臣视君如腹心；君之视臣如犬马，则臣视君如国人；君之视臣如土芥，则臣视君如寇仇。”[②]有仁德的人，总是能够将心比心，把他人和人民的利益放在自己的利益之前。如此，“仁以为己任，不亦重乎？死而后已，不亦远乎？”[③]

6.23 知者乐水

【原文】

子曰：“知者乐水，仁者乐山。知者动，仁者静。知者乐，仁者寿。”

【引言】

上一章通过樊迟和孔子的问答，讲了什么是智，什么是仁。这一章，孔子接着说智者和仁者所拥有的不同喜好和特征。

---

① 左丘明. 左传[M]. 杜预，注. 上海：上海古籍出版社，2016：133.
② 孟子[M]. 万丽华，蓝旭，译注. 北京：中华书局，2007：171.
③ 论语[M]. 陈晓芬，译注. 北京：中华书局，2016：98.

【释解】

(1)知者:智者。知(zhì):同“智”,聪明,智慧。

(2)乐水:喜爱水。乐,古音 yào,喜爱。

(3)仁者:有仁德的人。

(4)乐山:喜爱大山。

(5)动:活跃,活动,运动。

(6)静:安静,沉静。

(7)乐:音 lè,快乐。

(8)寿:长寿。

【译文】

孔子说:“聪明智慧的人喜爱水,有仁德的人喜爱山。聪明智慧的人活跃,有仁德的人安静。聪明智慧的人快乐,有仁德的人长寿。”

【拓展】

君子一定是有仁德的人,但君子不一定是聪明智慧的人。但追求仁德和聪明智慧应该是君子永远不变的追求。水,总是从高处流向低处,随着地势的变化而变化,能够以柔弱胜刚强,因此,水具有人所赋予的聪明智慧的品格。朱熹《四书章句集注》中说:“知者达于事理而周流无滞,有似于水,故乐水。”[①]一个智者能够像水一样,通达事理,机智灵活,周流无滞,做到“事无碍,理无碍;理事无碍,事事无碍”。孔子具有仁者的品格至迟应该是在三十而立的年龄。但是孔子要达到智者的品格,可能需要到四十不惑的年纪。他达到仁者和智者都具有的“从心所欲不逾矩”的境界就要到七十岁了。

山,相对静止的事物,是安静、肃穆和伟岸庄严的象征。仁者安贫乐道,安于仁德而志向不改,其不动如山。这就是为什么仁者喜爱山,特别是喜爱大山的原因。

智者喜欢水,就是喜欢水灵活变化的品格。智者总是与时俱进,总在追求变化和运动,这就是为什么人们说智者活跃。因为能够通达事理,世界上

① 朱熹.四书章句集注[M].北京:中华书局,2011:87.

没有他想不通的事情，所以智者心中总是踏实安稳的、快乐的。而仁者喜爱山，山主静，主长久。所以，仁者安静而长寿。自然界中龟鳖一类动物，因为动作缓慢，性子安静，所以活得长久。天下道理都是一样的，一通百通，一了百了。

6.24　齐一变，至于鲁

【原文】

子曰："齐一变，至于鲁；鲁一变，至于道。"

【引言】

这一章是孔子在谈论齐国和鲁国如何向符合周礼之道的方向发展和演变的问题。在孔子看来，齐国在礼制文化上不如鲁国，而鲁国目前的礼制文化也与西周时期的礼乐文化有了距离和差异。所以，齐国和鲁国都必须做出改革和改变。具体来说，齐国应该先向鲁国学习礼乐文化，而鲁国自己应该尽快恢复到西周礼乐文化的局面。这样才能"克己复礼"，恢复德政礼治的社会文明。

【释解】

(1)齐：齐国。

(2)一变：一旦改革、改变。

(3)至于鲁：就会成为鲁国礼仪文明的样子。至于：达到。鲁：鲁国。

(4)至于道：就会达到西周时期的先王之道，即西周德政礼治、礼乐文明的样子。

【译文】

孔子说："齐国一旦进行像西周德政礼治文明那样的改革，就会很快达到鲁国目前的这个样子；而鲁国一旦进行像西周德政礼治文明那样的改革，就会很快达到西周时期的先王之道了。"

【拓展】

恢复周礼文明制度，是孔子一生的主张和追求。但这种美好愿望显然与现实社会发展的规律和走向相违背。到了春秋时期，社会的经济基础发生了改变，周天子衰微，诸侯坐大。而在诸侯国内，卿大夫势力又坐大，陪臣执国命也屡见不鲜。经济基础决定上层建筑，所以，上层建筑不会再回到西周那个时代的局面去。这也是为什么孔子的思想主张和政治理想难以被各个诸侯国所接受的原因。

说起齐国和鲁国的差异，可以追溯到其立国的时候。周成王把周公的封地封在鲁国，把姜子牙的封地封在齐国。周公之子伯禽去鲁国代周公旦治理。姜子牙到了齐国，使用简单易行、高效的方式治理齐国，而伯禽采用礼乐教化的方式治理鲁国。因此，齐国五个月就见了成效，就能向周公旦汇报政绩了；而伯禽三年之后才看到治理成效，才向周公旦汇报政绩。[①] 姜子牙“因其俗，简其礼，通商工之业，便鱼盐之利”[②]，注重经济发展，充分发挥当地的资源优势，齐国很快国强民富；伯禽则“变其俗，革其礼”[③]，坚持用周礼治鲁，把宗法礼制定为基本国策，大力倡导以血缘关系为纽带、上尊下卑的礼制，所以鲁国社会治理见效较慢，但却确立和巩固了周礼制度和礼乐文明，至春秋时期仍然保持着较为浓郁的周代礼乐文化。孔子、曾子、孟子等儒家代表人物也正是在这样的礼乐文化土壤中长大的，因此，鲁国浓郁的周礼文化环境对儒家学说的建立和发展起到了不可估量的作用，也为儒家文化最终成为我国传统文化的主流打下坚实的基础。

6.25 觚不觚

【原文】

子曰：“觚不觚，觚哉！觚哉！”

① 伯禽，姬姓，名禽，周文王之孙，周公旦长子，鲁国第一任国君，在位46年，死后其子鲁考公继位。
② 司马迁. 史记：全四册[M]. 萧枫，主编. 哈尔滨：北方文艺出版社，2007：272.
③ 司马迁. 史记：全四册[M]. 萧枫，主编. 哈尔滨：北方文艺出版社，2007：288.

【引言】

这一章是孔子在谈论“觚不觚”的问题。觚是古代的一种酒器，随着时代的变迁和社会的发展，觚的容量、款式和形状都发生了改变。孔子就以酒器为例，来说明社会文化和人心发生了巨大变化，提醒人们要注意社会文化和人的文化修养建设。

【释解】

(1)觚(gū)：盛行于商代和西周的一种酒器，青铜制，喇叭形口，细腰，高足，腹部和足部各有四条棱，可盛 2 升酒。能盛 1 升酒的酒器叫爵，青铜制，有三足。在古代，使用“爵”的人地位较高，因此“爵”被借作爵位之意。能盛 3 升酒的酒器叫觯(zhì)，青铜制，形似尊而小，圆腹，侈口，圈足，有的有盖。能盛 4 升酒的酒器叫角(jué)，青铜制，有盖。《礼记·礼器》说：“尊者举觯，卑者举角。”

(2)不觚：不像觚了。

(3)觚哉：这还是觚吗。

【译文】

孔子说：“觚不像个觚了，这还是觚吗？这还是觚吗？”

【拓展】

这一章，孔子借物抒情，来表达自己对不符合周礼的现象的不满和批评。觚这种日常活动中重要的礼器，其形状和容量都发生了变化。可见，整个社会的风气、文化环境都发生了多么大的变化。君不像君，臣不像臣，父不父，子不子的情况越来越多。连周礼文化最盛的鲁国都如此，更不用说其他诸侯国家发生了多少僭越周礼的情况了。

6.26　仁者，虽告之曰

【原文】

宰我问曰：“仁者，虽告之曰：‘井有仁焉。’其从之也？”子曰：“何为其然也？君子可逝也，不可陷也；可欺也，不可罔也。”

【引言】

这一章中，孔子的学生宰我向孔子提出了一个行仁道的人有时候可能会受到他人欺骗的问题。也就是说，坏人或骗子会利用仁者的善良行骗。宰我问孔子遇到这种情况该如何应对，孔子谈了谈自己的观点。

【释解】

(1)虽：假如。

(2)井有仁焉：井里掉进去一个仁人。仁：仁人，仁者。焉：在那里。

(3)其从之也：他会跟从那个仁人吗。这句是问仁者会跟着掉进去的仁人跳进井里吗？

(4)何为其然也：为什么要这样做呢。

(5)逝：往。这里是指仁者会到井口边去查看，并设法救人。

(6)陷：遭陷害。

(7)罔：遭哄骗，被蒙蔽。

【译文】

宰我问道：“对于有仁德的人，假如有人告诉他说：‘井里掉进去一个仁人了。’他会跟着那人跳进井里吗？”孔子说：“他为什么要这样做呢？君子可以到井边去查看和救人，但不可以被陷入井里；君子可能被人欺骗，但是不可以被蒙蔽住。”

【拓展】

君子不能只有仁德，而没有智慧。在我们的社会中，三教九流，各色人等，都是存在的。特别是，在网络高度发达的今天，传统的骗术渐渐网络化、电信化。不少的老人，甚至年轻人，都遭遇过形形色色的诈骗。骗子正是利用了人们的善良，利用了人们好仁德的心理，以及人们趋利避害的心理来行骗的。所以，宰我的提问是有一定现实根据的。

那么，该如何应对呢？显然，诈骗能否成功主要取决于两头因素。一头是诈骗者，另一头是被诈骗者。诈骗者，可以设计骗局，去诈骗他所选取的可能上当的对象；但是，诈骗能否取得成功，主要看被诈骗者是否具有足够的警惕性和识别骗局的能力。如果被诈骗的人时刻保持警惕，不轻信他人的话，并积极观察和分辨对方的意图，总能保证自己不掉入骗子精心设计的骗局。

6.27 君子博学于文

【原文】

子曰："君子博学于文，约之以礼，亦可以弗畔矣夫！"

【引言】

上一章中，宰我提出了仁者或君子如何防止或预防被人欺骗的问题。孔子回答说，仁者不能人云亦云，不能没有自己独立思考和判断的能力。换言之，他人可以欺骗或欺瞒仁者，但仁者最终不会被他们蒙蔽。这一章中，孔子接着提出，君子自己要广博地学习社会文化知识，并用周礼来约束自己的行为，这样才不会离经叛道。

【释解】

(1)博学于文：广泛地学习社会文化知识。文：文献知识，文化知识。

(2)约之以礼：用周礼来约束自己。约：约束。礼：周礼，社会礼仪规范和规矩。

(3)亦：也。

(4)弗畔矣夫：不离经叛道了啊。弗：不。畔(pàn)：同"叛"。矣：了。夫：啊。

【译文】

孔子说："君子广泛地学习社会文化知识，并用周礼来约束自己，也就可以做到不离经叛道了啊！"

【拓展】

孔子一贯主张"学而优则仕，仕而优则学"。人只有广博地学习，不断地学习，才能不断提升自己的学识、学问和道德修养。但人是容易疏懒、懈怠的高级动物，所以必须有礼制、戒律、纪律或社会道德规范来约束，否则可能变得恃才傲物、放荡不羁，甚至离经叛道，干出僭越礼仪和违法乱纪的事情来。修齐治平是孔子育人的最高目的，而做到不离经叛道，是孔子教育目的的底线。

6.28 子见南子

【原文】

子见南子，子路不说。夫子矢之曰："予所否者，天厌之！天厌之！"

【引言】

这一章是在讲孔子拜见卫灵公夫人南子的故事。因为南子在性关系上比较混乱，名声不好，所以，孔子去见南子，子路非常不高兴。为了表明自己没做亏心事，孔子表现得很可爱，就发起誓来。

【释解】

(1)南子：宋国公主，后嫁卫灵公为夫人。南子凭着卫灵公对她的宠爱，能够实际左右卫国的人事安排。南子虽然名声不好，却也知道孔子等人是贤能的人，三番五次邀请孔子与她见面。最终，孔子见躲不过，就去拜见了南子一次，做了简短的会谈。

(2)说：同"悦"，高兴，喜悦。

(3)夫子：老师，指孔子。

(4)矢：同"誓"，发誓。

(5)予所否者：我(如果)做了不正当的事情。予：我。所：用在动词前，代表接受动作的事物。否：否定，不认可。

(6)厌：厌弃，谴责。

【译文】

孔子去拜见南子，子路不高兴。孔子为此发誓说："如果我做了什么不正当的事，让上天谴责我吧！让上天谴责我吧！”

【拓展】

这一章所讲的孔子见南子的这个故事，给我们一些启发。如果一个人名声不好，你去跟他接触，就会惹得街谈巷议。这是因为众口铄金，积毁销骨，人言可畏。即使是孔子这样名声在外的人，碰到这样的事情也百口莫辩，只能靠向老天发誓获得他人暂时的原谅或信任。此外，孔子与学生的师生关系也是相对民主和平等的。老师待学生以仁，学生待老师以忠。彼此都能晓之以理，动之以情，以达到相互理解。

6.29 中庸之为德也

【原文】

子曰："中庸之为德也，其至矣乎！民鲜久矣。"

【引言】

这一章是孔子对中庸之德性的赞美和对世间人普遍缺乏这种美德的感叹。春秋末年，礼崩乐坏，人们动不动就靠暴力、武力来解决问题，引起了巨大的社会动荡，也给黎民百姓的生活带来了极大的困扰和影响。

【释解】

(1)中庸：不偏不倚，无过无不及。中：不偏不倚。庸：平常。

(2)为德：作为一种道德。

(3)其至矣乎：它达到最高点了吗。其：它。至矣：极致了，最高了。

(4)民鲜久矣：老百姓缺少它很久了。民：黎民百姓。鲜：缺少，鲜见。久矣：久了。

【译文】

孔子说："中庸作为一种美德，该是达到极致了吧！黎民百姓缺少这种美德，已经为时很久了。"

【拓展】

中庸是儒家思想中重要的道德思想，其意思就是中道而行，不走极端，做事公正，不偏不倚。一个时代、一个社会中，往往有两种比较极端的思想，一种是激进的，一种是保守的，这两种思想总体看来都不好。为什么呢？就是因为二者都走极端。钟摆之道，物极必反。三十年河东，三十年河西。“反者，道之动。”①任何事物凡是走向极端，不久就会向相反的方向运动。所以，中道而行，才是长久之道。就处理人与人之间的利益矛盾来看，坚持中庸之道，居中调停，不偏不倚，才是最终和平解决问题的方法。

6.30 如有博施于民而能济众

【原文】

子贡曰：“如有博施于民而能济众，何如？可谓仁乎？”子曰：“何事于仁！必也圣乎？尧舜其犹病诸！夫仁者，己欲立而立人，己欲达而达人。能近取譬，可谓仁之方也已。”

【引言】

这是《雍也篇第六》的最后一章。这一章带有总结全篇意涵的性质。前文已经提到，整个《雍也篇第六》主要是在谈论君子为政做官之道。或者说，整篇各章内容的布局和次序安排是紧紧围绕着为政做官之道展开的。往往《论语》的章节安排，又有首尾呼应的特点，这一篇的第一章和最后一章也毫不例外。该篇的第一章是在谈论冉雍具有为政做官的才干，而这最后一章是通过子贡与孔子一问一答的形式来明确仁者为政做官之道的关键在于“己欲立而立人，己欲达而达人”，且由仁入圣之道的关键在于“博施于民而能济众”。

【释解】

(1)博施于民：广泛地施恩于人民。施：给予恩惠，施舍。

① 老子[M]. 饶尚宽，译注. 北京：中华书局，2015：89.

(2)济众:周济人民群众。济:周济,救济。

(3)何事于仁:相当于“何止事于仁”,即何止是在仁道上行事呢。言外之意是,何止是在行仁道呢?何:何止。事:行事,做事。于仁:在仁道方面,在仁德方面。

(4)必也圣乎:一定也是圣了。必:一定。也:也是。圣:神圣,崇高。

(5)尧舜其犹病诸:即尧舜其犹病之于此。即使是尧舜二位圣人,他们也担心自己做不到这些或在这方面做不好。其:他们。犹:也,仍。病:担心,担忧。诸:之于。

(6)夫:句首发语词。

(7)己欲立而立人:自己想要立身,就要使别人先立身。

(8)己欲达而达人:自己想要发达,就要使别人先发达。

(9)能近取譬:能就自身打比方,比喻推己及人,能替别人着想。

(10)仁之方:行仁、行仁道的方法。

(11)也已:语气助词,表示肯定或感叹。

【译文】

子贡说:“假若有一个人,能够广泛地施恩于人民,周济人民群众,这怎么样?可以算是行仁吗?”孔子说:“何止是在行仁!一定也是神圣崇高了。即使是尧舜二位圣人,他们也担心自己做不到这些。一个仁者,自己想要在社会上立身,就要使别人先在社会上立身;自己想要发达,就要使别人先发达。凡事能就自身打比方,推己及人,可以说就是行仁道的方法了。”

【拓展】

成全别人,就是在成全自己。“己欲立而立人,己欲达而达人”是仁者的重要判断标准。由此将心比心,推己及人,从修身达到齐家、治国、平天下,即由仁入圣之道。孟子的“老吾老,以及人之老;幼吾幼,以及人之幼”[①]就是推己及人的具体表现。

---

① 孟子[M].万丽华,蓝旭,译注.北京:中华书局,2007:14.

述而篇第七

该篇共计38章,主要围绕孔子的学问志趣、学习风格、教育内容、教学方法、言谈举止,以及如何"志于道,据于德,依于仁,游于艺"的做人处世之道,展开陈述。其中记述孔子话语的有20章,记述弟子谈论孔子言论的有11章,记述孔子与他人(包括孔子的学生)对话的有7章。本篇中含有许多古今闻名的成语或词语,如,"述而不作""学而不厌,诲人不倦""梦见周公""不愤不启,不悱不发""用之则行,舍之则藏""我欲仁,斯仁至矣""君子坦荡荡,小人长戚戚",等等。南怀瑾认为,该篇"等于是《学而》这一篇的注解,并且连带发挥前面六篇的内涵,引申了学问之道"①。

7.1 述而不作

【原文】

子曰:"述而不作,信而好古,窃比于我老彭。"

【引言】

这一章是《述而篇第七》的第一章。一般地说,在《论语》每篇的编排布局中,一方面,第一篇总是和最后一篇在意指上相互呼应;另一方面,每篇第一章带有指引性或概括性的作用。显而易见,这一章旨在通过孔子的话语点明孔子是传统历史文化的继承者和传播者。他所传承的历史文化知识不是他自己创造和生产出来的,而是借着他的手与口进行修撰和讲学而来的。

① 南怀瑾.论语别裁:上册[M].上海:复旦大学出版社,2015:272.

【释解】

(1)述而不作:只记述而不创作。述:记述,叙述,阐述。作:创作,创造。

(2)信而好古:相信和喜好古人的东西。信:相信。好:喜好。古:古人或古代的东西。这里是指古代的优秀传统文化。

(3)窃比于我老彭:倒装句,即"我窃比于老彭",意为:我私下把自己比作老彭。窃:私自,私下。比:比较。于:与。老彭:姓篯(jiān),名铿,殷商时期的一位贤大夫,喜欢转述古代的文化故事。① 因传说其曾受尧封于彭城,其道堪祖,故后世尊称他为"彭祖"。他是一位长寿的人,人们传说他活了800岁,当然这种传说带有夸张的成分。此外,对于老彭也有其他两种说法:一种说法是老彭指老子和彭祖两个人。② 另一种说法是老子和彭祖实际上是一个人。③ 我认为,老彭应当为商朝好述古事的贤大夫比较合情合理。原因主要有三点:第一,如果是老子和彭祖两个人的话,应该写为"彭老"才对,因为彭祖在老子之先;第二,目前留下来的关于老子的资料,无法证明老子"述而不作";第三,至于说老子和彭祖实际上是一个人,此人从商朝活到春秋时期,那就更不靠谱了。

【译文】

孔子说:"我这个人哪,只阐述和传播而不创作,相信和喜好古代的优秀传统文化,我私下把自己比作老彭。"

【拓展】

孔子"述而不作,信而好古"的思想,对后世如古文经学学派等复古主义或崇古思潮,以及"托古改制"等思想都有比较深刻的影响。这种思想客观

---

① 正义曰:"此章记仲尼著述之谦也。作者之谓圣,述者之谓明。老彭,殷贤大夫也。老彭于时,但述修先王之道而不自制作,笃信而好古事。"见:何晏,邢昺.论语注疏[M].北京:中国致公出版社,2016:95.

② 郑玄说:"老,老聃;彭,彭祖。老聃,周之太史。"见:刘宝楠.论语正义:全二册[M].高流水,点校.北京:中华书局,1990:252.南怀瑾说:"老彭是两个人。老,是老子;彭,是彭祖,名彭篯,在古代的史料上,一般人说他活了八百年,是否有这个人,姑且不问,反正在中国传统文化中,有一长命老人叫彭篯。"见:南怀瑾.论语别裁:上册[M].上海:复旦大学出版社,2015:274.

③ 宋代邢昺说:"彭祖于尧时封彭城,即老子也。以老彭、彭祖、老聃为一人。"见:刘宝楠.论语正义:全二册[M].高流水,点校.北京:中华书局,1990:253.

上也对我国的科技创新和发明创造起到了一定的阻碍作用。但在保存和传承我国古代文化方面，孔子无疑作出了不可磨灭的贡献。他删订“六经”，编写《春秋》，举办私学，培养人才，不仅在整理文献和传播古代文化知识方面作出了贡献，还为后世培养了许多著书立说的人才，如：“世之显学，儒、墨也。儒之所至，孔丘也。墨之所至，墨翟也。自孔子之死也，有子张之儒，有子思之儒，有颜氏之儒，有孟氏之儒，有漆雕氏之儒，有仲良氏之儒，有孙氏之儒，有乐正氏之儒。”①

其中，颜氏，是指颜回。孟氏，是指孟子。漆雕氏，是指漆雕开。仲良氏，其人不可考。孙氏，是指荀子（因避汉宣帝刘询的讳而改“荀”为“孙”）。乐正氏，其人不可考。

7.2 默而识之

【原文】

子曰：“默而识之，学而不厌，诲人不倦，何有于我哉？”

【引言】

这是《述而篇第七》的第二章。本篇第一章中，孔子刚讲了自己“述而不作，信而好古”，即他没有一点自己创新创造的东西，只是相信并喜欢古代的传统文化罢了，这一章中，孔子接着讲自己在学习和教育上的三个特点，并且申明自己除了能做到这三方面之外，再也没有什么异于常人的地方。言外之意，如果有人想要达到孔子那种学问渊博、富有名声和影响力的状态和程度，也只需要做到这三方面。“默而识之，学而不厌”是让自己的学问精益求精，“诲人不倦”是让自己学以致用，将所学用于社会服务和实践。

【释解】

（1）默而识之：默默地记住所学的知识。默：闭口不说话。识（zhì）：记住，牢记。之：指所学所闻的知识。

（2）学而不厌：学习而不厌倦。厌：厌倦，厌恶。

---

① 韩非子[M].高华平，王齐洲，张三夕，译注.北京：中华书局，2015：209.

(3)诲人不倦:教诲他人不知疲倦。诲:教诲,教导。倦:厌倦,厌烦,疲倦。

(4)何有于我哉:对于我来说,(除了这三点)还有什么呢。何有:有什么。于我:对于我来说。哉:呢。

【译文】

孔子说:“默默地记住所学所闻的知识,努力学习而不厌倦,细心教诲他人而不知疲倦,除了能做到这三点,我还有什么呢?”

【拓展】

这一章,孔子把自己治学和教书育人的秘诀公之于众了。如果一个人也能做到“默而识之,学而不厌,诲人不倦”这三点,那么他的学问和名声自然也会与日俱增。

生有涯而知无涯。谁能把自己学到的、听到的、看到的知识都一一牢记,并形成几十年如一日的学习习惯?谁能活到老,学到老,一辈子保持毫不厌倦的学习作风?谁又能利用所学教导他人而不知厌烦和疲倦呢?孔子说他自己能做到这三点。那么,除了孔子,还有谁可以理直气壮地说,自己也做到了这三点?

说起来容易做起来难。但“君子谋道不谋食,忧道不忧贫”,一个人只要有志于君子之仁,默默地向君子之道努力,也总会离君子之道越来越近吧。

7.3 德之不修

【原文】

子曰:“德之不修,学之不讲,闻义不能徙,不善不能改,是吾忧也。”

【引言】

前两章点明了孔子“述而不作,信而好古”的志趣以及“默而识之,学而不厌,诲人不倦”的学习和教育精神。这一章接着谈孔子对当时社会学习风气、道德风气和不良行为倾向状况的担忧。

【释解】

(1)徙:迁徙,迁移。这里引申为改变,行动。

【译文】

孔子说:"现在的许多人不修养道德,不去讲求学问,听到正义合理的事情而不去做,有了不善的行为而不去改变,这些都是我担忧的事情。"

【拓展】

孔子在这里谈到了蓄养道德、讲求学问、迁善、改过四个方面。南朝梁经学家皇侃说:"德在修行,学须讲习,闻义事当徙意从之,有不善则追悔改之。夫子常以此四者为忧,忧己恐有不修、不讲、不徙、不改之事,故云'是吾忧也'。"①孔子这里所谈到的四个方面其实质就是两个字"修身"。

修身是君子每天必须做的事情。《庄子·知北游》有言:"人生天地之间,若白驹之过隙,忽然而已。"②时不我待。明代钱福的《明日歌》中说:"明日复明日,明日何其多。我生待明日,万事成蹉跎。"因此,君子每天都要有所进步,日新,日新,日日新。

7.4 子之燕居

【原文】

子之燕居,申申如也,夭夭如也。

【引言】

上一章讲了孔子对社会风气变化的君子之忧,但君子之忧是"先天下之忧而忧",并非为自己的利益而忧。所以,君子不会每天把忧愁挂在脸上,不会让这些烦恼影响个人自在充实的日常生活。这一章描写的是孔子平时在家闲居、怡然自得的仪态和样子。

---

① 何晏,邢昺. 论语注疏[M]. 北京:中国致公出版社,2016:96.

② 庄子[M]. 牧语,译注. 南昌:江西人民出版社,2017:343.

【释解】

(1)燕居:在家闲居。

(2)申申:衣冠整洁、舒适安闲。

(3)如也:像这样,……的样子。

(4)夭夭:体貌安舒、和蔼可亲。

【译文】

孔子在家闲居时,衣着整洁,悠闲自在,体貌安舒,和蔼可亲。

【拓展】

君子处世,有君子之道。忧愁是为社会而忧,而这种忧愁不会影响君子日常生活的安闲自在。所以,人活着,不需要每天愁眉苦脸的。俗话说:“笑一笑,十年少;愁一愁,白了头。”愁也是一天,喜也是一天,何不乐着过一天?人生旅途短暂,且行且珍惜!

7.5　甚矣吾衰也

【原文】

子曰:“甚矣吾衰也!久矣吾不复梦见周公。”

【引言】

这一章,是孔子72岁左右时所说的一句话。年逾古稀的他,身体每况愈下。日思夜梦,孔子对恢复周礼的社会梦想已经不抱希望,所以也很少梦见周公了。

【释解】

(1)甚矣:更加厉害了,更加严重了。甚:厉害,严重。

(2)吾衰也:我身体衰弱了。吾:我。衰:衰弱,虚弱。

(3)不复:不再。

(4)周公:姓姬,名旦,亦称叔旦。周文王姬昌第四子,周武王姬发的弟弟,周成王的叔父。采邑在周,故称周公。他是西周典章礼仪制度的主要制定者,主张“明德慎罚”,以礼治国。

【译文】

孔子说:“我身体衰老得很厉害了!我好久都没梦见周公了。”

【拓展】

周公是孔子心中的偶像,是孔子心中继尧、舜、禹、汤、文、武之后的一位圣人。孔子曾经说过:“周监于二代,郁郁乎文哉!吾从周。”[①]可见孔子对周代文化的憧憬和向往。而周代文化的奠基者和建立者正是“内圣外王”的周公旦。周公旦在其儿子伯禽去鲁国做国君之前,曾当面谆谆告诫说:“我,文王之子,武王之弟,成王之叔父,我于天下亦不贱矣。然我一沐三握发,一饭三吐哺,起以待士,犹恐失天下之贤人。子之鲁,慎无以国骄人。”[②]大意是说,我作为周文王的儿子、周武王的弟弟和周成王的叔父,还是周国的宰相,地位不可谓不高,但我每天都在恪尽职守,礼贤下士,为国求才,唯恐错过天下贤才。你呢,作为我的儿子,去鲁国做国君,可不要骄傲自满啊!

周公吐哺,天下归心。以周公那样的贤能和开国建国的功绩,尚且虚怀若谷,礼贤下士,这样“内圣外王”的人凤毛麟角。孔子希望自己也能有幸成为这样一位“圣人”,恢复周公所创立的西周礼仪文明,可惜孔子没有周公旦那样的命运或幸运。但从周代文化的传承和传播方面看,孔子的确做到了对西周文化的继承和发展,特别是汉武帝独尊儒术、抑黜百家之后,以孔子为代表的儒家文化成为封建君主制国家的主导文化,这也算是成就了孔子的“素王”[③]地位。

① 论语[M].陈晓芬,译注.北京:中华书局,2016:29.

② 司马迁.史记:全四册[M].萧枫,主编.哈尔滨:北方文艺出版社,2007:286.

③ 素王,是指具有帝王之德而未居帝王之位者。这里是指儒家文化的奠基人和领袖。

7.6 志于道

【原文】

子曰:“志于道,据于德,依于仁,游于艺。”

【引言】

这一章是孔子在讲君子如何把握道、德、仁、艺四者之间的关系,这个关系的道理也是君子应该达到的上乘理想生活的境界。志于道,才能安贫乐道;据于德,才能“事能知足心常泰,人到无求品自高”;依于仁,才能仁爱慈悲,才能先天下之忧而忧,后天下之乐而乐,才能无敌于天下;游于艺,才能使自己的才干落到实处,得以充分发挥和利用,也才能为社会作出力所能及的贡献。

【释解】

(1)志于道:立志追求宇宙、自然、社会和人生的真理。志:立志,决心实现……的志向。道:宇宙、自然、社会和人生的真理、道理或学说。

(2)据于德:以道德为根据。据:根据。德:人们行为的准则和规范;品行,品质。德,得也,是道的精神在人类社会生产生活实践中的具体显现。人们根据道的精神,总结出人类社会应该遵循的行为准则和规范,再通过教育和社会实践将之内化为个人的品质和品行。

(3)依于仁:把仁作为依靠或凭借。依:依靠,凭借。仁是一种道德范畴,指人与人相互友爱、帮助、有同情心和同理心等。有仁德的人通常宽厚善良,通情达理,仁爱慈悲,平等待人。《论语·雍也》说:“夫仁者,己欲立而立人,己欲达而达人。”①

(4)游于艺:遨游于各种技艺中。游:遨游,自由活动。艺:技艺、技能。这里是指“六艺”。

---

① 论语[M].陈晓芬,译注.北京:中华书局,2016:75.

【译文】

孔子说:“君子立志追求宇宙、自然、社会和人生的真理,以人们共同认可的道德规范和准则为根据,以仁爱、平等、互助为依靠,尽情遨游于礼、乐、射、御、书、数等六类技艺中。”

【拓展】

孔子关于道、德、仁、艺的论述,给君子修业进德指明了前进的方向。求其上,得其次。只有把最高目标定为追求“道”,才能够让自己有更满意的收获。道、德、仁这三者相对来说有些抽象,不如技艺那么具体。而这些抽象的东西必须体现于具体的技艺活动和实践中。朱熹注解说:“游者,玩物适情之谓。艺,则礼乐之文,射、御、书、数之法,皆至理所寓,而日用之不可阙者也。朝夕游焉,以博其义理之趣,则应务有余,而心亦无所放矣。此章言人之为学当如是也。盖学莫先于立志,志道,则心存于正而不他;据德,则道得于心而不失;依仁,则德性常用而物欲不行;游艺,则小物不遗而动息有养。学者于此,有以不失其先后之序、轻重之伦焉,则本末兼该,内外交养,日用之间,无少间隙,而涵泳从容,忽不自知其入于圣贤之域矣。”①其大意是说,道、德、仁、艺这四者的重要性是有先后顺序的。道是本,艺是末。本末一体,艺从道出,而道荣于艺。

《大学》有言:“物有本末,事有终始。知所先后,则近道矣。”②因此,应该正确看待和处理本末的关系,合理重视道、德、仁、艺之间的关系,重本抑末和本末倒置都是不对的。

《礼记·学记》中言:“不兴其艺,不能乐学。故君子之于学也,藏焉,修焉,息焉,游焉。夫然,故安其学而亲其师,乐其友而信其道,是以虽离师辅而不反也。”③这里指出了学习技艺、掌握技艺和运用技艺的重要性和必要性。

总之,道、德、仁这三者皆属于道德范畴,道为德和仁之根本,道大于德,德大于仁。而这三者必然会体现于人的技艺实践活动中。以道、德、仁为统

---

① 朱熹.四书章句集注[M].北京:中华书局,2011:91.

② 孔子,等.四书五经[M].李择非,整理.沈阳:万卷出版公司,2009:3.

③ 礼记[M].李慧玲,吕友仁,注译.郑州:中州古籍出版社,2010:149.

帅,人才能自由遨游于礼、乐、射、御、书、数等“六艺”之境,虚心涵泳,恣意自适。

7.7 自行束脩以上

【原文】

子曰:“自行束脩以上,吾未尝无诲焉。”

【引言】

这一章,是讲孔子招收学生的门槛。孔子举办私学,有教无类。其拜师的门槛设置得很低,前来求学的人只要按当时社会的拜师习惯,拿上一些拜师的见面礼就可以了。

【释解】

(1)自行:自愿,发自内心。

(2)束脩:准备好十条干肉,或准备好拜师礼。束:捆绑、捆扎、包好。脩(xiū):干肉、腊肉,又叫脯。束脩,也可用作名词,即十条干肉的意思,引申为拜师时的见面礼或拜师礼。

(3)以上:以献上。这里是指将拜师礼献给老师。

(4)未尝:未曾。

(5)无诲:没有教诲。

【译文】

孔子说:“凡是自愿准备好拜师礼献给我的,我就从来没有不教诲他们的。”

【拓展】

孔子是一个非常重视礼仪规范和礼制成俗的人。臣见君,有臣见君之礼;平时待人接物也有待人接物之礼;而对于尊师重道的孔子来说,拜师礼是不可能减免的。这是对教师这个职业的尊重,也是对求教者的一个教育过程。那么，遇到穷困人家的子弟，拿不出十条干肉还想拜师的，孔子会如何对待呢？根据孔子具有“仁、智、勇”三达德的特点来看，孔子是会做出变通的举措来的。例如，拿一条干肉作为拜师礼，可以不可以？我想，孔子作为道德比较完美的“圣人”，怎么会拒绝呢？当然，孔子具体如何做的，没有这方面的说明文献，我们也就暂且存疑吧。

“自行束脩以上”这一句中，如果我们把“束”理解为捆扎或包好的意思，那么“脩”是干肉的意思，这句就可以直接翻译为：“凡是自愿包好干肉作为见面礼来献给我的”。这样，这句话就并非意为：一定要拿十条干肉作为拜师礼献给孔子。换言之，一条干肉也可以啊。当然，如果这里的束脩是引申义，那么“自行束脩以上”就是“自愿包好拜师礼来献给孔子，拜孔子为师”的意思。

此外，南怀瑾对“自行束脩”做了更具引申性的理解。南怀瑾的原话是：“依我的看法，问题在自行两个字，自行束脩是自行检点的意思，如果说束脩是腊肉，孔子三千弟子，哪里吃得了这许多腊肉，放也没有这样大的地方来放，还有孔子的学生中如颜回，连一个好一点的便当都没有，哪里来的腊肉送给老师？而孔子不但教他，而且以他为最得意的学生。我认为孔子这句话的意思是说，凡是那些能反省自己，检束自己而又肯上进向学的人，我从来没有不教的，我一定要教他。这是我和古人看法所不同的地方，所谓自行束脩，就是自行检点约束的意思。”①我个人认为，南怀瑾对这句话的理解是有问题的，是自己臆断而来的。理由大约有以下几方面：

第一，如果说“自行束脩”是自行检点约束之意的话，那么，如何解释“自行束脩以上”中的“以上”？

第二，我们先假定孔子真有三千弟子，并且每个弟子的拜师礼都是十条干肉，一条不少。那就是三万条干肉。我们再假定每条干肉重三斤，那么这就是九万斤的数量。

如果这九万斤肉是孔子一个人吃，每天吃一斤，这样一年就是365斤，孔子要把这九万斤都吃完，需要大约247年。这显然是不可能的事情。但是，我们想一想，孔子会不让自己的家人吃吗？会不给邻居或朋友送些干肉吗？会不让学生们吃吗？如果三千弟子都参与吃，孔子以及孔子的家人都参与

---

① 南怀瑾. 论语别裁：上册[M]. 上海：复旦大学出版社，2015：282.

吃,每个月每人吃一斤的话,用不了三年就吃完了。再者,这三千弟子也是不同阶段跟从孔子学习的,是陆陆续续跟从孔子的,所以,不可能一下子就积累了九万斤的数量,也就根本不存在南怀瑾所说的“哪里吃得了这许多腊肉,放也没有这样大的地方来放”的问题。

第三,孔子一些学生家境比较贫困,根本拿不出十条干肉,有的甚至只能拿出一条、半条,或者用其他的薄礼代替干肉作为拜师礼。这对于拥有道、德、仁、艺的孔子来说,都不是不可逾越的界限。孔子重视的是拜师礼的实质内容和拜师礼的形式,即自愿拜师、尊师,真心跟从孔子学习文化知识、君子为人处世之道和为政做官之道,并自愿履行拜师礼的程序。

总之,“自行束脩以上,吾未尝无诲焉”这句话中的“束脩”,还是理解为“准备好拜师礼”的意思为好。

7.8 不愤不启

【原文】

子曰:“不愤不启,不悱不发。举一隅不以三隅反,则不复也。”

【引言】

上一章,孔子讲了自己招收学生的拜师礼的礼制原则。这一章是孔子在讲自己的启发式教学原则。

【释解】

(1)不愤不启:经过苦思冥想之后还不明白再去启发。愤:苦思冥想之后还不明白的样子。启:启发。

(2)不悱不发:心里想说而说不出来的时候再去启发。悱(fěi):心里想说而说不出来的样子。发:启发。

(3)举一隅不以三隅反:举出一个角落而不能类推知道其他三个角落,引申为不能从一件事情类推明白其他许多事情。隅:角落。反:类推。

(4)不复也:不再教了。

【译文】

孔子说:“教导学生的时候,不要急于启发和开导他们。等他们苦思冥想之后还无法明白的时候再去启发;等他们心里想说出来但就是说不出来的时候再去启发。给学生讲授明白一个方面的道理,他们却不能类推出其他三个方面的道理,那就不要再教他们了。”

【拓展】

教师教学有许多方式方法,如“灌输式”教学法、学生活动教学法、启发式教学法等。所有的教学方法都可以分为两大类:以学生为中心的教学方法和以教师为中心的教学方法。实践证明,这两大类教学方法各有所长,各有所短。教师需要根据每一堂课的具体教学目的和内容的变化而选择相应的切实有效的教学方法。

本章中,孔子讲了自己启发式教学方法的基本原则。对此,朱熹注解说:“愤者,心求通而未得之意。悱者,口欲言而未能之貌。启,谓开其意。发,谓达其辞。物之有四隅者,举一可知其三。反者,还以相证之义。复,再告也。上章已言圣人诲人不倦之意,因并记此,欲学者勉于用力,以为受教之地也。”①

总之,学习是学生个体必须亲力亲为的事情。父母不能代替孩子学习,教师也不能代替学生学习。学生只有在教师的启发诱导之下,积极和自觉地开展自主性、独立性的思考和探究活动,才能搞明白所学的知识、原理,才能领会其中的道理,并掌握进一步自主探究未知事物现象和本质的知识和本领。

7.9 子食于有丧者之侧

【原文】

子食于有丧者之侧,未尝饱也。

---

① 朱熹.四书章句集注[M].北京:中华书局,2011:92.

【引言】

这一章描述了孔子在参加有丧事人家举办的葬礼期间吃饭时的表现。孔子有着强烈的恻隐之心、同理心和同情心。他与哀者同哀，因为内心跟着哀痛，所以也没有心思吃饭。因此，每次在这样的场合吃饭，孔子都没有吃饱过。

【释解】

(1)食：吃饭。

(2)有丧者：有丧事的人，或穿丧服的人。

(3)侧：旁边。

【译文】

孔子在有丧事的人旁边吃饭，从来没有吃饱过。

【拓展】

本章虽然描述的是孔子在有丧事的人旁边吃饭的一贯表现，但至少反映出几个问题：首先，孔子的恻隐之心、同理心和同情心非常强，能够对他人悲伤的事情感同身受；其次，孔子非常重视和严肃对待丧礼。他认为丧礼不仅是一种对去世之人的尊重，更是对活人的教育和教化。

孔子认为“性相近，习相远”，所以他非常重视礼制和礼节在化民成俗方面的社会教化作用。在日常活动中，他能以身作则，率先垂范。这是非常难能可贵的。后来的孟子，在孔子人性论的基础上，进一步明确指出“性本善”。他说：“恻隐之心，人皆有之；羞恶之心，人皆有之；恭敬之心，人皆有之；是非之心，人皆有之。恻隐之心，仁也；羞恶之心，义也；恭敬之心，礼也；是非之心，智也。仁义礼智，非由外铄我也，我固有之也，弗思耳矣。”[①]另一位儒者荀子，却提出了与孟子的性本善说正好相反的“性恶论”，认为人性拥有向恶的方向发展的可能性，主张“立君上之势以临之，明礼义以化之，起法

① 孟子[M]. 万丽华，蓝旭，译注. 北京：中华书局，2007：245.

正以治之,重刑罚以禁之,使天下皆出于治”,[1]以达到改恶从善、拨乱反正的目的。

7.10 子于是日哭

【原文】

子于是日哭,则不歌。

【引言】

这一章接着上一章,继续描述孔子对于丧事或丧礼的表现。这一方面是孔子一贯行为态度的表现,另一方面是孔子以身作则遵守礼制的反映。

【释解】

(1)于是日:在这一天。于:在。是:这。日:天。
(2)哭:哭丧,一种以哭的形式表达哀思的礼俗。
(3)歌:唱歌。

【译文】

孔子在这一天到有丧事的人家祭奠死者而哭了,就不再唱歌了。

【拓展】

人有七情六欲。有的人肆意而欢,任意而哭;有的人遵守礼制,当哭则哭,当歌则歌。有些人宣泄情感,不受约束;有些人言谈举止一切按理和礼行事。孔子就是一个遵礼而行的人。孔子认为根据礼制来表达哀思的情感,“发而皆中节”,心中真诚,不做作,不虚伪,恰到好处。否则,不是过于悲伤,就是哀思不足。那样做不仅没有必要,也损伤身体,甚至把丧礼或哭丧流于形式,有损社会风气。中庸之道,是孔子坚持和赞赏的,“过”与“不及”是孔子不愿看到的。

---

① 荀子:全二册[M].邓启铜,点校.南京:南京大学出版社,2014:433.

7.11 用之则行

【原文】

子谓颜渊曰："用之则行，舍之则藏，惟我与尔有是夫！"子路曰："子行三军，则谁与？"子曰："暴虎冯河，死而无悔者，吾不与也。必也临事而惧，好谋而成者也。"

【引言】

这一章通过孔子和颜回、子路的对话，来陈述孔子关于"行"与"藏"或者"显"与"隐"的观点，以及孔子对君子"临事而惧，好谋而成"的希望。

【释解】

(1)用之则行：如果有人任用我，我就积极行动。用：任用。行：行动。

(2)舍之则藏：如果舍弃不用我，那我就隐藏起来。舍：舍弃。藏：隐藏。

(3)惟：唯有，只有。

(4)有是夫：有这个吧。有：拥有，具有。是：这个，这里是指"用之则行，舍之则藏"的品格、智慧和能力。

(5)子行三军：您统率三军。子：古代对人的尊称；称老师或称有道德、有学问的人。这里是指孔子。行：统率，指挥。三军：在古代是指左军、中军、右军三军，或上军、中军、下军三军，或前军、中军、后军三军。周朝的制度规定，天子可有六军，诸侯大国可有三军。中军最尊，上军次之，下军又次之。西周初年，一军两千五百人，三军合七千五百人。东周时期，一军约有一万两千五百人或更多，三军大约三万七千五百人或更多。另一说是，"在古代，'军'是一个部队建制单位，1000 乘战车为一军。按照惯例，一乘战车标准配置是配备 25 名士兵，其中 10 人为甲士，3 人在战车上，7 人在战车下，这 10 人是这辆战车的主力军；另有 15 人为徒卒，这 15 人的主要任务是为甲士提供支援。以上 25 人是这辆战车的作战力量。除此之外，每辆战车还配备有养马服役者 5 人，这 5 人不是战斗力量，只做后勤保障，他们在作战间隙专司喂马等杂役，战时也不出现在战车旁边。这样算下来，每一乘战车，就有 30 人，1000

乘战车就是3万人。这3万人和1000乘战车,组成了一军"①。

(6)谁与:和谁在一起。与:和。

(7)暴虎冯河:空手与老虎搏斗,徒步涉水过河。比喻有勇无谋,鲁莽冒险。冯(píng):同"凭",凭借。

(8)临事而惧:遇到事情便格外谨慎小心。惧:警惕,谨慎小心。

(9)好谋而成:善于谋划并能成功。

(10)者也:古文中的语气词,一般被置于句末,表示判断语气,不译。

【译文】

孔子对颜渊说:"用我,我就好好干;不用我,我就隐藏起来。只有我和你才能做到这样吧!"子路问孔子说:"如果老师您统率三军的话,那么您和谁在一起共事呢?"孔子回答说:"空手与老虎搏斗,徒步涉水过河,死了都不会后悔的人,我是不会和他在一起共事的。我要与之共事的人,一定是遇到事情便格外谨慎小心,善于谋划并能成功的人。"

【拓展】

孔子认为,一个君子应该具备"仁、智、勇"三种通达的品德。这个仁必须有智和勇来辅佐;这个智必须为了仁这个目的,并与勇相辅相成;这个勇必须是仁和智基础上的"勇"。用南怀瑾的话说,就是"孔子的学问中,智、仁、勇三个字是相连的,真正的大勇,一定有智有仁;真正的仁,一定有智有勇;真正的智,也一定有仁有勇,三者不能分开的"②。

7.12 富而可求也

【原文】

子曰:"富而可求也,虽执鞭之士,吾亦为之。如不可求,从吾所好。"

① 佚名.古代"三军"是指左、中、右军[N].鹤壁日报,2016-12-09(6).

② 南怀瑾.论语别裁:上册[M].上海:复旦大学出版社,2015:286.

【引言】

上一章是孔子在谈自己有关为政做官的观点，认为有伯乐能认识自己这个千里马，那么这个千里马就好好地发挥自己的才能；否则，就隐藏起来，安心过自己的小日子。这一章是孔子在讲自己的财富观。君子爱财，取之有道。孔子认为，如果财富可以光明正大地得到，他就去追求；如果没有正当的机会追求财富，那么，他还是安贫乐道吧。

【释解】

(1)富而可求：财富可以正当地追求。富：财富。可求：合乎道德、正当的财富可以追求。

(2)执鞭之士：手执皮鞭清理道路、行人以为天子、诸侯和官员出入开路的人，或手执皮鞭维持市场秩序的人。这里指地位比较低下的职事或工作岗位。

(3)从吾所好：顺从我自己的爱好。这里指干自己所喜好的事情。从：听从，顺从。好：喜好，爱好。

【译文】

孔子说："如果财富可以正当地去追求，那么即使是做手执皮鞭维持道路或市场秩序的低级差事，我也愿意去干。但如果财富不可以正当地追求，那么，我还是根据自己的爱好去干事吧。"

【拓展】

"勿以善小而不为，勿以恶小而为之。"孔子在对待财富、为政做官、办丧事、待人接物等方面，都讲求仁、义、礼、智、信的君子标准。合乎道义的，合乎仁、义、礼、智、信的事情，他就去做，不合乎道义的、不正当的事情，他就不去做。所以，孔子多次表达了他对于财富或富贵的观点："饭疏食饮水，曲肱而枕之，乐亦在其中矣。不义而富且贵，于我如浮云。"①

君子爱财，取之有道。一分钱逼死英雄汉。虽说钱不是万能的，但没有

① 论语[M].陈晓芬，译注.北京：中华书局，2016：84.

钱是万万不能的。几千年来,中国人深信,小富由勤,大富由命。命中有时终须有,命里无时莫强求。因此,无论是追求富贵还是其他东西,都应该学习《周易》的乾坤精神,即:“天行健,君子以自强不息;地势坤,君子以厚德载物。”①做事合乎道义,做人合乎仁德,仰无愧于天,俯不怍于人,自然“自天佑之,吉无不利”。

7.13　子之所慎

【原文】

子之所慎:齐、战、疾。

【引言】

上一章讲了孔子的财富观。这一章在讲孔子平生最为关心和谨慎小心的三件事:即斋戒、战争和疾病。

【释解】

(1)慎:谨慎小心,慎重。

(2)齐:同“斋”,斋戒。古人在祭祀或举行宗教活动前要斋戒,即沐浴更衣、不吃荤食不饮酒、夫妻不同房,等等,以示虔诚。

(3)战:战争。

(4)疾:疾病。

【译文】

孔子平生所慎重对待的三件事是:斋戒、战争和疾病。

【拓展】

为什么孔子平素会对斋戒、战争和疾病这三件事如此慎重和重视呢?

首先,关于斋戒。斋戒具有许多身心作用。第一,斋戒因为要沐浴更衣,禁酒禁荤,所以能够清洁身体,保持健康卫生。第二,斋戒要求人们持守

① 周易[M].靳极苍,详解.太原:山西古籍出版社,2003:152,158.

戒律，净口净心，对天地神灵、祖先保持虔诚、崇敬，这对于净化心灵和提升精神境界具有一定的积极作用。第三，在斋戒期间以及举办祭祀或宗教活动期间，人们可以进行求神赐福、祈福消灾、许愿等活动，可以和其他人相互交流和交往，这对于健康身心、促进文明礼貌和建设和谐社会具有一定的积极作用。当然，我们要反对利用斋戒为借口的愚昧和迷信的活动。

其次，关于战争。战争会给国家和人民带来重大危害和损失。孙子说："兵者，国之大事，死生之地，存亡之道，不可不察也。"①战争可以造成一个国家的灭亡，可以造成人民的生命、财产的巨大损失，可以给许多人带来伤残和给许多家庭造成生死离别，可以造成国家间、民族间、人与人之间的仇恨，可以给被波及的人们带来心灵和心理的创伤。春秋战国时期，天下无道，"礼乐征伐自诸侯出"②。大国欺负小国，大国与大国争霸，大国兼并小国，诸侯僭越天子之礼，大夫僭越诸侯之礼，陪臣执国命等混乱现象愈演愈烈，给黎民百姓的生活造成了极大困扰。孟子认为，春秋时期没有什么正义的战争，即"春秋无义战"③。

最后，关于疾病。春秋战国时期，人的平均寿命大约只有三四十岁。平均寿命低，显然与战争、疾病和当时低下的生活条件大有关系，也与人们缺乏医疗卫生知识和素养，以及医疗条件和医疗资源不足有关。墨子说："与其居处之不安，食饭之不时，饥饱之不节，百姓之道疾病而死者，不可胜数。"④《论语·乡党》中对孔子不吃不洁净和腐败的食物等"十不食"都有比较详细的记载。正因为在当时的社会，疾病是人类最大的威胁之一，孔子才高度重视和谨慎应对这方面的问题。

总之，孔子根据自我的认知，认为斋戒、战争和疾病与人类的福祉息息相关，稍有不慎，就会给人类和个人带来不可估量的危害和损失。因此，孔子格外重视这三件事。

---

① 孙武. 孙子兵法[M]. 刘国华，译注. 合肥：安徽文艺出版社，2003：1.

② 论语[M]. 陈晓芬，译注. 北京：中华书局，2016：222.

③ 孟子[M]. 万丽华，蓝旭，译注. 北京：中华书局，2007：318.

④ 墨子[M]. 方勇，译注. 北京：中华书局，2011：157.

7.14　子在齐闻《韶》

【原文】

子在齐闻《韶》，三月不知肉味。曰："不图为乐之至于斯也。"

【引言】

这一章描述了孔子对《韶》乐的喜爱程度。孔子"志于道，据于德，依于仁，游于艺"。他对古代文化，特别是《诗》《书》《礼》《乐》《易》《春秋》等"六经"和礼、乐、射、御、书、数等"六艺"都很精通，可以说是在德、智、体、美等方面做到了全面发展。他精通音乐，能够从欣赏和弹奏音乐中获得情感共鸣和思想升华。孔子喜欢《韶》乐，不仅因为其曲调悦耳动听，还因为《韶》乐中处处表现了情感的和顺与生活的美好。

【释解】

(1)齐：齐国。

(2)不图：想不到，没料到。图：图谋，料到。

(3)为乐：为了音乐。

(4)之：虚用，无所指。

(5)至于斯也：到了这样的地步。

【译文】

孔子在齐国听到了《韶》乐，有至少三个月的时间尝不出肉的滋味。他感叹地说："想不到为了这个音乐而痴迷到这样的地步。"

【拓展】

《史记·孔子世家》记载，孔子35岁那一年，鲁国发生内乱，"三桓"联合起来把鲁昭公驱逐出境，鲁昭公奔逃到齐国。孔子也跟着到了齐国都城临淄，投奔到齐国上卿高昭子的门下做家臣。孔子希望高昭子能够把他推荐给齐景公，以便得到重用，在齐国施展政治抱负。当然，最后的结果是，因为齐国国相晏婴的阻挠，孔子没被齐景公任用。

孔子听到《韶》乐一事，就发生在他在齐国逗留期间。一天，高昭子带孔子去了齐国宫廷。在齐国宫廷，孔子不仅见到了齐国太师，还有幸欣赏到齐国的宫廷乐舞——《韶》。“当太师发出了开始演奏的命令时，柷（古代木制乐器）声响起，随后传来编磬清脆悦耳的声音，犹如一股仙乐从天而降；当婉转悠扬的琴瑟声响起时，歌女们便随着音乐声翩翩起舞，唱起高亢清越的歌，那动人的歌喉更是动人心弦；紧接着，鼓声响起，笙、箫、管、陨齐鸣，又一排头戴七色羽毛，衣着薄如蝉翼的齐纨彩衣的舞女手持长长的翎毛次第登场，然后随着乐队的节拍，起舞进退，犹如百鸟朝凤。之后，更宏伟壮阔的场面开始了，伴着音乐旋律的起伏变化，一队扮作百兽样子的舞男身着绚丽多彩的服装，踏歌而舞，欢快地舒展跳跃；最后，美丽的凤凰自远处袅袅飞来，这也是韶乐的高潮，只见演奏厅里八音共奏，钟鼓齐鸣、琴瑟和谐、金声玉振，一个天地和谐、万物生发、祥瑞缭绕的绚丽多彩的场景将人们带入了神话境界，所有的人都被这美妙绝伦的演出迷住了。孔子更是如醉如痴，忘却了身在何处，以至于到最后他也随着音乐的节拍跳起了舞蹈，嘴里喃喃说道：‘真是太完美了！真是太完美了！想不到韶乐竟到了如此完美的境界，真不愧为天下第一乐舞！’”①

因为《韶》乐所反映的思想情感与孔子的政治理想不谋而合，所以孔子对《韶》乐赞赏有加，称其“尽善尽美”。他利用三个月的时间跟着太师学习齐《韶》的音乐和舞蹈，醉心于其中，甚至都分辨不出肉的味道。

7.15　夫子为卫君乎

【原文】

冉有曰：“夫子为卫君乎？”子贡曰：“诺。吾将问之。”入，曰：“伯夷、叔齐何人也？”曰：“古之贤人也。”曰：“怨乎？”曰：“求仁而得仁，又何怨？”出，曰：“夫子不为也。”

---

① 李玉国.齐文化经典故事：孔子闻韶[EB/OL].(2019-07-16)[2022-08-13]. https://www.sohu.com/a/327192796_120060057.

【引言】

这一章是在描述孔子在对待卫国国君卫出公辄与其父蒯聩争夺卫国君位一事上的立场和态度。从孔子在这个事情上采取的立场和态度,就可以看清楚孔子始终是周礼的遵循者,而不会为了个人利益采取违反周礼或僭越周礼的行动。

【释解】

(1)为:为了,站在……的一边,帮助,助力。

(2)卫君:卫国国君,这里是指当时在位的卫出公辄。卫出公,名辄,卫国第二十九代国君,前492年—前481年、前476年—前470年在位。他是卫灵公之孙,卫后庄公之子,卫悼公之侄。卫灵公立夫人南子的儿子蒯聩为太子。太子蒯聩无法容忍南子私通之事,母子关系不断恶化,最后欲雇人杀死南子。事情败露后,蒯聩逃往宋国,后又投奔晋国赵氏。灵公四十二年(公元前493年)夏,卫灵公死后,太子蒯聩之子辄即位为卫出公。同年六月,晋国赵简子送太子蒯聩回卫国,想让他即位。卫国发兵抵抗,击败了晋国军队,蒯聩第一次争夺君位未能成功,但仍不甘失败,在晋国蠢蠢欲动。出公十二年(公元前481年),蒯聩第二次夺位成功,继位为卫后庄公,而卫出公辄出逃到齐国。蒯聩在位不到四年,就被赶下了台,出逃到外国。公元前476年,卫出公辄从齐国返回卫国复位。卫出公八年(公元前485年),孔子携一些学生来到卫国,第二年又返回鲁国。冉有、子贡和孔子的对话就发生在孔子逗留卫国期间。

(3)诺:答应的声音,嗯,好的。

(4)不为:不做那事。这里是指孔子不会帮助卫出公辄与其父蒯聩争斗。因为在孔子看来,父子相争是违背礼制的事情。

【译文】

冉有问子贡说:“老师会帮助卫国的国君辄吗?”子贡回答说:“好,我去问问老师吧。”

于是,子贡就走进孔子的房间问孔子:“伯夷、叔齐是什么样的人呢?”孔子回答说:“古代的贤人啊。”子贡又问:“他们心中有怨恨吗?”孔子回答说:

"他们追求仁义,也得到了仁义,又有什么怨恨呢?"子贡从孔子的房间出来,告诉冉有说:"老师不会帮助卫君的。"

【拓展】

由上可见,子贡问孔子的时候,使用了旁敲侧击的方法。他通过询问孔子关于伯夷、叔齐二人的看法,来揣摩孔子对于卫国国君辄与其父蒯聩争夺国君之位一事的看法。孔子对伯夷、叔齐两兄弟互让孤竹国君位的事情非常赞赏,认为他们这是仁义之举。而卫国国君辄与其父蒯聩二人,不是互让,反是互斗。君不君,臣不臣,父不父,子不子。二人都有违礼的地方,孔子帮谁都有错。所以,谨守礼制的孔子,是不会介入其中的。

7.16　饭疏食饮水

【原文】

子曰:"饭疏食饮水,曲肱而枕之,乐亦在其中矣。不义而富且贵,于我如浮云。"

【引言】

在本篇第十二章中,孔子表达了自己对于追求财富的看法,这一章是孔子继续表达自己对富贵的看法。

【释解】

(1)饭疏食饮水:吃着粗粮,喝着白开水。饭:吃。疏食:粗粮。

(2)曲肱而枕之:弯着胳膊当枕头。曲:弯曲,弯着。肱,胳膊,由肩至肘之间的部位。枕之:枕着它,或以它为枕头。

(3)不义而富且贵:做着不义的事情,而富贵起来。不义:不正当的手段或不合乎道义的事情。

【译文】

孔子说:"吃着粗粮,喝着白开水,弯着胳膊当枕头,在其中也有乐趣啊。

用不合乎道义的、非正当的手段得到的富贵,对于我来说如同天上的浮云一般。”

【拓展】

君子喻于义,小人喻于利。君子总是把道义和仁义作为自己做人处世的标尺,而小人总是把个人利益放在第一位。这是君子和小人之间根本的区别。君子相信天命,生死有命,富贵在天。君子豁达乐观,不为穷达所困。“君子素其位而行,不愿乎其外。素富贵,行乎富贵;素贫贱,行乎贫贱;素夷狄,行乎夷狄;素患难行乎患难,君子无入而不自得焉。在上位不陵下,在下位不援上,正己而不求于人,则无怨。上不怨天,下不尤人。故君子居易以俟命。小人行险以徼幸。子曰:‘射有似乎君子。失诸正鹄,反求诸其身。’”①

君子“用之则行,舍之则藏”②,有道则现,无道则隐,“穷则独善其身,达则兼济天下”③。孔子无疑是君子,能够安贫乐道,随遇而安,也能够自强不息和厚德载物。

总之,淡泊以明志,宁静以致远,乐亦在其中矣。

7.17　加我数年

【原文】

子曰:“加我数年,五十以学《易》,可以无大过矣。”

【引言】

这一章是孔子在谈论自己学习《易》的感受。他认为,如果自己能够有更多的时间学《易》,掌握其中的理论和知识,就可以不犯大的错误。

【释解】

(1)加:增加。

① 孔子,等. 四书五经[M]. 李择非,整理. 沈阳:万卷出版公司,2009:21.
② 孔子,等. 四书五经[M]. 李择非,整理. 沈阳:万卷出版公司,2009:64.
③ 孟子[M]. 万丽华,蓝旭,译注. 北京:中华书局,2007:291.

(2)数年：几年的寿命或时间。

(3)五十：五年到十年的时间。

(4)《易》：阐述自然、社会和人等万物变化规律和特征的书。它蕴涵着朴素而深刻的自然法则和辩证法思想，被誉为诸经之首。《周易》文化是中华民族文化的重要源头。古人常用《周易》占卜，预测未来，但善《易》者往往不卜。

(5)大过：大的错误或过失。

【译文】

孔子说："给我增加几年的寿命，五年到十年的时间，我来专心学习《易》，就可以不犯大的过错了。"

【拓展】

自古迄今，学者们对"加我数年，五十以学《易》"这句话的理解多有分歧。有的学者认为这句话是孔子四十多岁时说的，说孔子在说自己再过几年，到五十岁时开始好好学习《易》，就可以不犯大的过错。例如，梁皇侃说："加我数年，方至五十，谓四十七时也。《易》之为书，穷理尽性以至于命，吉凶悔吝豫以告人，使人从吉，不从凶，故孔子言己四十七学《易》，可以无过咎矣。"①皇侃把孔子说这句话的年龄确定为四十七岁。又如，南怀瑾也是把孔子说这句话的年龄确定在四十到四十九岁之间。他说："根据这个话看起来，孔子总是在四十多岁，至多四十九岁说的。他说如果我能多活几年，五十岁以后学《易经》——《易经》是古代的文化——把《易经》搞通了，人生就没有大过了。"②

还有的学者，如李炳南，对这一句话的批注是："这个五、十不是指年岁，而是解释那个'数年'的。孔子到晚年才开始学《易经》，而恨相逢已晚，他说如果上天能够再给我加多一些寿命，给我加几年，到底多少年？这里五、十是举个比喻，给我加五年，或者加十年，来学《易经》，这就可以无大过。"③

---

① 何晏，邢昺. 论语注疏[M]. 北京：中国致公出版社，2016：103.

② 南怀瑾. 论语别裁：上册[M]. 上海：复旦大学出版社，2015：290.

③ 子曰："加我数年，五十以学易，可以无大过矣。"[EB/OL].（2022-05-31）[2022-08-13]. http://www.guoxuemeng.com/guoxue/15002.html.

我个人认为，这一句是孔子反思他以前的人生经历时所抒发的感慨。根据这里表达的意思，孔子认为自己在以前的人生经历中是犯过大的过错的。至于说是他当鲁国司寇时所犯的过错，还是他周游列国之后在卫国、蔡国、陈国等国所犯的错，我们已经无从得知。再者，根据《史记 · 孔子世家》记载，“孔子晚而喜《易》，序《彖》《系》《象》《说卦》《文言》，读《易》，韦编三绝。曰：‘假我数年，若是，我于《易》则彬彬矣。’”因此，我把孔子说这句话的年龄确定在孔子 68 岁回到鲁国之后至其 73 岁去世之前的这个时间段。孔子 68 岁回到鲁国后，开始编订“六经”，《诗》《书》《礼》《易》《乐》《春秋》一一编订好，需要花费大量的时间。所以，很可能孔子在编订《易》的过程中，突然发现了易理的精妙及其对人生的巨大指导价值和意义。过了“五十而知天命”“六十而耳顺”的年龄，孔子对“天命”的理解更加深刻了，而《易》正好是阐发天命规律，教导人们顺天应命、安道乐道的学问。其思想正好与孔子的思想情趣不谋而合，且《易》广大精微，无所不包，带给人无穷无尽的学习和想象空间。我想，这正是孔子晚年喜欢阅读、学习《易》，迷上《易》，达到韦编三绝之境的根本原因。

孔子 70 岁左右开始钻研《易》，多有妙悟。再加上几十年的人生阅历和智慧积累，因此，他在这个人生阶段能做到“从心所欲，不逾矩”。我想，《易》所具有的“修心养性”功能在孔子转变心性和人格成熟的过程中事实上起到了一定的积极作用。

7.18　子所雅言

【原文】

子所雅言，《诗》《书》，执礼，皆雅言也。

【引言】

上一章讲了孔子晚年喜欢读《易》的故事，这一章是讲孔子在诵读《诗》《书》和执行赞礼的时候都要说当时的官话(普通话)。

【释解】

(1)雅言：指周王朝以京畿之地所流行的陕西方言为标准音的官话。古代的官话按现代话来说就是在全国范围内普及推广的普通话。孔子自小生活在鲁国,平时说话常用鲁国的方言。

(2)《诗》:《诗三百》,我国最早的一部诗歌总集,收集了西周初年至春秋中叶(前 11 世纪至前 6 世纪)的诗歌,共 311 篇。《诗三百》传为尹吉甫采集、孔子编订。《诗三百》在内容上分为《风》《雅》《颂》三个部分。《风》是周代各地的歌谣;《雅》是周人的正声雅乐,又分《小雅》和《大雅》;《颂》是周王庭和贵族宗庙祭祀的乐歌,又分为《周颂》《鲁颂》和《商颂》。

(3)《书》:《尚书》,最早名为"书",是我国第一部上古历史文件和部分追述古代事迹著作的汇编,分为《虞书》《夏书》《商书》《周书》。

(4)执礼:执行赞礼。举行典礼时,司仪使用的语言一般是官话。

【译文】

孔子在正式场合一般都说普通话,例如,他在诵读《诗三百》《尚书》以及执行赞礼的时候都讲普通话。

【拓展】

在周朝,周天子所在的地方流行的是陕西方言,所以当时各个国家的雅言(官话)是以当时的陕西语音为准。而各地的读书人在读《诗三百》《尚书》《礼记》等书和举行典礼的时候都要用正式的官话。雅言对于不同的诸侯国来说,就相当于一种通用的国际语言。学会和坚持说雅言,无疑有助于各国之间语言和文化的交流。

7.19　叶公问孔子于子路

【原文】

叶公问孔子于子路,子路不对。子曰:"女奚不曰:'其为人也,发愤忘食,乐以忘忧,不知老之将至云尔。'"

【引言】

这一章是在讲孔子是一个什么样的人。因为其他人,包括孔子的学生子路,都觉得无法形容孔子是一个什么样的人,所以,孔子就来了一个自画像,主动告诉子路应该怎样描述或概括自己。

【释解】

(1)叶(shè)公:即沈诸梁,姬姓(一说芈姓),沈氏,名诸梁,字子高,楚国的大夫,曾担任楚国令尹、司马。他因封地在叶邑(今河南叶县南旧城),所以叫叶公。

(2)不对:不回答,不作答。

(3)女:通"汝",你。

(4)奚:为何,为什么,怎么。

(5)为人:做人。

(6)云尔:如此罢了。云:代词,如此。尔:同"耳",而已,罢了。

【译文】

叶公向子路打听孔子是个什么样的人。子路不知如何回答,就没有答复。孔子知道后,对子路说:"你为什么不这样说:'他这个人,发愤起来连吃饭都忘记了,快乐起来把所有的忧虑都忘记了,连自己将要衰老都不知道,如此而已。'"

【拓展】

孔子在这一章中给自己做了一番描画。从他所描述的"发愤忘食,乐以忘忧,不知老之将至"的形象来看,他肯定自己是一个努力拼搏、自强不息、豁达乐观、快乐无穷的人。总之,人活着,总是要有一点精神的。

7.20 我非生而知之者

【原文】

子曰:"我非生而知之者,好古,敏以求之者也。"

【引言】

上一章中,孔子告诉子路自己是一个"发愤忘食,乐以忘忧,不知老之将至”的人。这一章中,他继续说自己是一个“非生而知之者”和“好古,敏以求之者”。众所周知,一个人可能有多方面的特点,所以描述一个人可以使用多种不同的方式和说法。把这些特点综合起来,一个人物的形象就能被大概描述出来。

【释解】

(1)生而知之:天生就知道我所拥有的知识。生:天生,一生下来。

(2)好古:喜欢古代的历史和文献知识。

(3)敏以求之:勤勉努力求取知识。敏:勤勉努力。求之:求取知识。

(4)者也:……的人。者:指代人。也:文言文句末的语气词,不译。

【译文】

孔子说:“我不是天生下来就知道我所拥有的知识的人,我是喜欢古代的历史和文献知识并勤勉努力求取知识的人。”

【拓展】

客观地讲,人与人之间有天赋差异。有天赋异禀的人,有天赋中等的人,还有天赋低等的人。这表现在智商上,就是有高智商、中等智商和低等智商三类人,表现在情商上也是如此。但是自古迄今,无论是谁,都要经过后天的学习和教育,才能掌握比较丰富多样的知识和才艺。先天的素质必须与后天的努力相结合,才能结出丰硕的成果。绝对不存在什么“生而知之”的人。所以,即使神圣如孔子,也是只有勤勉努力才能获得知识的人。

7.21 子不语

【原文】

子不语:怪、力、乱、神。

【引言】

这一章是在讲孔子对待“怪、力、乱、神”的态度和看法。

【释解】

(1)子不语:孔子不谈论。

(2)怪:怪异之事。

(3)力:暴力,蛮力。

(4)乱:动乱,叛乱。

(5)神:鬼神之事。

【译文】

孔子不谈论怪异、暴力、动乱和鬼神之事。

【拓展】

客观地讲,世界上是存在"怪、力、乱、神"现象的。这些现象因为超出了人类目前的科学认知,而显得格外神秘。譬如,世界各地都曾报道过"UFO"现象,几十年过去了,到现在,人们仍然无法搞清楚其本来面目。还有一些"闹鬼"的传说,未知之谜,等等。可以肯定的是,许多未知之谜,只是人类目前的科技理论、知识、手段暂且无法解释,并不等于说它们是永远无法用科学技术来揭示和解释的。譬如,在发明显微镜之前,人类无法看到细菌和病毒,所以人类把细菌和病毒给人带来的疾病视作上天的惩罚,是上天所降下来的灾祸,等等。而现在,人类已经很大程度上明白了细菌和病毒的致病机理,也能够通过隔离、开发疫苗和药物等手段来对付它们了。所以,大家应当科学理性地认识"怪、力、乱、神",如果目前还无法搞清楚,不如像孔子那样,暂时搁置,敬而远之。

如果整天谈论"怪、力、乱、神"这些子虚乌有之事,不仅无法解决疑惑和问题,还会耽误人们做正事、做实事。因此,孔子"敬鬼神而远之"、不语"怪、力、乱、神"的思想是更为理智和理性的,这也是一种实事求是、脚踏实地的工作作风和做人态度。

7.22 三人行

【原文】

子曰:“三人行,必有我师焉。择其善者而从之,其不善者而改之。”

【引言】

这一章是孔子在讲自己学习和迁善改过的经验。

【释解】

(1)三人行:三个人或多个人在一起行走。三:三个或作虚数,指多个。
(2)师:老师,值得向之学习的人。
(3)择其善者:选择其身上的优点。
(4)从之:学习、效仿这些优点或善的地方。
(5)其不善者:其身上不好的地方或缺点。
(6)改之:改掉这些缺点或不好的地方。

【译文】

孔子说:“多个人在一起行走,一定有可以做我老师的人。我选择他身上的优点去向他学习,看到他身上不好的地方就引之为鉴而去改掉自己身上类似的缺点。”

【拓展】

唐代韩愈说:“圣人无常师。孔子师郯子、苌弘、师襄、老聃。郯子之徒,其贤不及孔子。孔子曰:‘三人行,则必有我师。’是故弟子不必不如师,师不必贤于弟子,闻道有先后,术业有专攻,如是而已。”[①]“圣人无常师”,好坏为师。别人好的地方可以作为学习的目标,别人坏的地方也可以作为我们的借鉴。学无止境。处处留心皆学问。学习必然需要老师的指引或指导。那么,我们到哪里去寻找老师?孔子告诉我们“三人行,必有我师焉”,只要肯

---

① 韩愈.韩昌黎文集校注[M].马其昶,校注.马茂元,整理.上海:上海古籍出版社,1986:44.

不耻下问，不耻去问，时时处处都能找到令自己有所裨益的老师。

7.23 天生德于予

【原文】

子曰："天生德于予，桓魋其如予何？"

【引言】

这一章是讲孔子"生死有命，富贵在天"的思想。"天生我材必有用"，说到底，天地间的一切，包括自然界、人与物，等等，都是宇宙造化的产物。宇宙、大自然和社会的运行，都有着自身内在的规律，不以人们的意志为转移。

谋事在人，成事在天。君子应该顺天应命，努力做好自己应做的事，至于结果如何，听天由命。积德无须人见，行善自有天知。人为善，福虽未至，祸已远离；人为恶，祸虽未至，福已远离。行善之人，"如春园之草，不见其长，日有所增；作恶之人，如磨刀之石，不见其损，日有所亏"。①

【释解】

(1)天生德于予：老天把道德生在我身上，老天让我天生就喜好和拥有道德。言外之意是，我有仁德在身，老天不降灾祸给我，谁能把我怎么样呢？天：老天，上天，苍天。古人认为，老天是宇宙的主宰，宇宙万物，包括人，都是老天的造化物。生：生育，生产。德：道德，仁德。于：在。予：我。

(2)桓魋（tuí）：又称向魋，子姓，春秋时期宋国（今河南商丘）人。他是宋桓公的后代，深受宋景公宠爱，曾任宋国司马，主管军事行政。桓魋兄弟五人。老大向巢任宋国左师，是名义上的军队统帅。老二桓魋为司马，掌握宋国兵权。老三子牛是孔子的学生。老四子颀和老五子车跟着老二桓魋做事。孔子周游列国到了宋国，宋景公知道孔子是贤能的人，想要重用孔子，桓魋感受到孔子及其学生会威胁到他在宋国的权势，就不经宋景公同意，派人去追杀孔子，结果孔子不得不逃出宋国。后来，桓魋骄纵不法，想要悖逆谋害宋景公，事情败露后逃往他国。这件事牵连到他的四个兄弟，其他兄弟

① 吴承恩. 西游记[M]. 长沙：岳麓书社，1987：203.

为了活命，也陆续出国避难。

(3)其如予何：他能把我怎么样呢？其：他，指桓魋。如……何：把……怎么样。

【译文】

孔子说：“老天把仁德赋予了我，他桓魋能把我怎么样呢？”

【拓展】

公元前492年，孔子从卫国去陈国时先经过曹国，再从曹国到了宋国。桓魋因害怕宋景公重用孔子及其学生而威胁到自己的权势和利益，所以就派兵包围了孔子及其学生。当时，孔子正和学生们在一棵大树下演练礼仪。桓魋要将孔子赶出宋国，就派人将大树砍倒。孔子看到这种情况，知道在宋国待不下去了，就跟学生们说了这番话，并带学生们一起离开宋国这个是非之地。

孔子是“为天地立心，为生民立命，为往圣继绝学，为万世天太平”的人，怎么会和桓魋这样的人拼命呢？孔子周游列国，以寻求施展政治抱负的机会。为了自己的社会政治理想，他就这样坚持不懈、不屈不挠地寻觅着。

7.24　二三子以我为隐乎

【原文】

子曰：“二三子以我为隐乎？吾无隐乎尔。吾无行而不与二三子者，是丘也。”

【引言】

这一章是在讲孔子向学生们表白自己的心迹。孔子对学生们说，自己拥有什么知识，就会把它们毫无保留地分享给大家。

在中国古代或者传统行业中，有一句俗语：教会了徒弟，饿死了师父。各行各业，做师傅的一般要留一手绝活，不教给徒弟。之所以如此，就是预防一些不道德的徒弟背信弃义，危害到自己的利益，甚至生命。这正所谓

"害人之心不可有,防人之心不可无"。

但孔子不是普通人,他是"志于道,据于德,依于仁,游于艺"的人,是一个有着远大崇高的社会政治理想和志向的人。他不仅自己志愿如此,还希望学生们也能够"铁肩担道义,妙笔著文章",立德、立功和立言于世间。再说,知识只会越分享越多,智慧只会越积累越高。传承文化和理想,需要一批又一批的人才。所以,孔子是不会对自己的学生有任何隐瞒的。他知无不言,言无不尽。

【释解】

(1)二三子:你们。

(2)以我为隐乎:认为我会对你们有所隐瞒吗?以:以为,认为。为隐:做隐瞒。乎:吗。

(3)吾无隐乎尔:我对你们没有什么可隐瞒的。吾:我。乎尔:于你们,对你们。

(4)行:行动。

(5)是丘也:这就是我孔丘。这里是指我孔丘就是这样的人。

【译文】

孔子说:"学生们,你们以为我对你们有什么隐瞒吗?我对你们没有什么可隐瞒的。我没有什么事不是和你们一起干的。这就是我孔丘的为人啊!"

【拓展】

为什么孔子会对学生们说这样的话?或者说,为什么孔子的学生们会对孔子的讲授抱有这样的怀疑态度?目前大致有两种观点:一种是说孔子在某些方面采取的是身教,而不是言教,所以学生们怀疑其隐瞒了什么;另一种是说孔子因材施教,对中人以上的和中人以下的学生分别采用不同的说教,使得一些学生产生了怀疑他有所隐瞒的想法。前者如《礼记·学记注》所说:"夫子以身教,不专以言教,故弟子疑有所隐也。"[①]后者如清代刘宝

---

① 刘宝楠. 论语正义:全二册[M]. 高流水,点校. 北京:中华书局,1990:274.

楠所说："圣人智广道深，弟子学之，既不能及，故夫子亦不教之。所谓'中人以下不可以语上'也。乃弟子则疑夫子有所隐匿。故夫子复以'无隐'解之，明我之心，凡所为学，无不欲与二三子共之，但二三子未能几此耳，疑我为隐，不亦过乎！"①

从孔子与学生们的言谈互动中，人们也可以看出，孔子平易近人以及与学生们关系融洽、民主平等的一面。

7.25 子以四教

【原文】

子以四教：文、行、忠、信。

【引言】

这一章是在讲孔子教育内容的四大方面。

【释解】

(1)子以四教：孔子用四方面的内容教导学生。子：孔子。以：用，拿。四：四个方面。教：教授，讲授。

(2)文：古典文献知识。如，《诗》《书》《礼》《易》《乐》《春秋》"六经"。

(3)行：社会行动、社会实践、德行和身教等，也包括射、御等军事体育活动。

(4)忠：对人和事忠诚、忠心和尽心竭力。

(5)信：诚实守信，信实可靠。

【译文】

孔子教授给学生四项内容，即文、行、忠、信。

【拓展】

从孔子教给学生的内容的分类来看，孔子既重视书本知识的学习，又注

---

① 刘宝楠. 论语正义：全二册[M]. 高流水，点校. 北京：中华书局，1990：274.

重把书本理论、思想和知识用于具体的社会实践和日常生活实践,并更加重视学生的忠、信等道德思想品质的教育。刘宝楠对文、行、忠、信是这样解释的:"'文'谓《诗》、《书》、礼、乐,凡博学、审问、慎思、明辨,皆文之教也。'行'谓躬行也。中以尽心曰忠,恒有诸己曰信。人必忠信,而后可致知力行,故曰:忠信之人,可以学礼。此四者,皆教成人之法,与教弟子先行后学文不同。"①南怀瑾对这一章也有独到的见解:"现在我们讲到孔子教育的宗旨,就是文、行、忠、信。过去向德行的路上走,对于学生知识、学问的成就,还是第二步的要求。既然受过教育,至少第一步要打好品德的基础。几千年来,我们中国人的道德为什么如此敦厚呢?就是德行教育的结果。所以文、行、忠、信并不是四科,以现代观念勉强来解释,应该是他的教育中心。文包括了文学,乃至一切学问的完成。行,狭义的是行为、品德;广义的是事业的成果。忠、信,是内心的修养,是人格的成就。"②总之,按现在的话来说,就是孔子注重学生的德育、智育、体育、美育和社会劳动实践教育等。

7.26 圣人,吾不得而见之矣

【原文】

子曰:"圣人,吾不得而见之矣;得见君子者,斯可矣。"

子曰:"善人,吾不得而见之矣;得见有恒者,斯可矣。亡而为有,虚而为盈,约而为泰,难乎有恒矣!"

【引言】

这一章是孔子在感叹世上圣人和善人罕有,君子和有恒者稀少。礼崩乐坏的时代,僭越和不道德之事时常发生,始终如一保持好品德的人鲜见。整个社会浮躁浮华、虚假虚伪的风气败坏了人们的道德操守,使得人们很难坚守初心,不违初衷,这应该是一个时代的悲哀。

---

① 刘宝楠. 论语正义:全二册[M]. 高流水,点校. 北京:中华书局,1990:274.

② 南怀瑾. 论语别裁:上册[M]. 上海:复旦大学出版社,2015:301-302.

【释解】

(1)圣人:具有最高尚品德、最高超智慧和最勇敢品质的人。

(2)矣:文言助词,用于句末,相当于"了"。

(3)君子:具有高尚品德、足够智慧和勇敢品质的人。君子在道德、智慧和勇敢品质上不如圣人,还没有达到至圣的境界。但已经是社会中的佼佼者和人们学习的榜样。

(4)者:助词,表示语气停顿并构成判断句的句式,不译。

(5)斯可矣:就可以了。斯:乃,就。

(6)善人:有仁德、良善的人。

(7)有恒者:有道德底线并能持之以恒的人。

(8)亡而为有:本来没有却装作有。亡(wú):无,没有。

(9)虚而为盈:本来空虚却装作充盈。虚:空虚。盈:充盈,充实。

(10)约而为泰:本来贫困却装作富有。约:穷困,贫困。泰:奢侈,富足。

(11)难乎有恒矣:难以保持下去啊。乎:形容词或副词后缀,不译。矣:表示感叹,啊。

【译文】

孔子说:"圣人,我是不可能看到他们了,我能看到君子,就可以了。"

孔子说:"善人,我是不可能看到他们了,我能够看到有道德底线并能持之以恒的人,就可以了。本来没有却装作有,本来空虚却装作充盈,本来贫困却装作富足,这样难以保持下去啊!"

【拓展】

这一章中,孔子实际上把人分为了几种,从好到差依次是圣人、君子、善人、有恒者、小人。圣人在仁、智、勇等方面都达到了极致,高于君子的境界。君子要比善人更有仁德,更富有智慧和勇敢的品质。善人在道德上比较良善,在智慧和勇敢方面并不突出。而有恒者是处于道德底线之上的人,能够坚持起码的道德操守。所以,善人又比有恒者更有良知良能。至于小人,则重利轻义,很可能做出僭越悖逆、违法乱纪、不忠不孝等事情。根据孔子在这里表达的观点,当时的社会,圣人一个也没有,君子稀少,善人也稀少,有恒者还是有的。重利轻义的小人则为数不少,甚至是司空见惯。

至于为什么这一章中出现了两个“子曰”,我赞同刘宝楠的观点,即孔子所说的两句话,不是在同一时期讲的。但这两句话在内容上有关联,所以编者把它们放在一起。

7.27 子钓而不纲

【原文】

子钓而不纲,弋不射宿。

【引言】

这一章是在讲孔子在处理人与动物关系上的观点。在原始社会,人类为了生存,曾经以采集果实、打猎捕鱼为谋生的手段。到了农业社会,人类学会了种植庄稼,但采集果实、打猎捕鱼仍为维持生计或改善生活的重要手段。随着人类对自然界生态平衡认识的提高,人类出台动物保护法,对那些濒于灭绝或数量很少的动植物进行保护,把它们列为一级保护对象、二级保护对象等。从这一章的内容来看,在孔子生活的时代,钓鱼、捕鱼和打猎仍然是一种普遍的生产或生活方式。但孔子已经产生了一些动物保护意识,这种动物保护意识或对动物的善念,可能来自人的“不忍心”、同理心和同情心。

【释解】

(1)钓:钓鱼。

(2)纲:提网的总绳。这里是指用网捕鱼,或者在大绳上系着许多鱼钩来钓鱼。

(3)弋(yì):用带细绳的箭射鸟。

(4)宿:指归巢歇宿的鸟。

【译文】

孔子只用有一个鱼钩的钓竿钓鱼,而不用网捕鱼,也不用有许多鱼钩的大绳钓鱼。他用带细绳的箭来射鸟,但绝不射归巢歇宿的鸟。

【拓展】

这一章中所表现出来的孔子“钓而不纲，弋不射宿”的思想，能给我们什么样的启示呢？人类为了生存，钓鱼是必要的，射鸟和打猎也是必要的，但是要有个度，要给飞禽走兽留个余地，要对动物有一定的怜悯之心。现代人类懂得了地球生态系统需要相对的平衡，不仅限制用绝户网捕鱼，还规定了休渔期，并且立法保护濒于灭绝的动物，等等。

尽管孔子的这种做法还是会对鱼、鸟产生伤害，但是与一网打尽和不管鸟儿有没有小鸟要照顾一律捕杀来说，要好许多。“劝君莫打三春鸟，子在巢中望母归。”也许是孔子想通过这种做法，来多少唤醒人们的怜悯之心和仁德之心。也许只有这样，才能把人类对动物们的伤害减少到尽可能小的地步吧。

7.28 盖有不知而作之者

【原文】

子曰：“盖有不知而作之者，我无是也。多闻，择其善者而从之；多见而识之，知之次也。”

【引言】

这一章在讲孔子“学而知之者”的思想。孔子说过：“知之为知之，不知为不知，是知也。”[①]他讨厌不懂装懂的人，讨厌不知装知的人。他认为，学习对于提高一个人的道德、智慧、勇敢等素质非常重要，强调学习是一辈子的事情。孔子曾多次说，自己并非生而知之者，而是学而知之者。当别人问起他是什么样的人的时候，他要求学生这样回答：老师是一个“发愤忘食，乐以忘忧，不知老之将至”的人。

【释解】

(1)盖：大概，可能。

---

① 论语[M]. 陈晓芬，译注. 北京：中华书局，2016：17.

(2)不知而作之:不知道而凭空创造一些东西。作:创作,创造。之:东西,事物。

(3)无是也:没有这种做法。是:这个。也:文言语气助词,表示判断,不译。

(4)从之:效仿学习它们。

(5)识(zhì):记住。

(6)知之次也:这属于“知之”的次等情况。这里是指学而知之。

【译文】

孔子说:“大概有这样一种人,他什么都不懂就在那里凭空创造,我却不这样做。多听,选择其中好的来学习;多看,并记住它们,这就是‘知之’的第二种情形——学而知之。”

【拓展】

孔子认为人的学习有四种情况:第一种是生而知之,第二种是学而知之,第三种是困而学之,第四种是困而不学。其原话是:“生而知之者上也;学而知之者次也;困而学之,又其次也;困而不学,民斯为下矣。”①

孔子认为自己并非生而知之者,而是学而知之者。他再三告诫他的学生,一定要多闻、多看、多读、多学、多思。孔子曾说:“学而不思则罔,思而不学则殆。”②这句话正确地阐述了学习和思考之间的辩证关系。在学习和思考这二者的关系上,孔子更强调学习的重要性和必要性。因为脱离了学习的思考是无源之水,无本之木。无独有偶,荀子也有类似的看法。他专门撰写了一篇文章《劝学》,以规劝学习者要刻苦学习。荀子说:“吾尝终日而思矣,不如须臾之所学也;吾尝跂而望矣,不如登高之博见也。”③由此可见学习对人生的重要意义。

① 论语[M].陈晓芬,译注.北京:中华书局,2016:226.
② 论语[M].陈晓芬,译注.北京:中华书局,2016:16.
③ 荀子:全二册[M].邓启铜,点校.南京:南京大学出版社,2014:3.

7.29 互乡难与言

【原文】

互乡难与言，童子见，门人惑。子曰："与其进也，不与其退也，唯何甚？人洁己以进，与其洁也，不保其往也。"

【引言】

上一章讲了孔子"学而知之"的思想。这一章在讲孔子"有教无类"、"肯定进步"、一切向前看的思想。

【释解】

(1)互乡：地名，一个乡的乡名。具体地址已不可考。

(2)难与言：很难与他们说上话，难以沟通和交流。这里是指，互乡这个地方的人比较粗野，蛮不讲理，思想偏执，外人很难和他们搭话或正常说话。

(3)童子：少年。这里是指互乡有个少年想见孔子。

(4)门人惑：孔子的学生疑惑不解。

(5)与：赞许，赞成，肯定。

(6)进：进来请教孔子。

(7)退：从孔子所在的地方退出去。

(8)唯何甚：何必做得过分呢？唯：用于句首，无实义。何：何必，为何。甚：过分。

(9)洁己以进：洁身自好，克制自己的缺点以进见孔子向孔子请教。洁：清洁。

(10)与其洁也：赞许他的洁身自好。与：赞许，赞成。

(11)不保其往：不能保证他以后是什么样子。保：保证，担保。往：以后，将来。

【译文】

互乡那个地方的人比较粗野，思想偏执，外人很难和他们搭话和交流。

但互乡的一位少年却受到了孔子的接见，孔子的学生们对此都疑惑不解。孔子说："我是赞许他愿意进来向我请教，但不是肯定他退出去的样子。我们何必做得太过分呢？人家洁身自好来见我向我请教，我赞许他的洁身自好，但我不能保证他以后是什么样子。"

【拓展】

关于这一章中的"进"和"退"的意思到底是什么，不同的学者有分歧。有的认为"进"是进见孔子向孔子请教，"退"是从孔子所在的地方退出去；有的认为"进"是进步的意思，"退"是退步的意思。此外，对"不保其往"中的"往"的意思的看法也有分歧。有的认为这里的"往"是过往、过去的意思；有的认为它是以后、将来的意思。如果"往"意为"过去"的话，那么这里的"保"就会被理解为"抓住"或"揪住"，即"不保其往"就会被翻译成"不抓住别人过去的错误不放"；但如果"往"是"以后、将来"的意思，那么这里的"保"就会被理解为"担保"或"保证"，即"不保其往"就会被翻译成"不能保证他以后是什么样子"。例如，东汉郑玄这样解释说："人虚己自洁而来，当与之进，亦何能保其去后之行？"①因此，分歧还是很大的。

我个人认为，互乡这个地方的人普遍"难与言"，这个少年主动要求见孔子，孔子也接见了他，但孔子与少年谈话的结果应该也是"难与言"，所以，这也是为什么这一章并没有记载互乡的这位少年在和孔子谈话之后究竟是高兴、兴奋、满意还是沮丧、失望、忧愁的原因，孔子的学生们应该也是因此才迷惑不解。因为大家已经知道互乡的人难以沟通，而这位少年和孔子谈话的结果仍然是难以交流，但为什么孔子执意去见这位少年呢？

如果孔子与少年谈话的结果也是"难与言"，显然把"进"与"退"理解为"进步"和"退步"，把"往"理解为"过往、过去"，就很难说得通了。因为在谈话中和谈话之后，我们没有看到这位少年有何进步，所以说这里谈及进步和退步也就没有什么合理性。

至于"不保其往"中的"往"意为"过往、过去"还是"以后、将来"，我认为当然是"以后、将来"的意思。具体来说，应该是"走了之后"的意思。这是因为，如果"进"和"退"能确定为"进见孔子向孔子请教"和"从孔子所在之处

---

① 何晏，邢昺. 论语注疏[M]. 北京：中国致公出版社，2016：108.

退出”的意思的话，那么，“与其进也，不与其退也，唯何甚”中，“进”与“退”相对，“人洁己以进，与其洁也，不保其往也”中，“进”与“往”相对。显而易见，“往”就是“退”的意思，也就是互乡的这位少年从孔子所在之处退出离开之意。“退出离开”引申一下就是“以后、将来”之意。换句话说，孔子当然不能保证这位少年离开后是什么样子。

总之，互乡这个地方的人难以沟通交流，难以接受孔子所宣讲的君子仁义之道。面对学生们的疑惑或质疑，孔子做了力所能及的辩解和解释。此乃我一家之言，仅供参考。

7.30 仁远乎哉

【原文】

子曰：“仁远乎哉？我欲仁，斯仁至矣。”

【引言】

上一章谈及互乡这个地方的人难以接受孔子所宣传的仁义之道。这一章就把孔子的“我欲仁，斯仁至矣”的观点搬出来，告诉人们，求仁得仁，欲仁仁至。其关键在于自己的主观能动性，在于自己的志愿和发心。世上无难事，只怕有心人。

【释解】

(1)仁远乎哉：难道仁德离我们很远吗？仁：仁德，仁义。乎哉：语气助词，表设问或反诘。

(2)欲：想要得到。

(3)斯：这。

【译文】

孔子说：“难道仁德离我们很远吗？只要我想要得到仁德，这仁德就不期而至了。”

【拓展】

《三字经》说："人之初，性本善，性相近，习相远。苟不教，性乃迁，教之道，贵以专。"孟子也认为人性本善。他说："恻隐之心，人皆有之；羞恶之心，人皆有之；恭敬之心，人皆有之；是非之心，人皆有之。恻隐之心，仁也；羞恶之心，义也；恭敬之心，礼也；是非之心，智也。仁义礼智，非由外铄我也，我固有之也，弗思耳矣。故曰：'求则得之，舍则失之。'"[①]在孟子看来，人只需要把自己身上的良知良能充分发挥出来，就可以做到仁、义、礼、智、信了。朱熹对这一章解释说："仁者，心之德，非在外也。放而不求，故有以为远者；反而求之，则即此而在矣，夫岂远哉？"程颐对朱熹这一句解释道："为仁由己，欲之则至，何远之有？"[②]可见，孟子、朱熹和程颐在看待仁德方面都具有相似的观点。

毋庸置疑，孔子也持类似的观点。孔子把仁看作人天生的本性，人们只要恢复内在的道德自觉，立志追求，则仁德自然不期而至。

7.31 昭公知礼乎

【原文】

陈司败问："昭公知礼乎？"孔子曰："知礼。"孔子退，揖巫马期而进之，曰："吾闻君子不党，君子亦党乎？君取于吴，为同姓，谓之吴孟子。君而知礼，孰不知礼？"巫马期以告。子曰："丘也幸，苟有过，人必知之。"

【引言】

这一章是在讲孔子"臣为君隐""下为上隐"的思想。在《论语·子路》中，孔子讲了其"父为子隐""子为父隐"的思想。他说："父为子隐，子为父隐，直在其中矣。"[③]可见，孔子认为在礼法之上还有个"下为上隐""父为子隐，子为父隐"的不成文的规矩。这样也许有利于上下尊卑、君臣关系和父子关系的维护和保持。

---

① 孟子[M]. 万丽华，蓝旭，译注. 北京：中华书局，2007：245.

② 朱熹. 四书章句集注[M]. 北京：中华书局，2011：96.

③ 论语[M]. 陈晓芬，译注. 北京：中华书局，2016：174.

【释解】

(1)陈司败:陈国主管司法的官,姓名不详。一说陈指陈国,司败指司寇;另一说陈司败是个人名,姓陈,名司败。具体情况已不可考。

(2)昭公:即鲁昭公,姬姓,鲁氏,名稠(chóu),“昭”为其谥号,鲁国曲阜(今山东省曲阜市)人,鲁襄公之子,鲁国第二十四任国君,公元前542年至公元前510年在位。公元前517年,鲁国发生内乱,“三桓”势力强大,鲁昭公迫不得已出逃到国外。公元前510年,鲁昭公在晋国乾侯去世,享年五十一岁。

(3)知礼乎:懂礼吗。

(4)揖:作揖,行拱手礼。这里是指孔子离开后,陈司败向孔子的学生巫马期主动施礼打招呼。

(5)巫马期:姓巫马,名施,字子期,亦称巫马期。孔子的学生,比孔子小30岁。巫马施,曾为鲁国单父(今山东省菏泽市单县一带)宰官,任职期间,忠于职守,事必躬亲,很有政绩。

(6)进之:请巫马期走进来。进:使……走进……。之:指巫马期。

(7)党:偏袒,包庇。

(8)君取于吴:鲁国国君从吴国娶了一个女子。君:鲁国国君,指鲁昭公。取:娶。吴:吴国。

(9)为同姓:鲁国和吴国的国君同姓姬。周礼规定同姓不婚,鲁昭公娶了同姓的吴国女子,是违背周礼的行为。鲁昭公是周公之后,吴国人是泰伯之后,泰伯是周公伯祖。泰伯是周公的爷爷的哥哥,所以是周公伯祖。周公的爷爷是王季。王季有两个兄长,泰伯就是他的一位哥哥。王季和泰伯的父亲很想把王位传给王季,泰伯和另外一个兄弟知道父亲的想法之后,出于孝悌观念,就离家出走了。这样王位就传给了王季。王季去世后,王位传给文王,文王传给武王,武王传给成王。周成王年幼,由周公旦摄政。泰伯逃到后来的吴国那个地方,周朝建立后,周公旦把泰伯之后裔封在吴国。所以,吴国和鲁国都是姬姓。陈司败问孔子“昭公知礼乎?”这个问题,就有点刁难或“考问”孔子的意思。

(10)谓之:称之为。

(11)吴孟子:鲁昭公夫人。春秋时代,国君夫人的称号一般是她出生的国家的国名加上她的姓，所以，按惯例，鲁昭公夫人应该被称为“吴姬”，但这样明显违反周礼“同姓不婚”规定的叫法过于令人尴尬，所以鲁国国君改称她为“吴孟子”。

(12)以告：把情况转告给孔子。以：把。告：告诉，转告。

(13)幸：幸运。

(14)苟：如果。

【译文】

陈司败问孔子：“鲁昭公懂礼吗？”孔子回答说：“懂礼。”孔子退出后，陈司败向巫马期作揖，并打手势请巫马期走进来，然后对他说：“我听说，君子是不偏私的，君子也偏私吗？鲁国国君从吴国娶了一位同姓的女子做夫人，称她为吴孟子。如果鲁国国君算是懂礼的话，那么还有谁不懂礼呢？”巫马期把陈司败的话转告给孔子。孔子说：“我孔丘真是幸运。如果有了过错，人家一定会知道。”

【拓展】

臣为君隐，为尊者讳，父为子隐，子为父隐，是孔子做人处世的一个基本原则。鲁昭公娶同姓女为夫人，违反了礼的规定，这是众所周知的事实。陈司败用这话来问孔子，事实上就是有点刁难或考问孔子的意思，看孔子如何应对。如果孔子说鲁昭公违礼了，那就说了自己国家君主的坏话，也违反了孔子臣为君隐的原则。反之，则有偏私之嫌。最终，孔子还是选择了“为尊者讳”这一做法。因为这在孔子看来，总体上还是正直可取的。这正如孔子所说的：“父为子隐，子为父隐，直在其中矣。”如果儿子揭露父亲的过错，则有损于父子亲情；同样地，如果臣子肆意述说君主的过错，那同样有损于君臣关系。这就是“两害相权取其轻”。

7.32　子与人歌而善

【原文】

子与人歌而善，必使反之，而后和之。

【引言】

这一章是在讲孔子与他人唱歌的情景。从这个情景中可见，孔子对他人唱得好的、情趣立意好的歌爱不释手，就一定会让人家再唱一遍，然后自己跟着人家再一起合唱，直到学会为止。

【释解】

(1)与人歌而善：与别人一起唱歌，发现谁唱得好的话。善：觉得唱得好。

(2)反之：再唱一遍。反：反复，重复。之：指唱歌。

(3)和之：和谐地跟着唱歌。和(hè)：和谐地跟着唱。

【译文】

孔子与别人一起唱歌，发现谁唱得好的话，一定请他再唱一遍，然后和谐地跟着他唱。

【拓展】

孔子博学多才。他跟着鲁国的乐师师襄子专门学过弹琴，不仅学会了乐曲，还掌握了弹琴的各种技巧。孔子非常看重礼乐的教化和陶冶道德情操的作用。例如，他说："兴于诗，立于礼，成于乐。"应该说，孔子在音乐上也造诣颇深。《论语·述而篇》说，孔子在齐国听到《韶》乐，心醉到无法分辨肉的味道。可见孔子对音乐的感受和迷恋到了何等程度。

但孔子与他人在一起唱歌的时候，一点也不显摆自己的音乐造诣，而是将自己融入唱歌的集体活动中，发现谁唱得好，就鼓励谁再唱一遍，然后跟着对方合唱，直到熟练和尽兴为止。就这样，在集体性的音乐活动中，所有身临其境的人都得到了音乐艺术的教育、熏陶，能够表达心中的情感，精神也得到了升华。

孔子说："己欲立而立人，己欲达而达人。"①"君子成人之美，不成人之

---

① 论语[M].陈晓芬，译注.北京：中华书局，2016：75.

恶。小人反是。"[①]发现别人的善和美,并鼓励他人继续发扬善和美,正是君子之风的具体体现。

7.33 文,莫吾犹人也

【原文】

子曰:"文,莫吾犹人也。躬行君子,则吾未之有得。"

【引言】

这一章讲了孔子虚怀若谷、谦逊为本的美德。孔子认为自己在文采方面大约和别人差不多,但在亲身实践君子之道方面,还差得很多。

【释解】

(1)文:文采,文饰,文雅。

(2)莫:表示揣测,大约、大概、差不多。

(3)吾犹人也:我和别人近似。犹:相似,如同,和……差不多。

(4)躬行:身体力行,亲身实践。

(5)吾未之有得:我没有做到。之:虚用,无所指。

【译文】

孔子说:"在文采上,大约我和别人差不多。但做一个身体力行的君子,那我还没有做到。"

【拓展】

"文质彬彬,然后君子。"君子不仅要有君子的实质内容,还要有君子的外表气质或外在形式。在文采上努力,如学习如何言谈举止、知礼行礼,如何更有气质,以及多读书,掌握知识,等等,相对容易许多。在这方面能够达标的人也多。但是,学以致用,把君子的美德、仁德付诸实践,服务社会和造

---

① 论语[M].陈晓芬,译注.北京:中华书局,2016:160.

福他人,可不是那么容易做到的事情了。“理论上的巨人,行动上的小矮子”,可能是非常普遍的现象。

作为圣人的孔子,都谦虚地说自己在躬行君子之道方面没做到,何况他人呢?! 此外,孔子之所以这样对学生们说自己,也是希望学生们在躬行君子之道方面要戒骄戒躁,持之以恒,甘之如饴,善始善终。

7.34 若圣与仁

【原文】

子曰:“若圣与仁,则吾岂敢? 抑为之不厌,诲人不倦,则可谓云尔已矣。”公西华曰:“正唯弟子不能学也。”

【引言】

上一章,孔子谦虚地说自己连躬行君子之道也没做到。这一章显然是接着上一章的意思而说的。同样地,孔子说自己也达不到圣人和仁人的境地。他说自己只不过能做到两点:即学而不厌和诲人不倦。但是能始终坚持这两点的人,在世界上也是稀少的。学习是一个人不断进步的阶梯,而教导他人是帮助他人获得进步的关键。孔子被后世奉为圣人,其关键也在于他能做到这两点。因为能学而不厌,所以孔子的学问道德等盖世无双;因为能诲人不倦,所以孔子一生中培养了“三千弟子”和“七十二贤人”,这些人才为传承儒家文化作出了巨大贡献。

【释解】

(1)若圣与仁:如果说到圣人和仁人。若:如果。圣:圣人。仁:仁人。

(2)抑:表转折,相当于可是、但是。

(3)为之不厌:不断地学做圣人和仁人,而不知厌烦。为之:不断地学做圣人和仁人。

(4)云尔:语末助词,如此而已、如此罢了。

(5)正唯:正是,恰好是。正:恰好。唯:表示肯定,是。

【译文】

孔子说:“如果说到圣人和仁人,那我怎么敢当?但是,不断地学做圣人和仁人,而不知厌烦,教诲别人也从不感觉疲倦,我可以说是如此罢了。”公西华说:“这正是我们学不到、做不到的。”

【拓展】

孔子多次在多个场合向学生表达自己的这个观点:“学而不厌,诲人不倦”。例如,在《论语·述而》中,当学生不知如何描述老师是个什么样的人的时候,孔子告诉他们这样描述自己:“其为人也,发愤忘食,乐以忘忧,不知老之将至云尔。”又如,在同一篇《论语·述而》中,孔子还说到:“默而识之,学而不厌,诲人不倦,何有于我哉?”本篇这一章中,又提到了“抑为之不厌,诲人不倦,则可谓云尔已矣”,如此等等。

对于孔子的这种思想,孟子有过生动的说明:“昔者子贡问于孔子曰:‘夫子圣矣乎?’孔子曰:‘圣则吾不能,我学不厌而教不倦也。’子贡曰:‘学不厌,智也;教不倦,仁也。仁且智,夫子既圣矣乎。’夫圣,孔子不居,是何言也!”①的确如此,一个人如果能够做到学而不厌,诲人不倦,那不就是仁且智吗?仁且智,不就是圣人之德吗?

7.35 子疾病

【原文】

子疾病,子路请祷。子曰:“有诸?”子路对曰:“有之。诔曰:‘祷尔于上下神祇。’”子曰:“丘之祷久矣。”

【引言】

这一章是在讲孔子对待向鬼神祈祷的态度。

---

① 孟子[M].万丽华,蓝旭,译注.北京:中华书局,2007:58.

【释解】

(1)疾病:病得严重。疾:患病,有病。病:病重,病情严重。

(2)请祷:向鬼神请求和祷告,以请求鬼神为人治病。

(3)有诸:有这样的事吗?诸:"之于"的合音。

(4)诔(lěi):作名词用,悼词或哀悼死者的文章;作动词用,叙述死者生前事迹,表示哀悼(多用于上对下)。这里是指诔文、悼词。

(5)祷尔于上下神祇:为你向天地神灵祈祷。尔:你。于:向,对。上下神祇(qí):天神和地神,古代称天神为神,地神为祇。

【译文】

孔子病得严重,子路请求为他向鬼神祈祷。孔子问子路说:"有这种事吗?"子路回答说:"有这种事。有诔文说:'为你向天地神灵祈祷。'"孔子说:"如果是这样,我的祈祷已经很久了。"

【拓展】

从这一章来看,子路和孔子都是相信有鬼神的,不过,孔子对待鬼神的根本原则是敬鬼神而远之。为什么敬鬼神而远之?因为鬼神之事或说鬼神莫测的现象,属于子虚乌有,或者说不好证实的事情,按现代的语境来说,就是很难得到科学证明的事情。既然无法得到切实有效的证明,那么迷信鬼神就会扰乱、影响或耽误人间正事,不仅于事无补,还很容易遭受其害。殷纣王迷信鬼神,结果把自己的国家搞灭亡了。

首先,《左传·庄公三十二年》说:"国将兴,听于民;将亡,听于神。"①这句话深刻地揭示了迷信鬼神的灾难性后果。老子说:"治大国,若烹小鲜。以道莅天下,其鬼不神。非其鬼不神,其神不伤人;非其神不伤人,圣人亦不伤人。夫两不相伤,故德交归焉。"②很显然,孔子是懂得"国将兴,听于民;将亡,听于神"和"以道莅天下,其鬼不神"的道理的。

其次,向鬼神祈祷,其本质就是对鬼神怀着虔诚敬畏的心,愿意在自己

① 左丘明.左传[M].杜预,注.上海:上海古籍出版社,2016:133.

② 老子[M].饶尚宽,译注.北京:中华书局,2015:129.

有危难或疾病的时候向鬼神发出求助和治病的请求,以及许愿事成之后去还愿。在对鬼神虔敬方面,孔子是没问题的。因为孔子每时每刻都保持着对人、事、鬼神等的恭敬、虔诚态度。这是他的君子品格的内在要求。从孔子的"丘之祷久矣"这句话中,我们也可以看出,孔子为了自己的病能尽快好起来,也早就在心中默默地向鬼神祈祷了。至于他的病为何还未好转,而他仍然保持着"听天由命"的态度,是因为孔子还相信天命。

最后,孔子相信天命,相信生死有命,富贵在天。《论语·季氏》说:"君子有三畏:畏天命,畏大人,畏圣人之言。"《论语·述而》说:"天生德于予,桓魋其如予何!"《论语·先进》说:"颜渊死,子曰:'噫!天丧予,天丧予!'"《论语·雍也》说:"子见南子,子路不说。夫子矢之曰:'予所否者,天厌之,天厌之!'"这些话都表明孔子信天命,讲天命,相信"一饮一啄,莫非前定",相信"天命无常,惟有德者居之"。

总之,孔子平时把该做的事情都做好了,不会"临时抱佛脚",也不会"病急乱投医"。至于病是好是坏,那就听天由命了。这就是豁达乐观、道法自然的生命观。

7.36 奢则不孙

【原文】

子曰:"奢则不孙,俭则固。与其不孙也,宁固。"

【引言】

上一章讲了孔子关于人生了病向鬼神祈祷的看法和态度。这一章在讲孔子如何看待奢侈与节俭的关系。

【释解】

(1)奢:奢侈。

(2)孙:同"逊",谦让,恭顺。

(3)俭:节俭。

(4)固:简陋,鄙陋,寒酸。

【译文】

孔子说："奢侈了就会不谦逊，节俭了就会显得寒酸。与其不谦逊，宁可寒酸。"

【拓展】

孔子看问题，都是一贯坚持仁、义、礼、智、信的标准。"不义而富且贵，于我如浮云。"[①]但是，大多数普通人富贵了容易得意忘形，容易骄奢淫逸，容易趾高气扬，容易不谦逊。"由俭入奢易，由奢入俭难。"所以，春秋时期的许多贵族、大夫生活越来越奢侈，僭越礼制的行为也越来越多。但是，如果一直保持节俭，那么房屋装修、穿衣打扮等可能都会一切从简，甚至看起来有些鄙陋和寒酸。最合理的应该是持中庸之道，在奢侈和节俭之间做到恰到好处。但万一达不到中庸之道，那就"与其不孙也，宁固"，以维护仁、义、礼、智、信的基本标准。

7.37 君子坦荡荡

【原文】

子曰："君子坦荡荡，小人长戚戚。"

【引言】

这一章是在讲孔子认为君子和小人的心胸有着根本的不同。

【释解】

(1)君子：有道德、有智慧、重义轻利的人。

(2)坦荡荡：胸襟坦荡，心胸宽广，心地正直，光明磊落。

(3)小人：不道德、无智慧、人格卑劣、重利轻义的人。

(4)长戚戚：经常忧愁恐惧，患得患失，斤斤计较。

---

① 论语[M].陈晓芬，译注.北京：中华书局，2016：84.

【译文】

孔子说:“君子胸怀坦荡,心地正直;小人经常忧愁恐惧,患得患失。”

【拓展】

“君子坦荡荡,小人长戚戚”是一句家喻户晓的名言。君子心地正直,处事公平,胸襟开朗,光明磊落,先天下之忧而忧,后天下之乐而乐,重义轻利,无欲则刚,所以,不会计较个人利益得失,也不会忧愁恐惧。但小人喻于利,唯利是图,自私自利,所以常常担心自己利益受损,时刻处于忧愁恐惧之中,患得患失,有时甚至为了攫取更多的个人利益而不惜损人利己,连搬弄是非、挑拨离间、隔岸观火、落井下石、忘恩负义、吃里爬外等卑鄙无耻的事情都干得出来。

《礼记·中庸》说:“君子居易以俟命,小人行险以侥幸。”①小人心胸狭窄,为了个人利益的目的,往往不择手段。小人因为经常图谋别人,所以良心不得安宁,时常处于忧愁不安的状态中。另一方面,小人得志便猖狂,但往往只是搬起石头砸自己的脚,最终逃不过自食恶果的下场。

7.38 子温而厉

【原文】

子温而厉,威而不猛,恭而安。

【引言】

这一章是在讲孔子的仪容仪态。本篇之前的各章,主要谈及了孔子的内在、内涵,这一章主要谈及孔子的威仪。二者构成了孔子内容和形式的有机统一。

【释解】

(1)温而厉:温和又严厉。

① 孔子,等.四书五经[M].李择非,整理.沈阳:万卷出版公司,2009:21.

(2)威而不猛:威严但不凶猛。
(3)恭而安:谦恭有礼又从容不迫。安:安详,从容不迫。

【译文】

孔子温和又严厉,威严但不凶猛,谦恭有礼又从容不迫。

【拓展】

这一章是《述而篇第七》的最后一章。综合本篇各章的思想内容,可以看出,本篇主要围绕着孔子38个不同的生活、学习、为人处世细节或故事展开陈述,以窥斑见豹。或者说,这些内容把孔子方方面面的人物形象都描写出来,让读者对孔子总的面目和形象有了生动形象、具体直观的印象。

泰伯篇第八

该篇共计21章。其中,记录孔子话语的有16章,记录曾子话语的有5章。本篇可以被看作《为政篇》的续篇。也就是说,本篇主要围绕着君子为政做官之道,特别是君子谦逊礼让的美德而展开论述。全篇比较系统地阐述了为政以德、施行仁政、礼乐教化等思想,指出为政者自身要加强道德、学问的学习和提高。本篇中还列出一些可供人们普遍学习的榜样和楷模,如尧、舜、禹、汤、文、武、周公、泰伯、伯夷、叔齐等人。如果说尧、舜、禹、汤、文、武、周公是"内圣外王"的典范,他们不仅有着高尚的道德、高超的智慧和勇敢的品质,还有着巨大的"文治武功",既立德、立言又立功,那么泰伯、伯夷、叔齐等人就是"内圣""让国"和谦逊礼让的代表人物。做圣人、仁人、君子、善人、有恒者,不做小人,是孔子一生不变的追求,也是孔子教育弟子的根本目标。

8.1 泰伯,其可谓至德也已矣

【原文】

子曰:"泰伯,其可谓至德也已矣。三以天下让,民无得而称焉。"

【引言】

《泰伯篇第八》从泰伯这个历史人物讲起,开始讲孔子关于礼让美德的思想。泰伯是周国始祖古公亶(dǎn)父的长子,他把周国王位的继承权主动礼让给了自己的三弟王季,此举成就了其至德的美名。泰伯也因此成为孔子谦逊礼让思想的榜样人物之一。

【释解】

(1)至德也:至高无上的道德。也:句末语气词,表肯定。

(2)三:三次,多次。

(3)民无得而称焉:老百姓找不到合适的词句来称赞他。民:黎民百姓。无得:找不到。称:称赞,赞扬。焉:句末语气词,表示肯定,相当于“也”“矣”。

【译文】

孔子说:“泰伯可以说是道德最高尚的人了,多次将王位礼让给三弟季历,老百姓都找不到合适的词句来称赞他。”

【拓展】

古公亶父是周国的第一位君主。周武王伐纣而得天下,追尊古公亶父为太王。古公亶父有三个儿子,长子就是泰伯,次子叫仲雍,少子叫季历。泰伯和仲雍知道父亲想要把王位传给弟弟季历,就托词到南方的吴地采药而离开了周国。古公亶父也心照不宣。所以,古公亶父去世之后,王位就传给了季历(后被尊称为周王季或王季),季历又将王位传给儿子周文王姬昌(又称为西伯侯)。周文王又传给周武王姬发,姬发又传给周成王姬诵,周成王年幼之时暂由周公旦摄政。泰伯和仲雍到了吴地之后,入乡随俗,断发文身,把自己变成了当地人的模样。没有泰伯礼让天下,可能就不会有周文王、周武王和周公旦的文治武功,所以,崇奉周公旦的德治礼治政治的孔子,也就非常感激和赞美泰伯“礼让天下”的美德。

8.2 恭而无礼则劳

【原文】

子曰:“恭而无礼则劳,慎而无礼则葸,勇而无礼则乱,直而无礼则绞。君子笃于亲,则民兴于仁;故旧不遗,则民不偷。”

【引言】

上一章讲了泰伯拥有至高无上的品德,受到百姓的大力称赞。这一章中,孔子讲了谦恭有礼的好处和种种无礼行为可能产生的祸害。

【释解】

(1)恭而无礼:恭顺却不守礼节。恭:恭敬、恭顺。无礼:不守礼节,不遵礼仪。

(2)劳:辛劳,劳苦,劳而无功。

(3)慎:谨慎小心。

(4)葸(xǐ):害怕,拘谨。

(5)勇:勇猛,勇敢。

(6)乱:混乱,没有秩序。

(7)直:直接,直率,刚直。

(8)绞:过于急切,急躁,这里是指说话尖刻,出口伤人。

(9)笃于亲:对亲人忠诚,对亲属厚道。笃:忠诚,厚道。于:对。亲:亲人,亲属。

(10)兴于仁:就会兴起仁义之风。兴:兴起,产生。于:在……方面。仁:仁义,仁德。

(11)故旧不遗:不遗弃故旧。故旧:故交,老朋友。遗:遗弃。

(12)民不偷:百姓不会薄情寡义。偷:薄情,冷漠,不厚道。

【译文】

孔子说:"恭顺却不守礼节,就会劳而无功;谨慎却不守礼节,就会畏缩拘谨;勇猛却不守礼节,就会搞乱秩序;直率却不守礼节,就会尖刻伤人。为政做官的君子对亲人真诚厚道,百姓当中就会兴起仁义之风;为政做官的君子不遗弃老朋友,百姓就不会薄情寡义。"

【拓展】

从这一章中,人们可以看出,孔子认为礼的节制作用非常重要。如果只有恭顺、谨慎、勇猛、直率这些品质,但没有礼制来节制的话,人们就可能走向反社会的一面。劳而无功、畏缩拘谨、搞乱秩序、尖刻伤人等现象便有可能发生。这也正是孔子特别重视遵守周礼古制的原因。

8.3 曾子有疾,召门弟子曰

【原文】

曾子有疾,召门弟子曰:“启予足!启予手!《诗》云:‘战战兢兢,如临深渊,如履薄冰。’而今而后,吾知免夫!小子!”

【引言】

这一章是在讲曾子谨慎对待自己的身体的思想。

【释解】

(1)有疾:患病了。

(2)召:召集。

(3)门弟子:古代学生称为弟子,再传弟子以下则称为门人。这里是指曾子的及门弟子,即亲自登门去曾子家里接受教育的门下学生。

(4)启:开启看,指曾子让学生掀开自己盖的被子看看自己的手和脚。

(5)“战战兢兢,如临深渊,如履薄冰”引自《诗·小雅·小旻》。战战兢兢:小心谨慎而又害怕得微微发抖的样子。如临深渊:好像到了深潭的边缘,比喻情况极其危险,行事十分小心谨慎。如履薄冰:好像踩在薄冰上,比喻随时都会发生危险,做事极为小心。

(6)而今而后:从今以后。

(7)吾知免夫:我知道我的身体能够避免任何损伤了。免:避免。夫:文言助词,了。

(8)小子:弟子们,学生们。

【译文】

曾子病了,将他的及门弟子召集到他所躺的地方。他对弟子们说:“看看我的脚,看看我的手,看看它们有没有损伤?《诗经》上说:‘战战兢兢,如临深渊,如履薄冰。’从今以后,我知道我的身体能够避免任何损伤了。弟子们!”

【拓展】

“身体发肤，受之父母，不敢毁伤，孝之始也。”①曾子在卧病不起时，还不忘让学生看看自己的身体是否完好无缺，是否做到了古人所说的“守身如玉”。很显然，曾子知道自己的身体是完好的，他只是通过这种方式教育学生也要像他一样时刻注意保护身体不受毁伤，以做到向父母尽孝。此外，曾子此举还有一个深意，那就是教导学生要遵纪守法，规规矩矩做人。一个人如果做了违法乱纪、祸国殃民、犯了众怒的事情，很难保证自己的身体不受国法制裁，不受他人毁伤。如果真是到了这种地步，那不仅是不孝，更是不忠了。对国家尽忠，对父母尽孝，两样都做好，才是忠孝两全。

孝是道德和修身之根本。孝是立身之本、齐家之宝、治国之道。因为修身、齐家、治国、平天下，其根本在于“孝”，所以古人特别重视“以孝治天下”。

8.4 曾子有疾，孟敬子问之

【原文】

曾子有疾，孟敬子问之。曾子言曰：“鸟之将死，其鸣也哀；人之将死，其言也善。君子所贵乎道者三：动容貌，斯远暴慢矣；正颜色，斯近信矣；出辞气，斯远鄙倍矣。笾豆之事，则有司存。”

【引言】

这一章是曾子在给孟敬子讲君子为政做官之道。其中，曾子那句“鸟之将死，其鸣也哀；人之将死，其言也善”，堪为经典。

【释解】

(1)孟敬子：鲁国大夫，姬姓，鲁国孟孙氏第十一代宗主，名捷，世称仲孙捷，谥号“敬”。其父是孟武伯(一世祖)，祖父是孟懿子(二世祖)，曾祖父(三世祖)是孟僖子。孟懿子是孔子的学生。

(2)问之：探问曾子。问：探望，探问。

---

① 曾参. 孝经[M]. 李新路，编. 郑州：河南人民出版社，2008：2.

(3)所贵乎道者三:所重视的道有三个方面。贵乎:重视。道:为政做官之道。者:助词,用于名词之后,表示语气停顿并构成判断句的句式,不译。

(4)动容貌:严肃庄重自己的容貌、仪态。

(5)斯远暴慢矣:这样可以避免粗暴无礼和轻慢他人了。斯:这样。远:远离,避免。暴:粗暴无礼。慢:轻慢。矣:文言助词,用于句末,“了”。

(6)正颜色:严肃端正自己的脸色、神情。正:端正。

(7)斯近信矣:这样可以接近于诚信。这里是指让别人信任自己。

(8)出辞气:注意说话的言辞和语气。出:出言,说话。辞:言语。气:语气,口气。

(9)斯远鄙倍矣:这样可以远离粗鄙悖理之事了。斯:这样。远:远离。鄙:粗鄙,鄙陋。倍:同“背”,违背天理或伦理,不合理的事情。

(10)笾豆之事:指祭祀和礼仪之事。笾(biān):古时祭祀和宴会活动中用以盛食品的用具,似豆而盘平浅、沿直、矮圈足。笾从豆分化而来,有竹制、木制、陶制和青铜制的。豆:一种盛肉或其他食品的器皿,形似高脚盘,有陶制、木制、青铜制的。青铜制的笾豆常用作祭祀礼器。

(11)有司:主管某方面事务的官吏。这里指主管祭祀、礼仪事务的官吏。

(12)存:存在,在那里。这里指有专门的人在那里负责。

【译文】

曾子有病,孟敬子去探望他。曾子对他说:“鸟之将死,其鸣也哀;人之将死,其言也善。君子所应当重视的为政做官之道有三个方面:严肃庄重自己的容貌,这样可以避免粗暴无礼和轻慢他人;严肃端正自己的脸色,这样可以让别人信任自己;谨慎注意自己说话的言辞和语气,这样可以远离粗鄙悖理之事。至于祭祀和礼仪之事,自有主管这些事务的官吏负责。”

【拓展】

孟敬子是鲁国“三桓”之一,是比较有实权的鲁国大夫。其爷爷孟懿子做过孔子的学生,也就是说,其爷爷和曾子都是孔子的门下弟子。曾子病重,孟敬子前去探望也是情理之中的事情。曾子也借着这个难得的教育机会,向孟敬子阐述自己关于君子为政做官之道的心得和见解。它主要包括三个方面:注意自己仪态仪容;注意自己的脸色和表情;注意自己说话的措辞和语气。这三点都是个人修养方面的事情,也就是修身方面的事情。在儒家看来,修身是齐家、治国、平天下的根本。为政者有好的道德修养,才能拉近与百姓的距离,才能得到百姓的信任,也才能避免粗鄙和违背天理、伦理与礼制等不端之事的发生。

8.5 以能问于不能

【原文】

曾子曰:“以能问于不能,以多问于寡;有若无,实若虚,犯而不校。昔者吾友尝从事于斯矣!”

【引言】

本篇第三章和第四章分别在讲说曾子关于如何尽忠尽孝和如何修身以为政做官的见解。他要求弟子们时刻注意保护自己的身体,不做违法乱纪者;他给孟敬子建议,告诉孟敬子要想更好地治国和平天下,应当好好修身,不断提高自己的道德修养。这一章是本篇的第五章,继续讲曾子关于不耻下问、谦虚向学的心得和见解。

【释解】

(1)以能问于不能:有才能的人向没有才能的人请教。于:向。

(2)以多问于寡:知识多的人向知识少的人请教。

(3)有若无:有学问就像没有学问一样。

(4)实若虚:拥有知识就像没有知识一样。

(5)犯而不校:别人冒犯自己也不计较。犯:冒犯,侵犯。校(jiào):同“较”,计较。

(6)昔者:从前。昔:往昔,从前。者:用在表示时间的名词后面,表示停顿,不译。

(7)吾友:我的朋友。这里应该是指孔子的优秀学生颜渊等人,也可能指包括孔子、颜渊等在内的能够做到学而不厌、不耻下问的人。

(8)尝从事于斯矣：曾经也是这样做的啊。尝：曾经，从前。斯：这样的事情。

【译文】

曾子说："有才能的人向没有才能的人请教，知识多的人向知识少的人请教；有学问就像没有学问一样，拥有知识就像没有知识一样，即使别人冒犯自己也不计较。从前我的朋友也是这样做的啊！"

【拓展】

这一章中，曾子劝说学生们要谦虚向学，不耻下问。孔子求学的时候就是这样，"入太庙，每事问"。颜渊学习的态度也是如此，求学如饥似渴，曾子自己也是如此。

留心处处皆学问。谦虚使人进步，骄傲使人落后。此外，要能学会忍辱。韩信能够忍受胯下之辱，才有后来的出人头地。否则，如果只是斗气斗勇，那么，很可能年纪轻轻就丧失性命。那样的话，还怎么去实现自己的远大理想和抱负？《礼记·大学》说："古之欲明明德于天下者，先治其国；欲治其国者，先齐其家；欲齐其家者，先修其身；欲修其身者，先正其心；欲正其心者，先诚其意；欲诚其意者，先致其知，致知在格物。物格而后知至，知至而后意诚，意诚而后心正，心正而后身修，身修而后家齐，家齐而后国治，国治而后天下平。"①修身乃齐家、治国和平天下之本。所以，曾子教育弟子们要谦逊，要学而不厌，要学会忍辱，而不要不懂装懂、不知装知和粗暴易怒。能忍人所不能忍，方能成人所不能成。

8.6 可以托六尺之孤

【原文】

曾子曰："可以托六尺之孤，可以寄百里之命，临大节而不可夺也。君子人与？君子人也。"

---

① 孔子，等．四书五经[M]．李择非，整理．沈阳：万卷出版公司，2009：3.

【引言】

这一章仍然是曾子的讲话。曾子的这一句话，恢宏大气，气势磅礴，感人肺腑，给我的印象非常深刻。曾子认为，如果一个人敢于承担托孤重任、为国家尽忠办事，甚至牺牲自己的生命也在所不惜，那么，这样的人当然就是君子了。

【释解】

(1)托六尺之孤：把失去父亲的小孩托付给他。这里指可以把年幼的君主托付给他。古人以七尺指代成年，六尺就是15岁以下的小孩。东周时的一尺约是23厘米。托：托付。孤：孤儿，死了父亲的小孩。

(2)寄百里之命：寄托和承担百里诸侯国的使命。这里指可以将一个国家的政权托付给他。寄：寄托，受托。百里：指百里范围的诸侯国。命：任命，使命。

(3)大节：国家生死存亡的大事。

(4)夺：屈服变节，剥夺。这里指改变初衷、志向。

(5)君子人与：这样的人是君子吗。君子人：君子。与：同"欤"，文言助词，表疑问语气。

【译文】

曾子说："可以把年幼的君主托付给他，可以将一个国家的政权托付给他，面临生死存亡的紧急关头而矢志不移。这样的人是君子吗？肯定是君子啊！"

【拓展】

从曾子所说的这三件事来说，他暗指的君子当是周公旦。周武王讨伐商纣王成功之后，建立周朝，没几年，周武王因病去世，年幼的周成王继位。周公旦主动承担起辅佐幼主、执掌国政的使命。周公摄政，引起管叔、蔡叔及霍叔等人的疑忌。西周建立之初，武王听取周公旦建议，采取"以殷治殷"的政策，分封纣王之子武庚于殷。同时，武王派遣其兄弟管叔、蔡叔、霍叔在殷都附近建立邶、鄘、卫三国以监视武庚，史称"三监"。一般认为，殷都以北地区为邶;殷都以南地区为鄘;殷都以东地区为卫。

武庚看到管叔、蔡叔及霍叔对周公旦有所猜忌和不满,就趁机拉拢“三监”发动叛乱。面对内忧外患,国家生死存亡之际,周公旦当机立断,一边稳定朝局,一边发兵征讨,最终成功平定“三监之乱”,诛杀武庚、管叔,流放蔡叔,废霍叔为庶民,挽狂澜于既倒,扶大厦之将倾。此后,周公旦还确立了西周的封建礼乐制度,使周朝延续了 800 年左右的时间,而周代礼乐文化正是儒家文化的源头。周公旦这样一位“为天地立心,为生民立命,为往圣继绝学,为万世开太平”的圣贤人物能不是君子吗?君子人也。

8.7　士不可以不弘毅

【原文】

曾子曰:“士不可以不弘毅,任重而道远。仁以为己任,不亦重乎?死而后已,不亦远乎?”

【引言】

上一章曾子讲了像周公旦那样的君子,能够“托六尺之孤”“寄百里之命”和“临大节而不可夺”。这一章曾子在讲读书的士人应当主动承担起行仁的重任,并死而后已。

【释解】

(1)弘毅:抱负远大,意志坚强。弘:远大。毅:坚毅。

(2)任重而道远:责任重大,路途遥远。

(3)仁以为己任:视推行仁政仁道为自己的责任。

(4)死而后已:到死才停止。形容为完成一种责任或事业而奋斗终身。

【译文】

曾子说:“读书人必须志向远大,意志坚强,因为我们责任重大,路途遥远。把推行仁政仁道视为自己的责任,这个责任不也是重大的吗?竭尽所能,贡献出全部力量,为之奋斗终身,这历程不也是遥远的吗?”

【拓展】

西周初期,“士”还是指古代统治阶级中次于卿大夫的一个阶层。换言之,士属于贵族阶层。到春秋战国时期,朝局动荡,社会阶层开始分化,学术下移,私学兴起,出现了难得的社会上下流动。平民百姓家的孩子也有可能读书识字,为政做官了。而没落的贵族阶层的人也不得不自食其力,干些粗鄙的事情。孔子就曾说自己“吾少也贱,故多能鄙事”。所以,到春秋战国时期,“士”的含义也在悄悄发生变化,越来越多地指知识分子阶层了。

读书人为什么读书呢?孔子和曾子等儒家的主张是“学而优则仕,仕而优则学”。而为政做官,就是要推行德政礼治,就是要修身、齐家、治国、平天下。读书人只管为社会稳定和繁荣而读书,自己的禄位也就在其中了。宋朝第三位皇帝赵恒的《劝学诗》对此描述得非常明白:“富家不用买良田,书中自有千钟粟。安居不用架高堂,书中自有黄金屋。出门莫恨无人随,书中车马多如簇。娶妻莫恨无良媒,书中自有颜如玉。男儿若遂平生志,六经勤向窗前读。”当然,到了今天,我们中华儿女当为中华民族伟大复兴而读书。

自古迄今,凡是把国家、社会、集体利益放在第一位的人,莫不受到人们的敬仰和尊重,也往往都获得了相应的社会成功。凡是把个人利益置于国家、社会和集体利益之上的人,往往都受到人们的鄙视,其结果也多是搬起石头砸了自己的脚。所以,克己复礼为仁,而不加节制的欲望是人遭受磨难的根源。

8.8 兴于诗

【原文】

子曰:“兴于诗,立于礼,成于乐。”

【引言】

这一章讲了孔子如何看待修身与诗歌、礼仪和音乐的关系。

【释解】

(1)兴:兴起,激发。这里指用诗歌来激发人的情绪情感、意志、道德自觉和情操等。

(2)诗:诗歌。

(3)立:立身,立足,规约。

(4)礼:礼仪,礼节,礼制。

(5)成:完成,成就,做好。

(6)乐:音乐。

【译文】

孔子说:"君子人格的养成,其情感、意志、道德自觉和情操有赖于诗歌的激发、礼制的规约以及音乐的陶冶。"

【拓展】

在这一章中,孔子提出了培养君子健康人格的三个环节和手段。第一个环节,就是用诗歌激发学生健康的情感、情趣和对真善美的向往。"《诗三百》,一言以蔽之,曰:'思无邪。'"①诗歌是民风、民俗、民趣和民情民意的表达,通过对诗歌的学习和领会,人们可以学到许多关于社会、自然与人的知识,也可以学会如何用美好的词句来表达人情事理。所以,用《诗》等作为学习内容,对于唤醒人的学习兴趣、道德自觉和真情实感具有巨大而无形的积极作用。

第二个环节,就是用礼制培养人们尊礼、守礼和行礼的意识与习惯。孔子说:"非礼勿视,非礼勿听,非礼勿言,非礼勿动。"②也就是说,孔子主张用礼来节制个人的日常行为,不合乎礼的事情不要看,不要听,不要说,也不要做。人人都克己复礼,整个社会就会井然有序,这就是克己复礼为仁。人心不足蛇吞象,欲望的大海深不可测,所以必须用礼来规约人的行为,以使人们知足常乐,不至于被欲望所吞噬。

第三个环节,就是用音乐来陶冶人们的情感和道德情操。海顿说:"艺术的真正意义在于使人幸福,使人得到鼓舞和力量。"贝多芬说:"音乐是比一切智慧、一切哲学更高的启示。"马克思说:"音乐是人类的第二语言。"罗

---

① 论语[M].陈晓芬,译注.北京:中华书局,2016:11.

② 论语[M].陈晓芬,译注.北京:中华书局,2016:152.

杰·诺斯说:“音乐之目的有二,一是以纯净之和声愉悦人的感官,二是令人感动或激发人的热情。”总之,音乐是用旋律书写的艺术作品,它能表达和传递人们欢乐、喜悦、忧愁、愤怒、坚强、希望等不同的情绪情感,它也能健康人们的身心,让人们更自信,更美好,更有力量。

综上所述,在人们人格形成和情操陶冶的过程中,诗歌、礼仪和音乐各有其不同的功用,即孔子所说的“兴于诗,立于礼,成于乐”。而“兴于诗,立于礼,成于乐”其实就是“游于艺”的三种具体表现。

8.9 民可使由之

【原文】

子曰:“民可使由之,不可使知之。”

【引言】

这一章在讲孔子关于如何领导民众的思想。这在现在看来是有点“愚民”的思想。当然,我们要发展地看问题。在孔子生活的春秋时代,教育远不如现代教育这样普及,因此,受到教育和懂得读书识字的百姓很少,文盲率是很高的,所以,不能强求民众都能看懂文告,都能懂得为政做官的士大夫的政策方针和意图。所以,孔子能产生“民可使由之,不可使知之”这样的思想在他那个时代是自然而合理的。在现代社会,民众的识字率很高,文化教育也比较普及,“不可使知之”的情况就很难存在了。

【释解】

(1)民:老百姓。

(2)由之:知其然,按照君子的计划、指导安排和意志去做。由:按照。之:指君子的计划、指导、安排和意志。

(3)知之:知其所以然,知道和懂得为什么这样做的原因或道理。

【译文】

孔子说:“对于老百姓,长官只要使他们知道做什么和如何做就可以了,不需要让他们懂得为什么要这样做。”

【拓展】

在日常生活中，我们都可能会遇到这类情况。你临时雇用一些工人为你做事，比如装修，那么你只需要把自己的想法告诉工人，而不需要给工人讲为什么要这样做。一般来说，工人也不关心你为什么要这么装修，他们只需要完成你安排的任务。至于为什么，那是你自己的兴趣和想法，与工人的劳动没多大关系。在孔子的时代，土地、采邑、活儿都掌握在大夫、宰官等做官的人手里，他们需要做什么，就会有计划和安排，然后分派任务给老百姓，这与现在的雇主和雇工的关系差不多。所以，孔子产生这种思想也毫不奇怪。

孔子是以仁为本的，只要长官对待老百姓仁义，有仁德，那么，安排任务给老百姓就可以，不需要把道理讲个一清二楚。所以，这也不是什么“愚民”的思想，而是当时安排社会劳动任务的方式。孔子也不可能有让老百姓参与政治、参与民主管理的思想，那时的经济基础远没有达到现代的程度，不会产生朴素民主政治、基层民主政治的思想。换言之，孔子的思想也是具有时代局限性的，不可能在所有方面达到现代思想的程度和水平。因此，对历史人物的思想都要一分为二地看待，既不要全盘否定，也不要全盘肯定。

8.10　好勇疾贫

【原文】

子曰：“好勇疾贫，乱也。人而不仁，疾之已甚，乱也。”

【引言】

这一章是孔子在讲犯上作乱的两种原因。

【释解】

（1）好勇疾贫：喜好逞勇而又憎恶自己太贫穷。疾：憎恨，憎恶。贫：贫穷，贫困。

(2)乱也：就会犯上作乱啊。也：文言语气助词，用在句末表示判断或肯定语气。

(3)人而不仁：人如果不仁的话。而：表示假设关系，如果，假如。不仁：没有仁德。

(4)疾之已甚：对其憎恶得太过分。已甚：太过分。已，太。

【译文】

孔子说："喜好逞勇而又憎恶自己太贫穷，就会犯上作乱啊。对于不仁德的人，如果对他们憎恶得太过分，也会导致出祸乱。"

【拓展】

在这一章中，孔子实际上讲了君子与小人的两种区别。第一种，君子能够安贫乐道，小人不能安于贫穷，喜欢惹事。如果小人过于贫困，就可能起来造反，这样不利于社会的稳定。其解决之道，就是发展国计民生，发展经济，不断改善人民生活条件。第二种，君子坦荡荡，小人长戚戚。君子乐天知命，即使被人陷害，被人追杀，被人讨厌，也不会与小人一般见识，不会与小人计较，因此君子做事光明磊落，豁达乐观。但没有仁德的小人，被人憎恶、憎恨或个人利益受损的时候，往往就会铤而走险，犯上作乱，制造事端，危害社会的稳定。

所以，孔子强调培养君子之仁的重要性，同时提醒大家格外当心没有仁德的小人，要采取切实有效的措施防范不仁德的人制造祸乱。

8.11 如有周公之才之美

【原文】

子曰："如有周公之才之美，使骄且吝，其余不足观也已。"

【引言】

这一章中，孔子提及道德修养对人的作用和影响，以及才智与道德修养的关系。

【释解】

(1)才:才华,才智。

(2)使骄且吝:使他骄傲和吝啬。骄:骄傲。吝:吝啬,小气。

(3)不足观:不值得看。

【译文】

孔子说:“一个人即使有周公旦那样美好的才能,而这使他骄傲又吝啬,那么其他方面也就不值得看了。”

【拓展】

人常说,一俊遮百丑。就是说,一件好的事情可以掩盖许多丑陋的事。但是,还有一句话,那就是好事不出门,恶事传千里。一个人在道德修养方面如果很差很坏的话,就会恶名传千里。恶名传千里的结果是,老鼠过街,人人喊打。

得道多助,失道寡助。失去道义和道德的人和事注定长久不了。对于教师更是如此。2018 年 11 月 16 日,教育部发布了《新时代高校教师职业行为十项准则》《新时代中小学教师职业行为十项准则》《新时代幼儿园教师职业行为十项准则》。这一系列《准则》划定教师基本职业底线,强调深化师德师风建设,实行师德失范“一票否决”。可见,道德对于一个人职业生涯的影响之大。

道德具有调节、认识、教育和导向等功能。如果一个人失德失范,特别是有一定社会地位和影响力的人道德失范,如偷税漏税、贪污受贿、以权谋私,等等,给社会造成的负面影响是巨大的,甚至是无可挽回的,所以,一个人不能有才无德,最好是德才兼备,以德为先。

8.12 三年学

【原文】

子曰:“三年学,不至于谷,不易得也。”

【引言】

这一章是孔子在讲学习与做官、生活之间的关系。

【释解】

(1)三年学:三年学习为政做官之道。

(2)不至于谷:不想去做官赚俸禄。不至于:不能达到。谷:古代以谷作为官吏的俸禄。

(3)不易得也:不容易得到。

【译文】

孔子说:“三年学习为政做官之道,还不想去做官赚俸禄的人,是不容易得到的。”

【拓展】

孔子办学的目的就是培养能够修身、齐家、治国和平天下的君子。所以,跟着孔子学习的学生大多都是为了学习为政做官之道。一般来说,学生花三年的时间就能掌握为政做官之道了,也就可以出去做官了。但孔子有个名叫漆雕开的学生比较特别。当孔子叫他去做官的时候,他说自己学得还不够好,还没有信心去做官,想继续跟着老师学习。孔子听到后,非常高兴。没想到,自己的学生当中还有这么一个不急于做官,不急于赚取官禄的“笃信好学,守死善道”之人。因此,孔子就对漆雕开的想法表示赞赏。

8.13 笃信好学

【原文】

子曰:“笃信好学,守死善道。危邦不入,乱邦不居。天下有道则见,无道则隐。邦有道,贫且贱焉,耻也。邦无道,富且贵焉,耻也。”

【引言】

这一章在讲孔子关于笃信好学、坚守善道的思想。

【释解】

(1)笃信好学：坚定信念，努力学习。

(2)守死善道：坚守君子为人处世和为政做官的善道。

(3)危邦不入：不进入政局动乱的国家。邦：国家，邦国。

(4)乱邦不居：不居住在政局动乱的国家。

(5)有道则见：政治清明的时候就现身做官。有道：政治清明。见：同“现”，现身。

(6)无道则隐：政治不清明的时候就隐藏起来。隐：隐藏，隐居。

【译文】

孔子说：“坚定信念，努力学习，坚守君子为人处世和为政做官的善道。不进入政局动乱的国家，也不居住在政局动乱的国家。天下政治清明的时候就出来做官，政治不清明的时候就隐居。国家政治清明的时候，自己贫贱就是耻辱；国家政治不清明的时候，自己富贵也是耻辱。”

【拓展】

君子坚守善道可能会遇到两种不同的情况，一是天下有道，二是天下无道。孔子认为，天下有道的时候，君子应该积极出来为社会做事，让自己尽快富贵起来；而天下无道的时候，君子要懂得明哲保身，懂得隐藏起来。孔子还相应地总结道，如果天下有道，君子碌碌无为，就应该以此为耻；而如果天下无道，一个人为了富贵而助纣为虐，那也是可耻的。

8.14　不在其位

【原文】

子曰：“不在其位，不谋其政。”

【引言】

这一章是在讲孔子关于社会角色如何发挥作用的观点。在其位，谋其政;不在其位,不谋其政。这句话为人所熟知,常在今人的话语中出现。

【释解】

(1)位:位置,职位。

(2)谋:谋划,计划,考虑。

(3)政:政事,事务,事情。

【译文】

孔子说:"不在那个职位上,就不去谋划那个职位的事情。"

【拓展】

"不在其位,不谋其政",这句话要求人们安分守己,做好分内之事,不要去干预别人应该做的事情。一般情况下,这是符合经济学原理的。操心别人的事情,一个是有可能过多地干预他人,引起他人的反感,好心没好报;另一个是好心办坏事;再一个是别人也不会听你的,因为你可能是外行领导内行,狗抓耗子多管闲事;最后一个是,如果别人听了你的,把事情办砸了,谁来负起那个责任?所以,孔子、曾子等人都强调要安分守己,做好自己应做的。曾子说:"君子思不出其位。"①人人安分守己,世上犯上作乱的就少了。

但是,完全做到"不在其位,不谋其政",有时候可能导致"事不关己,高高挂起"的漠不关心的态度。各人自扫门前雪,莫管他人瓦上霜,着实有点关门主义,有违助人为乐的精神。毛泽东在《反对自由主义》一文中也批评过这种不良作风:"事不关己,高高挂起;明知不对,少说为佳;明哲保身,但求无过。"②国家兴亡,匹夫有责。对于涉及公共利益、集体利益和国家利益的事情,我们还是应该竭尽所能,献计献策,作出自己力所能及的贡献。

---

① 论语[M].陈晓芬,译注.北京:中华书局,2016:193.

② 毛泽东.毛泽东选集:第二卷[M].北京:人民出版社,1991:359.

8.15 师挚之始

【原文】

子曰:“师挚之始,《关雎》之乱,洋洋乎盈耳哉!”

【引言】

这一章是孔子关于音乐的评论。

【释解】

(1)师挚:鲁国掌管音乐的太师,乐师,名挚。他对音乐有较高造诣。

(2)始:开始,指音乐演奏活动的开始,即开端或序曲。

(3)乱:乐曲即将结束前的一段合唱或合奏。

(4)洋洋乎:盛大众多的样子。乎:古汉语中形容词或副词的后缀。

(5)盈耳哉:充满了耳朵啊。哉:表示感叹,相当于“啊”。

【译文】

孔子说:“从太师挚指挥演奏的序曲开始,到最后合奏的《关雎》的结尾,盛大而美妙绝伦的音乐,充满了我的耳朵啊!”

【拓展】

孔子对包括音乐在内的“六艺”都比较精通。所以,孔子的音乐演奏能力和音乐鉴赏水平是很高的。这是他留下许多音乐评论的主要原因之一。《乐记》说:“凡乐之大节,有歌有笙,有间有合,是为一成。始于升歌,终于合乐,是故升歌谓之始,合乐谓之乱。”[①]孔子被鲁国太师挚所组织和指挥的音乐演奏活动彻底震撼了,乐曲从开头到结尾都美妙绝伦,回荡在孔子的耳朵里。孔子乐在其中,久久不能平静。

---

① 刘宝楠.论语正义:全二册[M].高流水,点校.北京:中华书局,1990:305.

8.16 狂而不直

【原文】

子曰:“狂而不直,侗而不愿,悾悾而不信,吾不知之矣!”

【引言】

这一章是在讲孔子对当时社会道德风气滑坡和低下的不满。

【释解】

(1)狂而不直:狂妄而不正直。狂:狂躁,狂妄。

(2)侗而不愿:蒙昧无知而不老实厚道。侗(tóng):蒙昧无知。愿:老实,恭谨,谨慎小心。

(3)悾悾而不信:表面诚恳而不信实。悾(kōng)悾:诚恳的样子。信:诚信,信实。

(4)吾不知之矣:我不知道这些人怎么会这样啊。之:这些人。矣:表示感叹,啊。

【译文】

孔子说:“狂妄而又不正直,蒙昧无知而又不老实厚道,表面诚恳而又不信实,我不知道这些人怎么会这样啊!”

【拓展】

春秋末年,社会风气和人的道德素质每况愈下。孔子忧国忧民,对天下的道德教育感到空前的担忧。所以,他创办私学,希望培养出具备“温、良、恭、俭、让”和“仁、义、礼、智、信”等君子素质的人才,通过他们的为政做官来逐渐净化社会风气,提升社会道德水平。

8.17 学如不及

【原文】

子曰："学如不及，犹恐失之。"

【引言】

这一章是孔子在讲自己学习过程中的心理感受。这种感受也是我时常有的。知识爆炸的时代，知识日新月异，新的知识层出不穷，而人的精力又十分有限，所以，人们一方面要追赶知识前沿，另一方面又恐怕不少的知识被遗漏掉，被错过。学习真的是一辈子的事情，活到老，学到老。

【释解】

(1)学如不及：学习知识、做学问就像赶不上似的。不及：赶不上。

(2)犹恐失之：还恐怕失去已学到的知识。犹：仍然，还。恐：恐怕，担心。之：指代知识、学问。

【译文】

孔子说："学习知识、做学问就像赶不上知识和学问似的，还担心会失掉什么知识和学问。"

【拓展】

学无止境。生有涯而知无涯。爱好学习的人，都会如饥似渴地学习。即使这样，一个人也不可能穷尽人类创造的一切知识和学问。学习又如逆水行舟，不进则退。学习需要坚持不懈，持之以恒。学习过的知识，需要复习、巩固和提高。人们还会失去或错过许多知识，这是因为人的精力有限，不可能穷尽一切知识和学问；还因为人类的大脑记忆必须遵循记忆的保持规律或遗忘规律。人类的记忆分为短时记忆和长时记忆。每个人的记忆都有自己的特点，我们需要根据自己的特点，寻找适合自己的最佳记忆方法，不断提高学习的效率。

8.18 巍巍乎

【原文】

子曰："巍巍乎，舜、禹之有天下也，而不与焉！"

【引言】

这一章是在讲孔子对舜帝和大禹道德之美的赞叹。尽管大舜和大禹都拥有天下，但他们都不是占有天下财富以图自己享受，而是大公无私地为天下苍生服务。这就是他们道德高尚、形象高大和被人民敬仰的原因。

【释解】

(1)巍巍乎：伟大、崇高和高大的样子。

(2)舜：中国上古部落联盟首领，被尊称为帝舜或虞舜。传说尧禅位给舜，舜任用贤能治理天下，天下大治。

(3)禹：上古时期夏后氏首领。因禹治水有功，帝舜把部落联盟首领之位禅让给禹。禹成为首领后，建立夏朝，成为夏朝第一位君主。他分封丹朱(尧的儿子)于唐国，分封商均(舜的儿子)于虞国。禹治水时三过家门而不入，疏浚开凿河流，使洪水归流大海，水患平息。禹铸造九鼎，确立了天下一统的文化思想，被尊称为大禹、帝禹。

(4)有天下：拥有天下。

(5)不与焉：不依仗天下(贪图个人享受)啊。与：以，凭借，倚仗，仗恃。焉：用于句尾，表示感叹，相当于"啊"。

【译文】

孔子说："多么伟大崇高啊！尽管舜和禹都拥有天下，但他们都不将天下财富据为私有，以贪图个人享受啊！"

【拓展】

舜和禹是传说中的古代明君圣主。他们的君主之位都不是靠暴力夺取的，而是其崇高的德行感召而来的。拥有天下之后，他们也不依仗手中掌握的权力为自己或家族谋取私人利益，因而得到民众的敬仰和赞美。这与孔子时代的国君、卿大夫以及宰官的巧取豪夺、以权谋私和唯利是图形成鲜明对比。因此，孔子在这一章中的言论，既是对古代明君圣主的赞美和感叹，也是对现实社会问题不满情绪的慨叹。

8.19　大哉尧之为君也

【原文】

子曰："大哉尧之为君也！巍巍乎！唯天为大，唯尧则之。荡荡乎！民无能名焉。巍巍乎其有成功也！焕乎其有文章！"

【引言】

这一章是孔子对尧帝品德、心胸、才能、智慧、功绩的无比崇敬和赞美。

【释解】

(1)大哉：伟大啊。哉：感叹词，啊。

(2)尧之为君也：尧做君主。尧：又称唐尧，传说中父系氏族社会后期的部落联盟领袖。帝尧在主政期间，派神箭手大羿射日，派鲧治水，并且制定历法，推广农耕，整饬百官，天下因此大治。之：助词，用在主谓结构之间，不译。

(3)唯尧则之：只有尧效法天。

(4)荡荡乎：浩大宽广、博大的样子。

(5)民无能名焉：百姓没有办法来形容它。无能：没有能力，没有办法。名：说出，形容，称说。焉：指示代词，相当于"之""此"。

(6)焕乎：光明灿烂、光芒四射的样子。

(7)文章：典章制度、礼乐文明制度等，指一整套社会运行机制和管理制度。

【译文】

孔子说："尧做君主，真是伟大啊！他是多么崇高啊！只有上天是最高大的，但也只有尧帝才能效法天的高大。他的恩德多么浩大啊！百姓们无法用言语来形容它。他取得的功绩多么崇高巨大啊！他所制定的一整套社会运行机制和管理制度是多么光辉灿烂啊！”

【拓展】

由这一章及上一章可见，孔子对尧帝、舜帝和大禹都是非常推崇的。尧帝的道德文章和他治理天下的功绩都达到了当时的极致水平，老百姓都无法用言语来形容和赞美他了。

8.20 舜有臣五人而天下治

【原文】

舜有臣五人而天下治。武王曰：“予有乱臣十人。”孔子曰：“才难，不其然乎？唐、虞之际，于斯为盛。有妇人焉，九人而已。三分天下有其二，以服事殷。周之德，其可谓至德也已矣。”

【引言】

这一章是在讲孔子关于人才难得和周代之道德最为盛大的思想。

【释解】

(1)舜有臣五人而天下治：舜拥有五个贤能的大臣辅佐，就使天下大治。这五位贤臣传说分别是禹、稷、契、皋陶和伯益。禹即大禹、帝禹，夏朝的开国君主。稷：又称后稷，舜帝时代负责农业的官。其第三十四代孙周武王建立了周朝，所以后稷是周朝天子的祖先。契(xiè)：又称子契，尧帝同父异母的弟弟。其第十四代孙是商汤，所以子契是商朝天子的祖先。皋陶(yáo)：传说中负责司法的官员，创建了中国最早的司法制度体系(五刑、五教)，坚持司法公正。伯益：大禹治水的得力助手。大禹继天子位之后，伯益被任命为执政官，总理朝政。

(2)武王：指周武王，姬姓，名发，周文王次子，周朝的开国君主。

(3)予有乱臣十人：我有十位治国之臣。乱臣：指治国之臣。据《说文》：

"乱,治也。"辅佐周武王的十大名臣分别是:周公旦、召公奭、太公望、毕公、荣公、太颠、闳夭、散宜生、南宫括、文母。①周公旦:又称周公,是武王的弟弟,武王之后,又辅佐武王的儿子周成王。他制礼作乐,平定叛乱,是西周初期赫赫有名的政治家、思想家和军事家。②召公奭:又称召公,是武王和周公同父异母的弟弟,辅佐周武王灭商后,受封于蓟(今北京),西周诸侯国燕国的第一任君主。因采邑位于召(今陕西岐山西南),故称召公。③太公望:即姜太公,姜姓,吕氏,名尚,字子牙,又称师尚父、吕望、吕尚。周初著名政治家、军事家,其封地为齐国,为齐国开国君主。④毕公:姬姓,名高,周文王第十五子,武王同父异母的弟弟,受封毕地,史称毕公高,是毕国与毕姓始祖。⑤荣公:受封荣国,其封地大约在西周镐京一带。其他不详。⑥太颠:辅佐周文王、周武王的大臣。⑦闳夭:西周开国功臣。⑧散宜生:西周开国功臣。⑨南宫括:西周开国功臣。⑩文母:即周武王的夫人邑姜,主要帮助周武王治理内院、后宫,主内。

(4)才难,不其然乎:人才难得,不是这样吗。才:人才。难:难得。其然:这样。乎:吗。

(5)唐、虞之际:尧、舜在位执政的时候。

(6)于斯为盛:在周武王的时候,人才是最盛的时候。斯:这里是指周武王时期。

(7)有妇人焉:指武王的十位治国之臣中有一位女性,即武王之妻邑姜。

(8)三分天下有其二:相传周文王的时候,天下共有九州,文王拥有六州,占三分之二。

(9)以服事殷:臣服和侍奉殷朝。

(10)周之德:指周文王的道德。

(11)至德也已矣:最盛的道德了。也已:语气助词,表肯定。

【译文】

舜帝有五位贤臣辅佐,就能使天下大治。周武王说:"我有十位治国之臣辅佐我。"孔子说:"人才难得,难道不是这样吗?唐尧和虞舜在位执政时,与周武王的时候相比,可以说周武王时期是人才最盛的时候。周武王的时候,难得的人才中除了一位妇女,实际上只有九个男人。周文王得到了天下的三分之二,仍然臣服和侍奉殷朝。周文王的道德可以说是最盛的道德了。"

【拓展】

千秋基业,人才为本。人才,是强国之根本、兴邦之大计。孙中山曾说:“治国经邦,人才为急。”这与孔子表达的人才难得的思想不谋而合。江山代有才人出,各领风骚数百年。每个时代都有一定数量的人才,关键在于要有能知人善任的伯乐。明智的领导者,都会广开进贤之路,广纳天下英才。但人才首要的一点是要有仁德,要品德高尚,不然就可能对社会、对国家起坏作用,而不是起积极的作用。没有道德,也不能称之为合格的人才。此外,在这一章中,还表露了孔子“男尊女卑”的思想,譬如,不把贤能的周武王夫人邑姜算在他的“人才”概念中。这说明,孔子的某些思想仍然局限于他的那个时代。在今天的人们看来,古代的圣人孔子也有一些不完美的地方。

8.21 禹,吾无间然矣

【原文】

子曰:“禹,吾无间然矣。菲饮食而致孝乎鬼神,恶衣服而致美乎黻冕,卑宫室而尽力乎沟洫。禹,吾无间然矣。”

【引言】

这一章讲了孔子对大禹崇高的道德和个人魅力的无比赞美。

【释解】

(1)吾无间然矣:我没有什么可挑剔的了。间(jiàn):空隙、缝隙、间隙。这里引申为可挑剔之处。然:用于句末,表示肯定或判断的语气。

(2)菲饮食:简单微薄的饮食。菲(fěi):菲薄,微薄。

(3)致孝乎鬼神:对鬼神尽力去孝敬。致孝:致力于孝敬。乎:于,对。

(4)恶衣服:粗劣的衣服。恶:粗劣的。

(5)致美乎黻冕:对祭祀时穿戴的礼服和帽子尽力去美化,使之华美。致美:致力于美化、精美。黻(fǔ):祭祀时穿的礼服。冕:祭祀时戴的帽子。

(6)卑宫室:低矮的宫室。

(7)尽力乎沟洫:致力于修建沟渠、兴修水利。沟洫:沟渠。洫(xù):田间的水道,泛指沟渠。

【译文】

孔子说:“对于禹,我实在没有什么可以挑剔的了。他平时饮食菲薄简单,但祭祀孝敬祖先和鬼神却尽心尽力;他平时穿的衣服粗劣破旧,但对祭祀时穿戴的礼服和帽子却要求精美;他常年住在低矮的宫室里却一心致力于兴修沟渠。对于禹,我实在没有什么可以挑剔的了。”

【拓展】

这一章对大禹吃、穿、住、行的特征进行了比较典型的描述。总的来说,大禹对个人的日常饮食、穿戴和居住条件,没有什么特别的讲究。但是,当从事祭祀和国家水利建设这样关系到天下人福祉的大事时,大禹一改平时的朴素作风,要求祭祀祖先和鬼神用的祭品要丰厚,祭祀时人们穿戴的礼服要华美,以体现内心的恭敬,表达对祖先、鬼神和天下人福祉的重视。大禹不在乎自己的住房是否宽敞高大,却很在乎关系百姓安危的水利事业,所以一心一意地投入兴修沟渠的劳动。像大禹这样的先天下之忧而忧、后天下之乐而乐的君主,古今少有,也难怪孔子从大禹身上找不出什么瑕疵或缺点来。

在此值得说明的是,古代的人普遍相信鬼神和去世的祖先能庇佑活着的人。“祭祀与戎,国之大事”,这种对鬼神的孝敬和祭祀,实质上也是对天下、国家和百姓的忠诚。

子罕篇第九

该篇共计31章。其中,孔子的话语21章,孔子与弟子的对话4章,弟子等他人的话语和记述6章。总的来说,本篇对孔子本人的思想、行为、事迹等进行记述和评价,"可以说是第五篇《公冶长》、第六篇《雍也》两篇内容的引申。多半是讲孔子的思想,与学问教育的观点,以及一般历史思想观念的阐扬"①。

9.1 子罕言利

【原文】

子罕言利与命与仁。

【引言】

这一章在讲孔子关于利、命和仁三者的思想倾向。对于"子罕言利与命与仁"这一句,不同的学者有着不同的解释。有些解释的含义甚至是完全相反的。主要有以下两种看法:

第一,孔子很少主动谈论利、命、仁这三者。持这一观点的学者以杨伯峻、南怀瑾、何晏、刘宝楠、来可泓等人为代表。例如,杨伯峻说:"孔子很少主动谈到功利、命运和仁德。"②南怀瑾说:"我们都知道孔子思想的中心是仁,但这里又说孔子很少讲仁;再说《论语》第四篇就是《里仁》,全篇都是有关仁的记载,这不是矛盾吗?所以我们讲《里仁》篇的时候,有一个重点,那里所讲的只是仁的作用、仁的性质,对于'仁'本身究竟是什么,《里仁》篇中

① 南怀瑾.论语别裁:上册[M].上海:复旦大学出版社,2015:372.

② 杨伯峻.论语译注[M].中华书局,2009:85.

并没有下定义。所以这里说孔子很少讲‘利’，很少讲‘命’，很少讲‘仁’。这三种中心问题都很难讲。”①

第二，说孔子很少主动谈利，但赞成命和仁。这种观点下，对这句的断句就成了：“子罕言利，与命，与仁”或“子罕言利，与命与仁”。持这种观点的学者以钱穆、史绳祖等人为代表。例如，钱穆将这句话译成：“先生平日少言利，只赞同命与仁。”②清代史绳祖在《学斋占毕》中说：“子罕言利者，独利而已，当以此四字为一句，作一义。曰命曰仁，皆平日所深与，此当别作一义。与如‘吾与点也’、‘吾不与也’等字之义。”③

我个人赞同第一种看法。其主要原因有：第一，很少谈论功利、命运和仁符合孔子的思想逻辑。孔子重义轻利，很少谈论利益或功利是正常合理的。如果一个重视君子仁德的人，整天把利挂在嘴上也是不合适的。第二，“命”和“仁”相对来说比较抽象难懂，认为“中人以下不可以语上”的孔子是不会轻易去讲的。当然，他不是一点都不讲，而是很少讲。第三，“子罕言利，与命，与仁”或“子罕言利，与命与仁”这样的断句，前后两个部分语言逻辑存在不一致。例如，前面的“子罕言利”说的是孔子很少谈论利益或功利，后面的“与命，与仁”如果被理解为“赞同命运和仁德”的意思，那么，孔子“很少谈论利益或功利”就与他“赞同命运和仁德”之间存在着语言逻辑的不一致。如果要保持前半句和后半句语言逻辑一致，则应前半句说的是谈论，后半句也说谈论或不谈论。换言之，要么是“孔子很少谈论利、命和仁”；要么是“孔子很少谈论利，但经常谈论命和仁”。不能是前面说谈论什么什么的事情，后面却在说赞同什么什么。那就成了前言不搭后语。再者，孔子赞成的东西可能有很多，为什么却只在这里提及“命”和“仁”两个概念呢？总之，我认为，第一种情况无论是从情理上、孔子的思想倾向上还是语言逻辑上，都是合情合理的。

【释解】

(1)罕言：很少谈论。

(2)利与命与仁：功利、命运和仁德。与：连词，和。

---

① 南怀瑾. 论语别裁：上册[M]. 上海：复旦大学出版社，2015：373-374.

② 钱穆. 论语新解[M]. 北京：生活·读书·新知三联书店，2012：200.

③ 来可泓. 论语直解[M]. 上海：复旦大学出版社，2000：230.

【译文】

孔子很少谈论功利、命运和仁德。

【拓展】

《论语》中谈到“利”有六次，谈到“命”有八次或九次，谈到“仁”有一百零五次。[①] 所以，如果说孔子很少谈论利，也很少谈论命，是可以理解的。但光《论语》中所记载的谈到仁的地方就有一百多次，怎么能说孔子很少谈论仁呢？对此，南怀瑾给出的解释是有说服力的：尽管光《论语》一书中记载的仁的次数就有一百多次，但基本上谈论的是仁的性质和功用，几乎没有给仁下过比较清晰和准确的定义。也就是说，孔子对什么是仁谈论得很少。此外，认真研究孔子关于仁的思想，可知孔子对仁的标准和要求是很高的，一般人很难达到仁的境界，这也是孔子在给学生讲学中很少讲什么是仁的一个原因。另外，还有一个可能的原因是，孔子因材施教。如果总结这一章的学生恰好根基不是足够高，就极有可能很少听到孔子给他讲论什么是仁，什么是命了。

9.2 大哉孔子

【原文】

达巷党人曰：“大哉孔子！博学而无所成名。”子闻之，谓门弟子曰：“吾何执？执御乎？执射乎？吾执御矣。”

【引言】

上一章讲了孔子很少谈论功利、命运和仁德。这一章是在讲达巷党这个地方的人对孔子才能学识的评价。孔子听到这些评价之后，就说自己是有专长的，这专长就是“执御”。根据孔子一贯的思想，我认为此处的“执御”是双关语，孔子此言既指自己的专长是“六艺”中的执御，又指自己的专长是驾驭和领导西周礼制文化的传承和复兴事业。孔子始终立志将自身所学用

---

① 来可泓.论语直解[M].上海：复旦大学出版社，2000：229.

于培养社会需要的政治人才和文化发展人才。他培养的颜渊、子贡、冉求、子张、子夏等弟子也的确是多才多艺、各有所长。

【释解】

(1)达巷党人:达巷党这个地方的人。党:古代地方组织单位,五百家为一党。达巷是党名。也有的学者认为“巷党”是一个词,是“里巷”的意思。所谓里巷,就是“街巷”“胡同”的意思。按照这种意思理解的话,达巷党人意为达这条胡同的人。我倾向于前者,即达巷是党名。

(2)无所成名:没有什么能让自己成名的一技之长。换言之,这句是说孔子尽管学问渊博,但是样样精、样样松,所掌握的“六艺”没有一项能让他闻名天下。

(3)吾何执:我掌握些什么好呢。这里是指该专长于什么呢。执:掌握。

(4)执御乎:该掌握驾车技术吗。御:驾车。

(5)执射乎:该掌握射箭技术吗。射:射箭。

【译文】

达巷党这个地方有人说:“孔子真伟大啊!他学问渊博,但可惜的是他没有什么能让自己成名的一技之长。”孔子听说了,就对学生们说:“我该专长于什么呢?专长于驾车技术吗?专长于射箭技术吗?我还是专长于驾车技术吧。”

【拓展】

达巷党人看到了孔子的博学多识,但没有看到孔子在礼、乐、射、御、书、数这六个技艺方面擅长哪一个。历史地看,孔子学习过“六艺”并掌握到一定程度了。特别是礼,可以说在当时他已经是为数不多的最知礼、懂礼的人之一。音乐方面,孔子也有深厚的造诣。但是,孔子的兴趣在为政做官以振兴和弘扬周礼文化上,而不是成为某一方面技艺的佼佼者,或者以此谋生。“志于道”的孔子也只是“游于艺”,而不是用“艺”来成名于天下。

9.3 麻冕，礼也

【原文】

子曰："麻冕，礼也。今也纯，俭，吾从众。拜下，礼也。今拜乎上，泰也。虽违众，吾从下。"

【引言】

这一章在讲孔子在对待礼仪的形式方面既有原则性，又有灵活性。在根本原则问题上，譬如事君尽礼方面，要坚持传统和原则；在细枝末节上，如礼帽的材质方面，可以随着材料和产品技术的发展而变化。

【释解】

(1)麻冕：用麻布或麻料制成的礼帽。

(2)礼也：是符合礼制的。

(3)纯：丝、丝绸、丝织品。这里指用丝绸料子制成的礼帽。

(4)俭：节俭，节省。在古代，做麻冕比较费工，成本高，用丝料制作礼帽比较节省。

(5)吾从众：我遵从大家的做法。

(6)拜下、拜上：西周时期，依照周礼，臣子拜见君主，有两拜。臣子先是在朝堂下礼拜，这就是"拜下"；再到朝堂上礼拜，这就是"拜上"或"拜乎上"。到了春秋时期，君臣两拜之礼变成了在朝堂上一拜。只有拜上，没有拜下了。臣子拜见君主，是直接上殿，在朝堂上礼拜。

(7)泰也：骄纵，傲慢。也：语气词，表示肯定。

(8)违众：和大家做法不一致。

(9)吾从下：我遵从含有拜下环节的两拜之礼。

【译文】

孔子说："用麻料制成礼帽，是礼制的规定；现在改用丝来制作礼帽，要比过去用麻料制作礼帽节省，所以我遵从大家的做法。臣子拜见君主，首先要在朝堂下礼拜，然后再到朝堂上礼拜，完成两拜是周礼的规定。但现在臣子直接上殿，在朝堂上礼拜君主，没有了在朝堂下的礼拜，这是对君主傲慢、不恭敬的表现。虽然我和大家做法不一致，但是我坚决遵从含有拜下环节的两拜之礼。”

【拓展】

孔子重视根本，而对枝叶末节的东西可因陋就简。在孔子看来，君君，臣臣，父父，子子，事君尽礼就是根本。西周规定的两拜之礼，即先拜下后拜上的拜见君主的做法，是最能表现事君尽礼的内涵和精神的，不能改变。但至于礼帽是用麻料制成，还是用丝料制成，那就看哪种更简单方便或节俭了。所以，孔子事君尽礼、严格尊卑的思想是根深蒂固的，也是其一生中始终坚持的。

9.4 子绝四

【原文】

子绝四：毋意，毋必，毋固，毋我。

【引言】

这一章是在讲孔子竭力避免的四个可能的思想病。一个是不能主观臆想，一个是不能主观武断，一个是不能固执己见，一个是不能自我中心主义。

【释解】

(1)绝四：杜绝四个方面的问题。绝：杜绝。
(2)毋：不要，不可以。
(3)意：同“臆”，臆想，猜想，猜疑。
(4)必：必定，一定，绝对化，武断。
(5)固：固执己见，顽固，不会变通。
(6)我：自我，自我中心主义，自以为是。

【译文】

孔子杜绝了四种思想病，做到了不主观臆想、不主观武断、不固执己见和不自我中心主义。

【拓展】

人类身体的疾病绝大多数都容易治疗，但人类可能会犯的思想病则是不容易治愈的。有的人总是喜欢以小人之心度君子之腹，臆想或猜想他人会怎样、不会怎样，往往把自己想得很好很美，把别人想得很坏很丑；还有的人刚愎自用，自以为是；还有的人特别固执，容纳不下别人的正确意见；还有的人小肚鸡肠，总是以自己的利益为重，没有大局、全局和集体观念。这些思想病，都是社会分裂和不和谐的根源。因此，孔子主张要杜绝这四种思想病。为什么孔子能够杜绝这四种思想病？这是因为孔子能够做到："以道为度，故不任意。常人行藏不能随时用舍，好自专必。惟孔子用之则行，舍之则藏，不专必也。常人之情，可者与之，不可者拒之，好坚固其所行也。孔子则无可无不可，不固行也。人多制作自异，以擅其身。孔子则述古而不自作处，群众萃聚，和光同尘，而不自异，故不有其身也。"①

9.5 子畏于匡

【原文】

子畏于匡，曰："文王既没，文不在兹乎？天之将丧斯文也，后死者不得与于斯文也；天之未丧斯文也，匡人其如予何？"

【引言】

这一章讲的是孔子在匡地受到匡地之人包围、处境险恶时所表现出来的天命思想和天道精神。这种生死有命、富贵在天的天命思想和无所畏惧的天道精神是孔子及其弟子战胜匡人包围威胁的精神武器。

① 何晏，邢昺. 论语注疏[M]. 北京：中国致公出版社，2016：130.

【释解】

(1)畏于匡:在匡地受到威胁,处境险恶。畏:受到威胁,处境险恶。匡,地名,在今河南省长垣县西南。

(2)文王既没:周文王已经死了。

(3)文不在兹乎:但其创立的西周文化不还在这里吗?文:西周文化。兹:这里,指孔子自己。

(4)将丧斯文也:将要消灭这种文化。丧:使丧失,消灭。斯:这。文:文化。

(5)后死者:后死的人。

(6)与于:参与到。与:参与。于:到。

(7)其如予何:又能把我怎么样呢。其:助词,无实义,起调节节奏、舒缓语气等作用。

【译文】

孔子在匡地被人围困,处境险恶。他说:“尽管周文王已经死了,但其创立的西周文化不还在我这里吗?如果上天要消灭这种文化,那么比周文王后死的人就不可能参与到这种文化中了;如果上天不消灭这种文化,那么匡人又能把我怎么样呢?”

【拓展】

公元前496年,孔子及其学生从卫国到陈国时经过匡地。匡人曾受过鲁国季氏的家臣阳虎的欺负和暴虐。因孔子与阳虎长得相像,匡人误把孔子当作阳虎,把孔子等人围困起来,孔子的生命受到严重威胁。这时候,孔子的学生们非常担忧老师的安危。孔子就以天命论思想教导学生们,并以自己是周代文化传承者的身份自居。孔子给学生们鼓劲说,如果上天要消灭周代的文化,那么就不会有那么多的人都参与到这种文化生活中;反之,如果上天不想消灭这种文化,那么,我作为周代文化的继承者和弘扬者,上天怎么会让匡人把我杀害呢?

君子乐天知命,是福不是祸,是祸躲不过。孔子隐隐感觉到自己来到世间是有传承和弘扬周代文化的使命的。既然担负着这样神圣而伟大的使命，那么，上天又怎么会让匡人轻易剥夺自己的生命呢？这种乐天知命、顺天应命的精神，对死亡无所畏惧的精神，“贫贱不能移，富贵不能淫，威武不能屈”的精神，随遇而安、乐以忘忧的精神，给了孔子及其学生极大的面对生死考验的勇气，也最终使得他们绝处逢生，走出困境。正所谓山重水复疑无路，柳暗花明又一村。

9.6　夫子圣者与

【原文】

太宰问于子贡曰：“夫子圣者与？何其多能也？”子贡曰：“固天纵之将圣，又多能也。”子闻之，曰：“太宰知我乎？吾少也贱，故多能鄙事。君子多乎哉？不多也。”

【引言】

这一章是孔子解释和说明自己多才多艺的原因。

【释解】

(1)太宰：中国古代官职，在不同的朝代职责和地位不同。西周时开始设置太宰，也叫大冢宰或大宰，其职责是掌管国家的治典、教典、礼典、政典、刑典、事典六种典籍，辅佐君主治理国家。后来，有的朝代设置有太宰名称的官职，有的朝代没有设置。其重要性也被排除在三公(太师、太傅、太保)之外。这一章中的太宰是当时哪国的太宰已不可考。

(2)夫子圣者与：老师是圣人吗。圣者：圣人。与：同“欤”，助词，表示疑问语气。

(3)何其多能也：为什么那样多才多艺。何其：为什么那样，怎么那样。也：语气助词，表示疑问。

(4)固天纵之将圣：本来是上天让他成为圣人的。固：本来，固然。纵之：让之，使之。将圣：将要成为圣人。

(5)吾少也贱：我年少的时候卑贱。少：年少的时候。

(6)故多能鄙事：所以会做许多卑贱的事情。故：所以。鄙事：卑贱、粗鄙的事情。

(7)君子多乎哉：君子需要这么多技艺吗。乎哉：语气助词，表示疑问。

【译文】

太宰对子贡问话说："孔夫子是位圣人吧？为什么那样多才多艺呢？"子贡回答说："这本来是上天让他成为圣人的，又使他多才多艺。"孔子听到后说："太宰怎么会了解我呢？我年少的时候地位卑贱，所以学会了做许多卑贱的事情。君子需要这么多技艺吗？君子不需要这么多技艺啊！"

【拓展】

从这一章可以看出，孔子关于圣人或君子的理解有着一些差异。在太宰看来，圣人一定多才多艺，孔子掌握许多技艺，所以孔子一定是位圣人。在子贡看来，自己的老师孔子做圣人是上天选定的，也是上天让他学会不少的技艺。孔子听说后，则表示君子不需要像他这样掌握这么多的技艺，言外之意是，君子是要为政做官的，需要掌握的是为政做官之道或亲民之道，至于普通人为了谋生而掌握的技艺，君子是可以不学的。总之，君子有所为，有所不为。君子学而优则仕，凡是为政做官所需要的技艺就要去掌握，其他的技艺则不在必须学习的范围之内。

9.7 吾不试，故艺

【原文】

牢曰："子云：'吾不试，故艺。'"

【引言】

上一章讲了孔子说自己多才多艺是因为年少的时候地位卑贱，为了谋生，不得不跟着母亲学会做许多低贱的工作，也因此掌握了许多的技艺。这一章和上一章的内容有点类似。

【释解】

(1)牢：琴牢，姓琴，名牢，字子开，又字子张，又称琴张，卫国人。《孔子家语·弟子解》称琴牢是孔子的学生。《史记·仲尼弟子列传》未有其名。

(2)吾不试:我未被任用为官员。试:被任用。

(3)故艺:所以,掌握了一些技艺。故:所以。

【译文】

琴牢说:"孔子说过:'我年轻的时候未做官,所以掌握了许多技艺。'"

【拓展】

从这一章与前一章的内容比较相似来看,孔子可能不止一次地被人问到为什么他掌握了许多的技艺。因为在当时的人们看来,读书人不可能掌握那么多的劳动技能。孔子每次遇到这种发问,也不得不给出基本的解释,否则有失礼貌。总结起来,主要有两个原因:一是孔子年幼的时候早早失去了父亲,由母亲一人含辛茹苦带大,他不得不在年少的时候学会一些劳动的技能以谋生;二是孔子因为未能早早去做官,所以有更多的时间学习"六经"和"六艺",因此他的知识面比一般人的要广,他掌握的技艺、技能也比一般人的要多得多。

9.8 吾有知乎哉

【原文】

子曰:"吾有知乎哉?无知也。有鄙夫问于我,空空如也。我叩其两端而竭焉。"

【引言】

这一章是在讲孔子学习和思考知识的基本途径和方法。

【释解】

(1)吾有知乎哉:我有知识吗?知:知识。

(2)鄙夫:品德鄙陋、见识浅薄的人。这里指乡下人、社会底层的人。

(3)空空如也:一无所知,一无所有。如:像……的样子。也:语气词,表示肯定。这是孔子的自谦语，孔子说自己胸无点墨，没有什么知识。

(4)叩其两端：从正反两个方面来探究问题。叩：叩问，探问。两端：正反两个方面。

(5)竭：追根究底，穷尽问题的根源和答案。

(6)焉：语气词，表示肯定，相当于“也”或“矣”。

【译文】

孔子说：“我有知识吗？我没有什么知识。有个乡下人问了我一些问题，我对他所问的问题一无所知。我只是从其所问问题的正反两个方面去探问和探究，以穷尽问题的根源和答案。”

【拓展】

孔子是学而知之者，而非生而知之者。尽管孔子知识渊博，博才多学，但是他也无法穷尽人类社会和自然界的一切知识。因此，人们必须学会一些基本的研究、思考和解决问题的方式和方法。截至目前，人类已经找到不少的研究方式和方法，如演绎法、归纳法、观察法、实验法、调查研究法，以及在这些基本研究方法基础上拓展而来的其他研究方式和方法等。孔子给出的研究方法是“叩其两端而竭”。当然，每种研究方法都有其局限性或短板。重要的是，要活学活用，具体问题具体分析。孔子所给出的研究方法也不例外。

9.9 凤鸟不至

【原文】

子曰：“凤鸟不至，河不出图，吾已矣夫！”

【引言】

这一章是孔子晚年对自己社会政治理想无法实现的无限遗憾和感叹。

【释解】

(1)凤鸟不至：凤凰不出世。凤鸟：即凤凰，中国古代传说中的一种寓意吉祥的神鸟，传说在舜帝和周文王的时候都出现过。凤凰的问世象征着人间将有“圣王”出现。

(2)河不出图：黄河中不出现《河图》。传说在伏羲时代，黄河中有龙马背负星河图出现，伏羲根据星河图创制八卦。闻一多在《书信·致梁实秋》中说：“‘河图’则取义于河马负图，伏羲得之演为八卦，作为文字，更进而为绘画等等，所以代表中华文化之所由始也。”[①]因此，在孔子时代的人们看来，出现《河图》这样的大事，也是“圣王”即将出现的征兆。

(3)吾已矣夫：我完了啊，我这一生也就这样了吧。已：完成，结束，逝去。

【译文】

孔子说：“凤凰不出世，黄河中也不出现《河图》。我这一生也就这样了吧！”

【拓展】

孔子55岁周游各国，寻找“情投意合”的君主，以便实现自己的远大志向和抱负。他周游列国，辗转了14年，没能找到适合自己和符合德政道义的君主。所以，孔子才发出了这样无奈的感叹。尽管无奈，但孔子乐天知命，顺天应命，只是感叹自己命运不济，感叹感叹而已。显而易见，“生死有命，富贵在天”的天命论思想在孔子脑中根深蒂固，这种思想与孔子的“天行健，君子以自强不息；地势坤，君子以厚德载物”的思想相辅相成，相得益彰，共同编织着孔子的人生故事。

邢昺对这句注解说：“此章言孔子伤时无明君也。圣人受命则凤鸟至，河出图。今天无此瑞，则时无圣人也，故叹曰‘吾已矣夫’，伤不得见也。”[②]孔子一生相信自己受命于天，担负着传承和弘扬周代传统文化的大任，但临到晚年仍未见到天降祥瑞，真是有点心有不甘啊！

---

① 闻一多全集·12：书信·日记·附录[M].闻立雕，闻铭，王克私，整理.武汉：湖北人民出版社，1993：212.

② 何晏，邢昺.论语注疏[M].北京：中国致公出版社，2016：133.

9.10 子见齐衰者

【原文】

子见齐衰者、冕衣裳者与瞽者。见之，虽少必作；过之必趋。

【引言】

这一章是在讲孔子平时如何尊礼、守礼的行为表现。

【释解】

(1)齐衰者：穿丧服的人。齐衰(zī cuī)：丧服，古时是用麻布制成的。

(2)冕衣裳者：戴着官帽、穿着官服的人。这里指有一定身份地位和做官的贵族。冕：官帽。衣：上装，上衣。裳：下装，像围裙一样的下服。

(3)瞽(gǔ)者：失明的人。

(4)虽少必作：即使他们年龄小，也一定站起来。虽：即使，纵然。少：年纪小，年龄小。作：站起来，以示敬意。

(5)过之必趋：从面前经过时必定快步走过。趋：快步走，以示敬意。

【译文】

孔子看见穿丧服的人，戴着官帽、穿着官服的人，以及盲人，即使他们年龄小，也一定站起来；从他们面前经过时，也必定快步走过，以示敬意。

【拓展】

礼的本质是诚敬。孔子是信奉周礼文化的人，讲究仁政、德治和礼治，所以在日常生活中，遇到什么人行什么礼，遇到什么事行什么礼，都搞得非常清楚。对有丧事的人家表示哀悼和尊敬，这是人的同情心的表现；对为政做官者表示敬意，这是对社会管理者所做的社会服务工作的感谢和尊敬；对盲人表示尊敬，这是对残疾人士的同情心的体现。

礼又是一种重要的社会规范。它可以规范人们的行为举止、言语和思想观念。大大小小的事都讲礼，就能平衡和协调人与人之间的社会关系，就能调整和规范社会各利益阶层之间的关系，以及平衡统治阶层内部的关系。有了礼的规范，人们就不会尖酸刻薄，也不会犯上作乱；人们就会文明礼貌，追求道德高尚，社会也能因此秩序井然，和谐富足，繁荣稳定。

9.11 仰之弥高

【原文】

颜渊喟然叹曰："仰之弥高，钻之弥坚。瞻之在前，忽焉在后。夫子循循然善诱人，博我以文，约我以礼，欲罢不能，既竭吾才。如有所立卓尔，虽欲从之，末由也矣。"

【引言】

这一章在讲颜渊对老师孔子人格高大、品德高尚、学识渊博和善于启发引导的教育方法的衷心感佩。颜渊对孔子发自肺腑的赞叹也是其受到孔子魅力感染后真情的自然流露。

【释解】

(1)喟然叹曰：感叹地说。喟然：叹气的样子。喟(kuì)：叹息。叹：叹息、赞叹或吟诵的意思。

(2)仰之弥高：愈仰望它愈觉得它崇高。仰：仰望。之：它，指孔子的学问和道德。弥：更，越，愈。高：高大，崇高，伟大。

(3)钻之弥坚：越钻研它越觉得它坚实。钻：钻研。坚：坚实，博大精深。

(4)瞻：向远处或向高处看。

(5)忽焉：忽然，快速的样子。

(6)循循然善诱人：善于循序渐进地引导我们。循循然：有顺序地，有次序地。善：善于，擅长于。诱：劝导，引导。

(7)博我以文：用各种历史文化知识丰富我的头脑。博：丰富，使……知识广博。文：社会文化知识。

(8)约我以礼：用各种礼制规范约束我的言行和思想。礼：礼制规范。

(9)既竭吾才：已经用尽了我的才能。既：已经。竭：用尽。

(10)如有所立卓尔：如同有一个高大超群的东西立在那儿。如：如同，好像。卓尔：高高直立、超群出众的样子。卓：高大，卓越。尔：词尾，相当于"地""然"，……的样子。

(11)末由也矣：没有前进的路径了。末：没有，无。由：路径，途径，办法。

【译文】

颜渊喟然长叹，说："我越仰望老师孔子的学问和道德，越觉得其崇高；越钻研老师孔子的学问和道德越觉得其博大坚实。看着它好像在前面，忽然又好像在后面。老师善于循序渐进地引导我们，用各种历史文化知识丰富我的头脑，用各种礼制规范来约束我的言行和思想，使我想要停止学习都不可能，直到我用尽全部的力量。这就好像有一个高大超群的东西立在那儿，虽然我想要追随它，却又找不到前进的路径了。"

【拓展】

颜渊是孔子最为得意也最为看重和欣赏的学生，而孔子在颜渊心里也是德高望重、学问博大精深、教育得法、可望不可即的老师。师生相互欣赏、赞叹，传为佳话。孟子曾经说："君子有三乐，而王天下不与存焉。父母俱存，兄弟无故，一乐也；仰不愧于天，俯不怍于人，二乐也；得天下英才而教育之，三乐也。"①孔子举办私学，得到至少 72 名优秀的学生或英才，并能与他们教学相长，这就是孔子的一大快乐！

9.12　子疾病

【原文】

子疾病，子路使门人为臣。病间。曰："久矣哉，由之行诈也！无臣而为有臣。吾谁欺？欺天乎？且予与其死于臣之手也，无宁死于二三子之手乎？且予纵不得大葬，予死于道路乎？"

① 孟子[M].万丽华，蓝旭，译注.北京：中华书局，2007：297-298.

【引言】

前一章讲了学生颜渊对老师道德和学问崇高的赞叹,这一章是在讲孔子恪守周礼,绝不搞冠冕堂皇而违背周礼、搞排场而不实事求是做人处世的事情。

【释解】

(1)疾病:病得很重。

(2)使门人为臣:让孔子的一个学生装作孔子的家臣。门人:学生。臣:这里是指家臣。孔子当时不做大夫很久了,自然没有家臣。子路叫门人充当孔子家臣,目的是以大夫之丧礼给孔子举办丧礼。这在孔子看来是违背周礼的。

(3)病间:病情好转。间(jiàn):(病情)好转,减轻。

(4)久矣哉:很久了啊,指孔子不做大夫已经很久了。孔子当时是士阶层的身份,没有家臣。

(5)由:即仲由,字子路。

(6)行诈也:做欺诈的事情。也:文言助词,表示判断。

(7)无臣而为有臣:没有家臣,却装作有家臣。

(8)与其……无宁:与其……不如。无宁:宁可,不如。无:发语词,没有意义。

(9)二三子:你们,指孔子的学生们。

(10)纵不得:纵然不能得到。纵:纵然,即使。

(11)大葬:指大夫规格的葬礼。

【译文】

孔子病得很重,子路就自作主张成立治丧机构,安排孔子的学生充作孔子的家臣,准备等孔子去世后以大夫之礼安葬孔子。后来,孔子病情好转,得知了此事,就批评子路说:“我不做大夫已经很久了啊!仲由竟然干出这样欺诈的事情来!我明明没有家臣,却装作有家臣。我在欺骗谁呢?在欺骗上天吗?我与其在弄虚作假的家臣操办下死去,还不如在你们这些学生们的侍候下死去。况且,我即使不能以大夫之礼来安葬,难道就会死在道路上没人给安葬吗？”

【拓展】

孔子一生的志向就是恢复周礼文化和制度，因此对包括丧礼在内的周礼非常重视，也严格遵守。孔子说：“生，事之以礼；死，葬之以礼，祭之以礼。”①不遵守周礼，就是僭越周礼，属于违背社会秩序的不良行为。所以，当孔子病愈后得知子路在自己病重的时候计划要以大夫之丧礼来给自己举办葬礼，就狠狠地批评他，认为他这种行为是欺诈，为人所不齿。

9.13 有美玉于斯

【原文】

子贡曰：“有美玉于斯，韫匵而藏诸？求善贾而沽诸？”子曰：“沽之哉！沽之哉！我待贾者也。”

【引言】

这一章是在呈现孔子急于待价而沽的心态。孔子一贯的主张是“学而优则仕，仕而优则学”。他是讲求学以致用的。饱学之士孔子没有一天不想出来为政做官，以实现自己的政治抱负和理想。所以，当学生子贡用美玉来暗喻他的时候，孔子自然就会说出“沽之哉！沽之哉！我待贾者也”的心里话。

【释解】

(1)韫匵而藏诸：把它收藏并保存在柜子里。韫(yùn)：收藏，蕴藏，包含。匵(dú)：古同“椟”，木匣，木柜。诸：之于。

(2)善贾：识货的商人。贾：商人，做买卖的人。

(3)沽：卖掉，卖出去。

---

① 论语[M].陈晓芬，译注.北京：中华书局，2016：12.

【译文】

子贡说:“这里有一块美玉,是将它放在柜子里保存起来呢,还是找一个识货的商人卖掉它呢?”孔子说:“卖掉它吧!卖掉它吧!我正在等待识货的买主来买我呢。”

【拓展】

唐代韩愈说:“世有伯乐,然后有千里马。千里马常有,而伯乐不常有;故虽有名马,祇辱于奴隶人之手,骈死于槽枥之间,不以千里称也。”[①]在《马说》中,韩愈指出了一个残酷的事实,那就是“世有伯乐,然后有千里马”。没有伯乐,即使是千里马也很难被人认识和重用。还有一个残酷的事实,那就是千里马经常有,但是伯乐不常有。千里马遇不到伯乐,最终也只能和普通的马一样,平凡或平庸地死去。同样地,世界上先有识货的商人,才有美玉的显露。

孔子本人和孔子的学生都认为孔子是一块美玉,是一匹千里马,但是,在礼崩乐坏、僭越之事频频发生的春秋末年,却没有能够信任和重用孔子的伯乐出现,没有识货且愿意买孔子这块美玉的买主。孔子只能“待贾而沽”,一直失望到老。想一想“姜太公钓鱼,愿者上钩”的故事。姜太公最终钓到了信任和重用自己的周文王,以及后来的周武王,实现了自己的政治理想。而孔子却只能在辗转了14年之后,无奈地结束游访生涯。这种心理反差,在孔子身上肯定是存在的。但乐天知命、顺从自然的智慧,也让孔子不得不接受自己的命运:“道之将行也与,命也;道之将废也与,命也。”[②]

9.14　子欲居九夷

【原文】

子欲居九夷。或曰:“陋,如之何?”子曰:“君子居之,何陋之有?”

① 韩愈.韩昌黎文集校注[M].马其昶,校注.马茂元,整理.上海:上海古籍出版社,1986:35.

② 论语[M].陈晓芬,译注.北京:中华书局,2016:197.

【引言】

前一章讲了孔子“待价而沽”的求官心理，但理想是丰满的，现实是骨感的。各诸侯国的国君都由于各种各样的原因不重用孔子。所以，有时候孔子就产生了离开中原各国而去少数民族地区生活的想法。当然，这种想法只是临时产生的无奈想法，并非其主流的思想。

【释解】

(1)九夷：先秦时对居于今山东东部以及淮河中下游江苏、安徽一带的部族的泛称。古时候，东方少数民族被称为东夷。东夷大致分为九种，即九夷。这里九夷是指其所居之地。《后汉书·东夷传》云：“夷有九种，曰畎夷、于夷、方夷、黄夷、白夷、赤夷、玄夷、风夷、阳夷。”

(2)或曰：有人说。或：有人。

(3)陋：鄙陋，文化落后，粗俗，不文明。

(4)如之何：怎么样，为什么。

【译文】

孔子想要搬到东方少数民族地区去居住。有人说：“那里文化落后，粗鄙不堪，为什么要到那儿去生活呢？”孔子说：“君子到那里去生活，那里就不会文化落后和粗鄙不堪了。”

【拓展】

为什么孔子会产生到少数民族地区生活的想法呢？我们可以从孔子一心要恢复周代礼乐文化的社会政治理想这个角度去看。孔子在鲁国为政做官的时候，想要正名和理顺鲁国的君臣关系，但最终遭到“三桓”的抵制而以失败告终。他不得已出游他国，寻觅施展为政才华的机会，但多年过去，仍然没有进展。所以，孔子就偶尔产生了要去少数民族地区传播和建立周礼文化的想法。当时，少数民族地区披发文身，文化和生活都很原始和落后，孔子就想去“以夏变夷”。一旦周礼文化在那里得到传播和应用，那里也自然就不会再落后闭塞、不开化了。

9.15 吾自卫反鲁

【原文】

子曰:“吾自卫反鲁,然后乐正,《雅》《颂》各得其所。”

【引言】

前一章讲了孔子有到东方少数民族地区居住和传播周代礼乐文化的想法,但那毕竟不是他最强烈的愿望。这一章就讲述了孔子最终选择了返回鲁国,然后整理和删订“六经”,使《诗》和《乐》都得到更加合理和适当的调整,使它们各得其所,乐曲的次序安排更加妥当。

【释解】

(1)自卫反鲁:鲁哀公十一年(公元前484年)冬,68岁的孔子带领跟随他的学生从卫国返回鲁国,结束了周游各国的生活。

(2)乐正:调整和理顺乐曲的篇章和曲调。

(3)《雅》《颂》:二者既是《诗》中诗歌内容的分类名称,又是乐曲的分类名称。《诗》在内容上分为《风》《雅》《颂》三个部分。《风》是周代各地的歌谣;《雅》是周人的正声雅乐,又分《小雅》和《大雅》;《颂》是周王庭和贵族宗庙祭祀的乐歌,又分为《周颂》《鲁颂》和《商颂》。

(4)各得其所:各如其所愿,指乐曲都得到恰当的归类和安排。

【译文】

孔子说:“我从卫国回到鲁国以后,把乐曲的篇章、内容和曲调进行核实、整理和订正,使得《雅》《颂》的每支乐曲都得到恰当的归类和安排。”

【拓展】

朱熹说:“鲁哀公十一年冬,孔子自卫反鲁。是时周礼在鲁,然《诗》《乐》亦颇残缺失次。孔子周流四方,参互考订,以知其说。晚知道终不行,故归而正之。”[①]朱熹的解释比较合情合理。经过多年游历和不知疲倦地学习探问，孔子对流传于各地的《诗》《乐》以及《春秋》等书籍资料中的异同、对错、特点等都有了足够的了解，此外，孔子自己也有着很深的诗歌和音乐造诣，所以，他晚年回到家乡有足够的时间和条件修订《雅》《颂》，使它们各得其所。

9.16 出则事公卿

【原文】

子曰："出则事公卿，入则事父兄，丧事不敢不勉，不为酒困，何有于我哉？"

【引言】

这一章是孔子在讲他对平时为人处世之道的看法。俗话说，在家靠父母，出门靠朋友。人到了社会上，就不得不与各种职业或角色的人打交道，特别是要与国家的公务员、机构的办事员或者有一定身份地位的人打交道。那么，怎么和他们打交道？孔子说要按照周礼来和他们打招呼、打交道，要表现自己足够虔敬和礼貌。而如果在家里的话，就要有礼有节地侍奉好自己的父母和兄长，做到父慈子孝，兄友弟恭，一家人相互关心。这些都是对于活着的人的侍奉之礼。还有面对死去的人的丧礼。正所谓"生，事之以礼；死，葬之以礼，祭之以礼"[②]。

【释解】

（1）出则事公卿：出来做官，就要侍奉好王公大臣。出：出仕，做官。则：就，那么就。事：侍奉。公卿："三公九卿"的简称。周之"三公"指太师、太傅、太保。周之"九卿"指少师、少傅、少保、冢宰、司徒、宗伯、司马、司寇、司空。

（2）入则事父兄：回到家里就侍奉好父母兄长等长辈。入：回到家里。

（3）丧事：人死后殓葬、哀悼等事宜。

---

① 朱熹. 四书章句集注[M]. 北京：中华书局，2011：108.

② 论语[M]. 陈晓芬，译注. 北京：中华书局，2016：12.

(4)勉:尽心尽力。

(5)不为酒困:不被酒所困扰,指喝酒不喝醉,喝酒有节制。

(6)何有于我哉:这些事对于我来说有什么(困难)呢。哉:文言语气助词,表示反问,“呢”。

【译文】

孔子说:“出来做官,就要侍奉好王公大臣们;回到家里就要侍奉好父母兄长等长辈。有丧事的话,不敢不尽心尽力地去办,还要做到喝酒有节制,这些事对于我来说又有什么困难呢?”

【拓展】

孔子“志于道,据于德,依于仁,游于艺”①。对于孔子而言,出来做官是“艺”,侍奉王公大臣也是“艺”,回到家侍奉父母兄长也是“艺”,给人办丧事也是“艺”,一切具体事务无不是“艺”。孔子的道德学问和对周礼的掌握都达到了炉火纯青的境界,一切都能运用自如,一切都能应对自如。显然,对于孔子来说,没有什么能难倒他的事情。

那么,孔子为什么这么重视“生之礼”和“死之礼”呢?“生之礼”代表着对现实社会文明秩序的遵守,代表着人们文明素质的高低;而“死之礼”则是一种重要的实实在在的道德教化的手段和活动。这正如曾子所言:“慎终追远,民德归厚矣。”②

9.17 逝者如斯夫

【原文】

子在川上曰:“逝者如斯夫!不舍昼夜。”

【引言】

这一章是在讲孔子对时间流逝的感叹。

---

① 论语[M].陈晓芬,译注.北京:中华书局,2016:79-80.

② 论语[M].陈晓芬,译注.北京:中华书局,2016:5.

【释解】

(1)川:河流,河边的平地。

(2)逝者如斯夫:消逝的时光就像这河水一样啊。逝者:消逝的时光。斯:这,这个。夫:感叹词,“啊”。

(3)不舍昼夜:昼夜不停,夜以继日。舍:停止,废止。

【译文】

孔子站在河边说:“消逝的时光就像这河水一样啊！昼夜不停地流去。”

【拓展】

时间就是生命。时间的流逝就是生命的流逝。一个人要在有限的生命里做成自己想做成的事,不仅需要主观上的积极努力,还需要天时、地利和人和等外在条件。孔子是好学不厌、诲人不倦的人,是“发愤忘食,乐以忘忧”的人,所以掌握周礼、“六经”“六艺”等知识和技能是他能力范围之内的事情。但是,寻找合适的为政做官的机会,却不是他能自己做主的事了。正所谓“谋事在人,成事在天”,这正是孔子感叹“不舍昼夜”的原因。这种感叹,是孔子无奈的呼喊,也是一种被命运无情捉弄的悲怆。

庄子说:“人生天地之间,若白驹之过隙,忽然而已。”①庄子又说:“吾生也有涯,而知也无涯。以有涯随无涯,殆已!”②庄子的这两句话好像是对孔子的忠告,也与孔子“明知不可为而为之”的精神形成了鲜明的对照。

9.18　吾未见好德如好色者也

【原文】

子曰:“吾未见好德如好色者也。”

---

① 庄子[M].牧语,译注.南昌:江西人民出版社,2017:343.

② 庄子[M].牧语,译注.南昌:江西人民出版社,2017:42.

【引言】

这一章是孔子对卫灵公好德不如好色的做派发出的感叹。据《史记·孔子世家》记载:"孔子居卫,卫灵公与夫人同车,使孔子为次乘,招摇市过之,孔子丑之,故发此叹。"孔子离开鲁国,到了卫国,是为了寻找为政做官的机会。但卫灵公对孔子的道德学问既欣赏又怀疑,爱慕孔子的贤人名声,又怕孔子别有所图,对自己不利。更重要的是,卫灵公好色,被美貌的夫人南子迷惑得颠三倒四。南子还有很深的心机,把卫灵公控制得服服帖帖。所以,在卫国,孔子要想谋个一官半职,必须经过南子这一关。但孔子是个君子,断然不会利用走后门、拉关系等违法或违礼的手段达到自己的目的。也因此,爱慕虚荣、目光短浅又好色的卫灵公,是不会看重孔子的品德和为政才能的。他宁愿给孔子提供衣食住行方面的援助,也不愿给孔子及其学生一官半职。自然,孔子想要在卫国施展政治抱负的努力也化为泡影。

【释解】

(1)好德:喜爱道德。好:喜好,喜爱。

(2)好色:喜爱美色。色:美色。

【译文】

孔子说:"我没有见过像好色那样好德的人。"

【拓展】

孟子说:"恻隐之心,人皆有之;羞恶之心,人皆有之。"①英雄爱美人,美人惜英雄。自古迄今,许多人为美色所迷,为情所困,或因此耽误了前途和事业;或因此搞权色交易,被绳之以法,晚节不保;甚或像商纣王那样为妲己所迷,倒行逆施,落得个国破、家亡、身死。俗话说,"色字头上一把刀,石榴裙下命难留。"即使是项羽一般的英雄,也难过美人关。

德不配位,必有灾殃。孔子说:"德薄而位尊,智小而谋大,力小而任重,

① 孟子[M].万丽华,蓝旭,译注.北京:中华书局,2007:245.

鲜不及矣。”[1]美色本身是好的,有爱美之心也没有什么不对,但过了头,走了极端,那结果往往是不好的。所以,孔子劝诫人们,在好德与好色二者关系上,务必做到好德胜过好色。

孔子的这种警惕好色对人带来伤害的言语还有:“君子有三戒:少之时,血气未定,戒之在色;及其壮也,血气方刚,戒之在斗;及其老也,血气既衰,戒之在得。”[2]孔子乃圣人也,其言语不可不敬畏啊。

9.19 譬如为山

【原文】

子曰:“譬如为山,未成一篑,止,吾止也;譬如平地,虽覆一篑,进,吾往也。”

【引言】

这一章是孔子在讲人的主观能动性的重要性。无论是进步还是落后,都与人是否积极发挥主观能动性有关。

【释解】

(1)为山:用土堆山,造山。

(2)未成一篑:只差一筐土就完成了,比喻做事因只差最后一点力量而未能完成。篑(kuì):古代盛土的筐子。

(3)止:停止。

(4)平地:平整土地,使土地平整。

(5)覆:倒下,覆盖。这里指倒土。

(6)进:前进,进步。

(7)吾往也:我自己要往前进步的。往:往前行,前往,前进。

---

① 周易[M].靳极苍,详解.太原:山西古籍出版社,2003:84.

② 论语[M].陈晓芬,译注.北京:中华书局,2016:225.

【译文】

孔子说："譬如用土堆山，只差一筐土就完成了，这时候停下来不干了，那是我自己要停下来不干的；又譬如平整土地，虽然只倒下一筐土，但这也是一个进步，这是我自己要往前进步的。"

【拓展】

《尚书·旅獒》说："为山九仞，功亏一篑。"孔子这里说的用土堆山的比喻，很可能是阐发《尚书》中的这一思想。朱熹对此解释说："夫子之言，盖出于此，言山成而但少一篑，其止者，吾自止耳；平地而方覆一篑，其进者，吾自往耳。盖学者自强不息，则积少成多；中道而止，则前功尽弃。其止其往，皆在我而不在人也。"①

在这一章里，孔子用了堆山和平地两个比喻，告诉人们骄傲止步和谦虚进步关键在于自己的用心。一个人如果饱食终日，无所用心，那什么事情都干不成。即使是已经快要完成的事情，只要自己停下来不再继续努力，也只能功亏一篑，前功尽弃。反之，只要用心专一，持之以恒，努力不懈，就会不断进步。《荀子·劝学篇》中，对人们的用心专一与不专一的差别有着生动形象的论述："积土成山，风雨兴焉；积水成渊，蛟龙生焉；积善成德，而神明自得，圣心备焉。故不积跬步，无以至千里；不积小流，无以成江海。骐骥一跃，不能十步；驽马十驾，功在不舍。锲而舍之，朽木不折；锲而不舍，金石可镂。蚓无爪牙之利，筋骨之强，上食埃土，下饮黄泉，用心一也。蟹六跪而二螯，非蛇鳝之穴无可寄托者，用心躁也。"②总之，谦虚使人进步，骄傲使人落后。是要进步还是要落后，完全在于自己的选择和努力。这正如孔子所说的："仁远乎哉？我欲仁，斯仁至矣。"③

---

① 朱熹. 四书章句集注[M]. 北京：中华书局，2011：108-109.
② 荀子：全二册[M]. 邓启铜，点校. 南京：南京大学出版社，2014：6-7.
③ 论语[M]. 陈晓芬，译注. 北京：中华书局，2016：90.

9.20 语之而不惰者

【原文】

子曰："语之而不惰者，其回也与！"

【引言】

上一章在讲孔子对于进步和停止两种用心的比喻。这一章是孔子在讲自己学生当中能够坚持不懈地努力学习的人恐怕只有颜回。也就是说，这一章的思想是紧接着上一章的。这一章是孔子举出颜回作为用心专一、好学不倦的典型例子。

【释解】

(1)语之：讲授知识和学问。语：讲话，说话，讲授。之：它，指知识和学问。

(2)不惰者：毫不懈怠的人。惰：懒惰，懈怠。

(3)其回也与：大概只有颜回吧。其：副词，也许，大概。回：颜回。也：语气词，表示判断。与：同"欤"，语气助词，表示感叹，相当于"吧""啊""了"。

【译文】

孔子说："听我讲授知识和学问而能毫不懈怠的人，大概只有颜回吧！"

【拓展】

在《论语》中，只有两个人最好学。一个是孔子，另一个是孔子的学生颜回。孔子曾多次说自己最大的优点是好学不厌。例如："十室之邑，必有忠信如丘者焉，不如丘之好学也。"[①]"若圣与仁，则吾岂敢？抑为之不厌，诲人

---

① 论语[M].陈晓芬，译注.北京：中华书局，2016：61.

不倦,则可谓云尔已矣。”[①]“其为人也,发愤忘食,乐以忘忧,不知老之将至云尔。”[②]“我非生而知之者,好古,敏以求之者也。”[③]而在孔子眼里,他最好学的学生只有颜回一人。有一次,鲁哀公向孔子打听他的哪个学生最好学。孔子给出的回答就是只有颜回。

由上可见,无论是学习还是工作,关键在于一个人自己的用心如何。“人一能之,己百之;人十能之,己千之。果能此道矣,虽愚必明,虽柔必强。”[④]

9.21 惜乎!吾见其进也

【原文】

子谓颜渊曰:“惜乎!吾见其进也,未见其止也。”

【引言】

这一章继续以颜回来举例。上一章中,孔子举出颜回作为好学不厌的典型例子,这一章继续讲颜回这个人所具有的好学不倦的优秀品德。这一章的话语是颜回去世后孔子所说的,表露了孔子对学生颜渊不幸早死而未来得及取得巨大成就的惋惜之情。

【释解】

(1)子谓颜渊曰:孔子谈及颜渊说。谓:谈及,谈到。

(2)惜乎:可惜啊。乎:感叹词,啊,呀。

(3)进:前进,进步。

(4)止:停止,停下来。

【译文】

孔子谈及颜渊说:“颜渊死得可惜啊!我经常看到他在不断进步,从来

---

① 论语[M].陈晓芬,译注.北京:中华书局,2016:92.

② 论语[M].陈晓芬,译注.北京:中华书局,2016:85.

③ 论语[M].陈晓芬,译注.北京:中华书局,2016:86.

④ 孔子,等.四书五经[M].李择非,整理.沈阳:万卷出版公司,2009:30.

没有看到他停止不前。”

【拓展】

颜渊在闻道学道方面是可以和老师孔子并驾齐驱的人。孔子乐道，“饭疏食饮水，曲肱而枕之，乐亦在其中矣。不义而富且贵”对于孔子来说就如浮云一般[①]；颜渊乐道，“一箪食，一瓢饮，在陋巷，人不堪其忧，回也不改其乐”[②]。这就是所谓的“孔颜乐处”。孔颜乐处体现的是一种“君子谋道不谋食”“忧道不忧贫”[③]的价值追求，一种“仰不愧于天，俯不怍于人”[④]的乾坤精神，以及“万物皆备于我矣”[⑤]和“吾善养吾浩然之气”[⑥]的浩然正气。

9.22　苗而不秀者有矣夫

【原文】

子曰：“苗而不秀者有矣夫！秀而不实者有矣夫！”

【引言】

这一章是孔子对庄稼出苗、吐穗扬花和结果实这个生长过程中可能遇到的不幸情况发出的感叹。实际上，孔子是借用庄稼的生长过程影射或比喻社会上的读书人或士人，因为社会上的读书人或士子也可能遇到“苗而不秀”和“秀而不实”的情形。

【释解】

(1)苗而不秀者：庄稼出了苗而不能吐穗扬花的情况。苗：出苗。秀：庄稼吐穗扬花。者：指情形，情况。

---

① 论语[M].陈晓芬，译注.北京：中华书局，2016：84.

② 论语[M].陈晓芬，译注.北京：中华书局，2016：68.

③ 子曰：“君子谋道不谋食。耕也，馁在其中矣；学也，禄在其中矣。君子忧道不忧贫。”见：论语[M].陈晓芬，译注.北京：中华书局，2016：215.

④ 孟子[M].万丽华，蓝旭，译注.北京：中华书局，2007：297-298.

⑤ 孟子[M].万丽华，蓝旭，译注.北京：中华书局，2007：289.

⑥ 孟子[M].万丽华，蓝旭，译注.北京：中华书局，2007：57.

(2)有矣夫：有啊。有：存在。矣夫：语气助词，表示较为强烈的感叹，相当于“啊”。

(3)秀而不实者：吐穗扬花而不结果实的情况。实：结果实。

【译文】

孔子说：“庄稼出了苗而不能吐穗扬花的情况存在啊！吐穗扬花而不结果实的情况也有啊！”

【拓展】

庄稼要经过出苗、开花和结果三个阶段。而一个人的成长也需要经过长大、学习和做出社会成绩三个阶段。有的人长得好，但是不爱学习道德学问，或者道德学问学习得不好，最后对社会发展没有多大贡献；有的人长得好，道德学问学习得也很好，但不幸早死，或隐居不仕，对社会发展也没有多大的实质性贡献。这些情况，在孔子看来都殊为可惜。

孔子特别希望自己的学生努力学习，学成做官，积极为社会发展和进步作出力所能及的贡献，或者出来做事，举办教育，为社会发展培养出德才兼备和切实有用的人才。到了今天，人们可以从事的行业远远多于孔子的那个时代，所以，一个人只要积极有为，努力拼搏，都能在适合自己才能和兴趣的行业做出一定的成就。这正所谓“三十六行，行行出状元”。

9.23 后生可畏

【原文】

子曰：“后生可畏。焉知来者之不如今也？四十、五十而无闻焉，斯亦不足畏也已。”

【引言】

这一章是在讲孔子对年轻人“青出于蓝而胜于蓝”的希望和寄托。毛泽东也曾经多次寄希望于年轻人。1957 年 11 月 17 日，在莫斯科大学，毛泽东面对数千名中国留苏学生和实习生讲道：“世界是你们的，也是我们的，但是归根结底是你们的。你们青年人朝气蓬勃,正在兴旺时期,好像早晨八九点钟的太阳。希望寄托在你们身上。"①他还教导同学们说:"青年人应具备两点,一是朝气蓬勃,二是谦虚谨慎。"

人类社会是由老、中、青、少、幼组成的。幼年和少年正是长身体的阶段,中年是真正发挥主力军作用的阶段,老年是日近黄昏的阶段,只有青年是正在努力学习、可塑性非常强、后劲非常大的阶段。如果把老年比作过去的辉煌,中年比作现在的辉煌,那么,青年承载着人类社会未来的希望和辉煌。所以,寄希望于明天和青年人,是中老年人共同的心愿。

【释解】

(1)后生可畏:年轻人是值得敬畏的。后生:后辈,年轻人,晚辈。

(2)焉知:怎么知道。焉:怎么,怎么样。

(3)来者之不如今也:将来的人不如现在的人呢。来者:将来的人,下一代。之:助词,用在主谓结构之间,表示主谓关系,不译。今:指现在的人。也:文言语气助词,表示疑问,相当于"呢"。

(4)无闻焉:没有名声,默默无闻。焉:语气词,置于句末,表示肯定,相当于"也"或"矣"。

(5)斯亦不足畏也已:这也不值得敬畏啊。斯:这,这个人。亦:也。不足:不值得。也已:语气助词,表示感叹,相当于"了""啊"或"呀"。

【译文】

孔子说:"年轻人是值得敬畏的。怎么就知道将来的人不如现在的人呢?人到了四十岁、五十岁的年纪还默默无闻的话,那他也就不值得敬畏了。"

【拓展】

"长江后浪推前浪,一代更比一代强"。当今这个科学日新月异的时代,更需要年轻人积极主动地献身于科学事业。因为科学在某种程度上是中年

---

① 周昭成,曾嘉雯. 重温毛泽东对青年的殷切寄语[EB/OL]. (2020-06-03)[2022-08-18]. http://www.qstheory.cn/laigao/ycjx/2020-06/03/c_1126084570.htm.

和青年人的事业,因为他们精力充沛,朝气蓬勃,年富力强,大有可为。在青年时代,人类的思维和思想最为活跃,对新生事物更加敏锐,更容易打破框框和教条,也更能创新和创造。当然,这需要多方面因素的综合作用,比如,科研兴趣,好奇心,持之以恒的努力,为科研事业献身的精神,以及基本或良好的科研环境和条件,等等。

9.24 法语之言

【原文】

子曰:"法语之言,能无从乎?改之为贵。巽与之言,能无说乎?绎之为贵。说而不绎,从而不改,吾末如之何也已矣。"

【引言】

这一章是孔子在讲人们要对他人的言语和思想具备起码的辨别是非、美丑、真假的能力。良药苦口利于病,忠言逆耳利于行。对于悦耳动听的言语,我们要学会去分辨它的真假、美丑和善恶。如果连好坏、美丑都分辨不出,或者能分辨出好坏、善恶,但却不去实践和行动,那这样的人,能在社会上作出什么成绩或贡献呢?其人生价值和意义又能体现在什么地方呢?

【释解】

(1)法语之言:符合礼法规范的言语或话语的讲法、说法。法语:符合礼法规范的言语或话语。言:讲说,讲法,说法。

(2)能无从乎:能不听从吗?无:不。从:听从,遵从。

(3)改之为贵:改正错误才可贵。之:指代错误,毛病。贵:可贵,好。

(4)巽与之言:恭顺、附和的说法。巽:古同"逊",恭顺,顺从,谦逊。与:赞许,称许,附和。

(5)能无说乎:能不愉悦吗?说:古同"悦",喜悦,高兴。

(6)绎之为贵:对所说言语的意义进行推理分析才可贵。绎:本义为"抽丝",这里指理出头绪,仔细探究其中事理、道理或义理,推理分析得出结论。之:所说的言语。

(7)吾末如之何也已矣:我不知该如何对待他了,我拿他实在没有办法了。末:表示否定,相当于"不知""不知道"或"不能"。如之何:即"如何之",如何对待他。也:语气词,表示肯定,不译。已矣:有两种意思,一种是"完了,算了";另一种是语气词,"啦"或"了"。这里是"啦"或"了"的意思。

【译文】

孔子说:"符合礼法规范的言语的批评,能不听从吗?但只有改正错误才可贵。恭维、赞许之类的表扬话,谁听了不高兴呢?但只有对其真意进行推理分析才可贵。只管高兴而不推究其真意,只表示听从批评而不改正错误,我实在不知道该怎么对待他了。"

【拓展】

面对批评和赞扬,我们该怎么办呢?兼听则明,偏听则暗。但现实生活中,绝大多数人都喜欢听赞扬、称许、阿谀奉承和溜须拍马之类的话;讨厌听别人的反对意见、不同意的意见或批评的意见。结果,许多人都因为缺乏别人真实有效的批评而犯下了不可饶恕的错误,或者导致无可挽回的失败。项羽听不得范增的批评意见,最后自刎于乌江边,败给了能够知人善任和集思广益的刘邦。隋炀帝听不得贤臣的劝谏,最后被叛军令狐行达绞死于江都(今江苏扬州),国破家亡。但历史上,还有能够听取不同意见的,例如唐太宗李世民。李世民能够接受魏征的谏言,所以避免了许多错误和损失。

唐贞观十七年(公元643年),魏征病逝,唐太宗亲临吊唁,叹息道:"夫以铜为镜,可以正衣冠;以古为镜,可以知兴替;以人为镜,可以明得失。吾常保此三镜,以防己过。今魏征已死,吾亡一镜矣。"①

以人为镜,可以明得失。听到别人的批评,我们不应反感,而应当检查一下自己有没有类似的错误或毛病,有则改之,无则加勉。"见贤思齐焉,见不贤而内自省也"②,遇到他人的表扬或称许,则要仔细分析他人说的话是否实事求是,是否有夸张或故意讨好之嫌,等等。总之,要警惕阿谀之词,慎重对待他人的批评,做到谦虚谨慎,脚踏实地,才能不断提升和完善自己。

---

① 刘昫,等.旧唐书:一[M].刘后滨,编译.北京:现代教育出版社,2011:176.

② 论语[M].陈晓芬,译注.北京:中华书局,2016:43.

9.25 主忠信

【原文】

子曰："主忠信，毋友不如己者，过则勿惮改。"

【引言】

前一章是孔子讲如何应对他人的批评和表扬。这一章孔子继续对学生或青年一代提出忠告，要求学生们和青年一代要以忠信为主，以忠诚信实为本，多结交益友，不要结交损友。另外，他还提到有了错误就及时改正，不要害怕改正错误。

需要指出的是，这一章和《学而篇第一》第八章中的相关内容完全重复了。《学而篇第一》第八章的内容为：子曰："君子不重则不威，学则不固。主忠信，无友不如己者，过则勿惮改。"至于重复的原因，可能有两方面：一是，《论语》的不同部分由孔子不同的学生编辑而成，所以出现个别内容的重复；二是，由于编辑者有意重复相关内容，以实现编撰的目的和需要。我个人认为，这两种可能性都存在。特别是，第二个原因更为主要，也更为可能。因为如果编辑者不想让内容重复，他们是完全可以做到的。

【释解】

(1)主忠信：以忠厚信实为根本。主：以……为主，以……为根本。

(2)毋友：不要交友，不要交……的朋友。毋：不要。友：交友，结交。

(3)过则勿惮改：犯了错就不要怕改正错误。过：犯了错。惮：害怕，畏惧。

【译文】

孔子说："交友应当以忠厚信实为根本，要多亲近忠诚和讲信义的人，不要去结交那些在忠厚信实方面不如自己的人。犯了错就不要怕改正过错。"

【拓展】

孔子在道德和学问方面，更加重视人的道德修养。物以类聚，人以群分。近朱者赤，近墨者黑。这些都说明环境条件的重要性。在交友方面，君子更应该谨慎小心。要交益友，不要结交损友。

社会有风险，交友须谨慎。尺有所短，寸有所长。不同的人具有不同的天赋和专长，但天赋和专长不是人立身处世最根本性的东西。忠厚信实等仁义道德品质才是一个人立身处世的根本。所以，孔子特别强调，结交朋友，必须首先看对方是否忠信。忠信之人，多多益善，而不忠不信之人则不要和他们交往，否则必定受到伤害、损害或牵累。北宋邢昺对此解释说："此章戒人忠信改过也。主犹亲也。惮犹难也。言凡所亲狎，皆须有忠信者也，无得以忠信不如己者为友也，苟有其过，无难于改也。"①

9.26 三军可夺帅也

【原文】

子曰："三军可夺帅也，匹夫不可夺志也。"

【引言】

这一章是孔子在强调人的志向、尊严和独立人格的重要性，也可以看作孔子对学生和青年一代的又一个忠告和希望。

【释解】

(1)夺帅：夺走或撤换军队的主帅，使用强力俘虏敌方的主帅。夺：夺走，撤换，俘虏。

(2)匹夫：古代指平民男子，这里指普通的男子汉。

(3)夺志：剥夺一个人的志向。夺：剥夺，强迫改变，使丧失。

【译文】

孔子说："可以把一国军队的主帅夺走、撤换或俘虏，但是无法强迫一个普通男子汉改变志向。"

---

① 何晏，邢昺. 论语注疏[M]. 北京：中国致公出版社，2016：140.

【拓展】

两军对垒,必有强弱之分、胜负之分,或者平局,不胜不败。军队的胜败在于其真正的军力大小,所以战败一方的统帅也可能被人俘获或打死。但是,对于立定果敢志向的男子汉来说,其是否改变自己的志向完全在于个人是否坚守自己的志向。一个人如果矢志不移,凛然不可侵犯,那么,谁也无法把他的志向剥夺。孟子说:“富贵不能淫,贫贱不能移,威武不能屈,此之谓大丈夫。”①这就是孟子所描述的大丈夫人格和精神。

“仰不愧于天,俯不怍于人。”②这是每个人只要立志去做就一定能做到的。这正如孔子所说的:“克己复礼为仁。一日克己复礼,天下归仁焉。为仁由己,而由人乎哉?”③

是啊,“为仁由己,而由人乎哉”?

9.27 衣敝缊袍

【原文】

子曰:“衣敝缊袍,与衣狐貉者立,而不耻者,其由也与?‘不忮不求,何用不臧?’”子路终身诵之。子曰:“是道也,何足以臧?”

【引言】

这一章是孔子对子路的表扬和鞭策。子路为人不拘一格,豁达乐观,没有什么攀比心,有啥穿啥,不嫉妒,不眼红,即使穿得破烂站在穿得华丽的富贵之人中间也不以为耻。孔子对此非常欣赏,并给予表扬。但子路从此每天沉浸于这样的表扬话中不能自拔。孔子很是着急,就批评他不能仅仅满足于此,要继续进步,不能徘徊不前。

【释解】

(1)衣敝缊袍:穿着破旧的以乱麻为絮的袍子。衣:动词,穿着,穿。敝:

① 孟子[M].万丽华,蓝旭,译注.北京:中华书局,2007:125.
② 孟子[M].万丽华,蓝旭,译注.北京:中华书局,2007:297-298.
③ 论语[M].陈晓芬,译注.北京:中华书局,2016:152.

破败，破旧。缊（yùn）：乱麻旧絮，乱麻为絮。袍：中间有麻絮夹层的长衣裳，其形制不分上衣下裳。

（2）衣狐貉者：穿着狐皮、貉皮制成的裘皮衣服的人。狐貉：狐皮、貉皮制成的裘皮衣服。

（3）立：站立。

（4）不耻者：不以为耻的人，不觉得丢脸的人。不耻：不以为耻，不觉得有失体面。

（5）其由也与：大概只有仲由了吧。其：也许，大概。由：即仲由，字子路。也与：亦作“也欤”，语气助词，表示感叹，相当于“了吧”“了啊”。

（6）不忮不求，何用不臧：不嫉恨，不贪求，难道不好吗。这两句见《诗·邶风·雄雉》。忮（zhì）：嫉妒，忌恨。求：贪求。何用：难道，怎么，为什么。臧：善，好。

（7）终身诵之：经常念诵它。终：整日；经常，常常。身诵：吟诵，诵念。之：指“不忮不求，何用不臧”。

（8）是道也：这个思想、道理或方法。是：这，这个。道：道理、方法或思想。也：语气助词，表示停顿，不译。

（9）何足以臧：怎么会足够好。言外之意是“还不足够好”。何：怎么会，如何能。足以：足够，完全可以。

【译文】

孔子说：“穿着破旧的以乱麻为絮的袍子，与穿着狐皮、貉皮制成的裘皮衣服的人站在一起，而不觉得丢脸的人，大概只有仲由了吧。《诗》上说：‘不嫉恨，不贪求，难道不好吗？’”子路听到后，就整日念诵这句诗。孔子见状说：“这个思想，怎么能说足够好呢？”

【拓展】

求其上，得其次。人是容易满足的，子路更是这样。子路这个人大大咧咧，刚直不阿，对物质生活随遇而安，有好的，就享受好的，没有好的，就安于不好的，家里有什么，也愿意拿出来和朋友们一起分享。还有一点，子路没有嫉妒心，不会嫉恨，也不会眼红其他人。所以，子路人格独立，自信心十足，即使衣服破烂，和富贵之人站在一起，也没觉得丢脸或自卑。这当然是一种良好的心态。孔子对此是十分肯定的，但如果只满足于此，那还不是得道的最高境界。君子是要"志于道，据于德，依于仁，游于艺"的，因此，孔子希望子路能够继续进步，不断提升自己的思想境界和道德修养。

9.28 岁寒，然后知松柏之后凋也

【原文】

子曰："岁寒，然后知松柏之后凋也。"

【引言】

这一章是孔子在讲真金不怕火炼的道理。一个人品格到底如何，一般需要经过严酷的考验才知道。患难识朋友，患难见真情。疾风知劲草，板荡识忠臣。

【释解】

(1)岁寒：一年中最寒冷的时候，深冬的时候。岁：年。

(2)松柏：松树和柏树这两种常绿树木。松枝傲骨峥嵘，柏树庄重肃穆，且四季常青，历严冬而不衰，常被用来形容坚贞不屈的英雄和豪杰之士。松、竹、梅三种植物，被人们称为"岁寒三友"。

(3)后凋：迟于凋谢或凋零，即迟迟不凋谢或凋零的。后：同"後"，迟，晚。

【译文】

孔子说："到了深冬的时候，才知道松柏是迟迟不凋零的。"

【拓展】

荀子说："君子隘穷而不失，劳倦而不苟，临患难而不忘细席之言。岁不寒无以知松柏，事不难无以知君子，无日不在是。"①曾子说："士不可以不弘毅，任重而道远。仁以为己任，不亦重乎？死而后已，不亦远乎？"②可见，君

---

① 荀子：全二册[M]. 邓启铜，点校. 南京：南京大学出版社，2014：493-494.

② 论语[M]. 陈晓芬，译注. 北京：中华书局，2016：98.

子所要走的道路，是世界上最难走的道路之一。君子以仁政德治为社会政治理想，以服务人民、贡献社会为根本宗旨，要面对许多难以想象的困难和挫折，以及可能出现的误会、诽谤、谗言和诋毁，等等。

是君子，还是小人，都需要经过时间的检验。时间是最好的试金石。古人云："画虎画皮难画骨，知人知面不知心。"伪装或许能装一时，却装不了一世；虚伪可以躲过眼睛，却瞒不过时间。唐代白居易在《放言五首·其三》中说："赠君一法决狐疑，不用钻龟与祝蓍。试玉要烧三日满，辨材须待七年期。周公恐惧流言日，王莽谦恭未篡时。向使当初身便死，一生真伪复谁知？"正所谓，路遥知马力，日久见人心。

周公旦"一沐三握发"，其对人才之珍重可谓小心翼翼、谦虚谨慎，但仍然免不了被小人的谗言诋毁。最终，一方面因为他不坠青云之志，另一方面老天给了周公足够长的为政做官的时间，才使得周公旦成为古今闻名的忠臣、贤臣。所以，一个人要想证明自己，也必须经过一定时间和各种诱惑的考验，要能忍受"羡慕嫉妒恨"，还要能忍受"空虚寂寞冷"。

9.29　知者不惑

【原文】

子曰："知者不惑，仁者不忧，勇者不惧。"

【引言】

上一章里，孔子讲了君子要有耐受"深冬"或"严冬"的品格。这一章，孔子继续讲君子普遍通达的品格特征，即"智、仁、勇"三达德。《礼记·中庸》说："知、仁、勇，三者天下之达德也。"可见，智、仁、勇是儒家传统道德的三个重要范畴。孔子认为，只有具备这"三达德"，一个人才能成为名副其实的君子。

【释解】

(1)知者不惑：聪明智慧的人不会迷惑。知：通"智"，智慧，聪明，有见识。惑：迷惑，疑惑。

(2)仁者不忧：有仁德慈爱的人不会忧愁。仁：仁德，仁爱，有德行。忧：

忧虑，忧愁，忧愤。

(3)勇者不惧：勇敢的人不会畏惧。勇：勇敢，英勇，有胆量和勇气。惧：恐惧，畏惧，害怕。

【译文】

孔子说："聪明智慧的人不会迷惑，有仁德慈爱的人不会忧愁，而勇敢的人无所畏惧。"

【拓展】

邢昺说："此章言知者明于事，故不惑乱；仁者知命，故无忧患；勇者果敢，故不恐惧。"①老子说："知人者智，自知者明。胜人者有力，自胜者强。知足者富。强行者有志。"②了解别人称得上智慧，了解自己是有自知之明。人贵在有自知之明。知己知彼，百战百胜。那些既不了解他人又不了解自己的人，往往会遭遇一个又一个的坎坷，甚至是彻头彻尾的失败。这样的人怎么会做事顺当，让人放心呢？

"仁者无敌"③，仁者胸怀天下，包容天下，以德服人。在仁者看来，天下万物平等，都是值得尊重的，也因此，在仁者心中是没有"敌人"这个概念的，只是投缘与不投缘而已。酒逢知己千杯少，话不投机半句多。投缘的可以深交，不投缘的可以不交，所以说仁者"无敌"。施行仁政德治的君主，赢得了民众的爱戴，便可无敌于天下。唯有仁德之人才能感天地、泣鬼神、服人心。这诚如孟子所言："以力服人者，非心服也，力不赡也；以德服人者，中心悦而诚服也，如七十子之服孔子也。"④

勇者无畏，行者无疆。一时胜负在于力，千古胜负在于理。真正勇敢的人，心中有道义，有崇高理想，有伟大目标，有忍耐，有毅力，有坚持，他们不怕挑战，追求卓越，奋发图强，永无止息。

总之，要做君子，就必须在聪明智慧、仁德慈爱和勇敢无畏三方面不断提升自己，努力完善自己，做一个没有疑惑、没有忧愤、没有恐惧的人。

---

① 何晏，邢昺. 论语注疏[M]. 北京：中国致公出版社，2016：142.

② 老子[M]. 饶尚宽，译注. 北京：中华书局，2015：73.

③ 孟子[M]. 万丽华，蓝旭，译注. 北京：中华书局，2007：9.

④ 孟子[M]. 万丽华，蓝旭，译注. 北京：中华书局，2007：65.

9.30　可与共学

【原文】

子曰："可与共学，未可与适道；可与适道，未可与立；可与立，未可与权。"

【引言】

这一章是孔子在讲学习的四种境界。这四种境界分别是学习道、掌握真理、坚守真理和通权达变。

【释解】

(1)共学：一起学习，共同学习。

(2)未可：未必可以。

(3)适道：达到真理，掌握真理，达到符合道义的境界。适：到，往，归向。道：道义，真理。

(4)与立：等于"与之立"，一起立身于道德仁义，依礼而行。与：和……一起，和……共同。立：立身于道德仁义，依礼而行，或坚持、坚守真理。

(5)与权：等于"与之权"，一起通权达变。权：权宜、变通，不依常规，通权达变，灵活变通。

【译文】

孔子说："可以与其一起学习的人，未必可以与其一起掌握真理；可以与其一起掌握真理，未必可以与其一起坚守真理；可以与其一起坚守真理，未必可以与其一起通权达变。"

【拓展】

共学、适道、与立、与权是人们在学习过程中可能经历的四个阶段。首先，大家在一起，在一个教室或地方，跟着一个或几个老师学习，但每个人获得的知识或收获的程度是不尽相同的。原因可能是多样的，譬如，学习兴趣强烈程度，努力程度，用心程度，天赋资质等，都有不同的差异。其次，即使是都掌握了老师所教的知识或道理的学生，在学以致用方面还是存在区别。有的学生是理论上的巨人，行动上的矮子；有的学生在社会实践或行动上，不能坚持所学和真理，等等。最后，即使在一起学习的人都能坚守真理，遵从真理，但是其中许多人又不能做到灵活变通，通权达变。这是因为坚持真理的教条容易，而做到具体问题具体分析，做到不依常规、权宜变通很困难。所以，学无止境，艺无止境啊。学习、巩固、提高、完善是一辈子的事情，我们能不活到老、学到老吗？

9.31 唐棣之华

【原文】

“唐棣之华，偏其反而。岂不尔思？室是远而。”子曰：“未之思也，夫何远之有？”

【引言】

这一章是《子罕篇第九》的最后一章。一般地说，开头一章具有点明主旨的作用。结尾一章具有归纳总结和呼应开头一章的作用。该篇第一章是讲孔子很少谈论功利、命运和仁德。但孔子是相信人有命运，并重视学仁、行仁之道的。这一章里，虽然孔子在谈论一首古诗，但实际上他是借用古诗中反映出来的道理，来教导学生们想要追求仁道，纯粹是自己愿望之内的事情。古诗描述的是远隔一方的青年男女对心上人的思念。古诗要表达的意思是，我是思念你的，但就是彼此离得太遥远了。孔子评价说，如果一个人真的思念对方的话，对方就在自己的眼前，就不会那么遥远。当然，这一章并不是就谈古诗而谈古诗，而是孔子借诗向学生们阐释一个道理：“仁远乎哉？我欲仁，斯仁至矣。”①

【释解】

（1）唐棣之华：唐棣树的花朵。唐棣：蔷薇科、唐棣属小乔木，属于观赏

① 论语[M].陈晓芬，译注.北京：中华书局，2016：90.

植物。华：古同“花”，花朵。

（2）偏其反而：即翩翻，飘动、摇曳的样子。偏：古同“翩”，轻舞，飘扬。其：又。反：古同“翻”，翻转，翻腾，摇动。而：同“耳”，语气助词，表示判断，相当于“矣”“了”或“也”。

（3）岂不尔思：倒装句，即“岂不思尔”，难道不思念你吗。岂不：表示反诘的语气，难道不，怎么不。尔：你。思：思念。

（4）室是远而：家是有点远了。室：家，住处。

（5）未之思也：倒装句，即“未思之也”，没有思念对方。之：指代对方。

（6）夫何远之有：那有什么遥远呢？夫：置于句首，文言发语词，不译。何：什么，多么。

【译文】

有一首诗这样说道：“唐棣树的花朵在飘动、摇曳。难道不思念你吗？只不过家离得有点远了。”孔子评论这首诗说：“那是因为没有真正思念对方，如果真的思念对方，那有多么遥远呢？”

【拓展】

“昨夜星辰昨夜风，画楼西畔桂堂东。身无彩凤双飞翼，心有灵犀一点通。”相恋的男女彼此思念是一种美好而幸福的情感。如果真的投入对对方的思念中，那么两个人心理的距离就是零距离，也就不会觉得相隔遥远。同样地，一个人如果真心求道，道也就不远人；一个人如果真心求仁，那么，他就一定能够在仁德上有所长进。

心愿是一种重要的精神力量。人有了心愿，就有了目标，就有了方向。人的信仰其实就是一种坚定牢固的心愿。人有了信仰，就能坦然面对一切艰难困苦，就能忍耐和克服一切障碍，就能为之艰苦奋斗，自强不息，鞠躬尽瘁，死而后已。

附录:《论语》人物简表

1. 毕公:姓姬,名高,周文王姬昌第十五子,武王同父异母的弟弟,受封毕地,史称毕公高,是毕国与毕姓始祖。

2. 伯牛:姓姬,冉氏,名耕,字伯牛,春秋末期鲁国郓城(今山东省菏泽市定陶区)人,周文王第十子冉季载的嫡裔,“孔门十哲”之一,比孔子小 7 岁。冉伯牛、颜渊、闵子骞和仲弓都是孔门德行第一的学生。

3. 伯夷、叔齐:殷朝末年孤竹国第八任君主亚微的两个儿子。孤竹国在今河北卢龙县一带。孤竹国是商朝的一个宗族国。孤竹君有三个儿子,分别是长子伯夷、次子亚凭、三子叔齐。伯夷、叔齐二人主动让出孤竹国国君位置,隐居外国,后来周武王伐纣,二人扣马谏阻。武王灭商后,他们义不食周粟,采薇而食,饿死于山西永济的首阳山。

4. 伯益:大禹治水的得力助手。大禹继天子位后,伯益被任命为执政官,总理朝政。

5. 陈司败:陈国主管司法的官,姓名不详。一说陈指陈国,司败指司寇;另一说陈司败是个人名,生平事迹不详。

6. 陈文子:姓陈,名须无,又称田文子,谥号“文”,齐庄公时大夫,与晏婴、崔杼等同时。

7. 崔子:姜姓,崔氏,名杼,谥号“武”,又称崔子、崔武子,春秋时期齐国大夫。崔杼先后执政二三十年,性格残暴,骄横跋扈,曾因史官据事直书他弑杀齐庄公一事而怒杀三位齐国史官。

8. 澹台灭明:复姓澹台,名灭明,字子羽,鲁国武城(今山东临沂市平邑县南武城)人,“孔门七十二贤”之一,比孔子小 39 岁。

9. 樊迟:姓樊,名须,字子迟,春秋末年鲁国棠邑(今山东鱼台县)人,孔子的学生,比孔子小 36 岁。樊哙是樊迟的第七世孙。

10. 皋陶:传说中负责司法的官员。他创建了中国最早的司法制度体系(五刑、五教），坚持司法公正。

11. 公西赤：姓公西，名赤，字子华，又称公西华，春秋时鲁国（今河南省濮阳市濮阳县）人，“孔门七十二贤”之一，比孔子小 42 岁。他擅长外交，精通祭祀之礼、宾客之礼。

12. 公冶长：复姓公冶，名长，字子芝，春秋时鲁国（今山东诸城贾悦镇近贤村）人，“孔门七十二贤”之一，比孔子小 32 岁。

13. 管仲：姓姬，管氏，名夷吾，字仲，谥号“敬”，颍上（今安徽省颍上县）人，曾任齐桓公国相，助齐称霸，被尊称为“管子”。

14. 闳夭：西周开国功臣，他与散宜生、太颠等共同辅佐西伯侯姬昌，后又辅佐周武王灭商，建立周朝。

15. 桓魋：姓子，桓氏，又称向魋，春秋时期宋国（今河南商丘）人。他是宋桓公的后代，深受宋景公宠爱，曾任宋国司马，主管军事行政。桓魋兄弟五人。老大向巢任宋国左师，是名义上的军队统帅。老二桓魋为司马，掌握宋国兵权。老三子牛是孔子的学生。老四子颀和老五子车跟着老二桓魋做事。后来，桓魋骄纵不法，事情败露后逃往他国，其他兄弟也受其牵连。

16. 季康子：姓姬，季氏，名肥，谥号“康”，史称“季康子”，春秋时期鲁国正卿，“三桓”之一。季康子的父亲是季桓子，爷爷是季平子。

17. 季氏：即季孙氏，“孙”为尊称，实为季氏，姬姓。季孙氏为鲁国“三桓”之一，是鲁国的世袭贵族。春秋时期，鲁国第 15 任国君是鲁桓公。鲁桓公有姬同、庆父、叔牙、季友四个儿子。其中，姬同成为鲁国第 16 任国君鲁庄公，庆父成为鲁国“三桓”孟孙氏之祖，叔牙成为鲁国“三桓”叔孙氏之祖，而季友成为鲁国“三桓”季孙氏之祖。所以，自鲁桓公以后，鲁国国君和“三桓”这三家权臣都有着比较近的血缘关系。

18. 季文子：姬姓，季氏，谥号“文”，史称“季文子”，公元前 601 年至公元前 568 年在鲁国执掌国政，先后辅佐鲁宣公、鲁成公、鲁襄公三代君主。

19. 稷：又称后稷，舜帝时负责农业的官。其第三十四代孙周武王建立了周朝，后稷是周朝天子的祖先。

20. 孔文子：姓孔，名圉，谥号“文”，卫国大夫。其妻子是卫灵公之女、卫后庄公蒯聩之姐。

21. 孔子：子姓，孔氏，名丘，字仲尼，春秋末年鲁国陬邑（今山东省曲阜市）人。孔子与弟子周游列国 14 年，晚年修订《诗》《书》《礼》《乐》《易》《春秋》“六经”。

22. 林放：子姓，林氏，名放，字子丘（邱），春秋时鲁国（今山东新泰市放城镇）人。他一生致力于礼的研究和教育，曾向孔子问礼。

23. 鲁哀公：姓姬，名将，春秋时期鲁国第 26 任君主，鲁定公之子，公元前 494 至公元前 468 年在位。

24. 鲁定公：姓姬，名宋，鲁国第 25 任君主，公元前 509 年至公元前 495 年在位。前任君主是鲁定公的哥哥鲁昭公。

25. 鲁昭公:姬姓,鲁氏,名稠,鲁国曲阜(今山东省曲阜市)人。鲁襄公之子,鲁国第24任国君,公元前542年至公元前510年在位。

26. 孟敬子:姓姬,名捷,世称仲孙捷,谥号“敬”,鲁国孟孙氏第十一代宗主。其父是孟武伯(一世祖),其祖父是孟懿子(二世祖),其曾祖父是孟僖子(三世祖)。

27. 孟武伯:姓仲孙,名彘,世称仲孙彘,谥号“武”,鲁国孟孙氏,其父亲是孟懿子,儿子是孟敬伯。

28. 孟懿子:姓仲孙,也称孟孙,名何忌,世称仲孙何忌,鲁国孟孙氏第九代宗主。“懿”是他的谥号。其父是孟僖子。

29. 孟之反:姓孟,名侧,字之反,春秋末年鲁国大夫。他是孔子的学生,为人勇敢又谦逊。

30. 闵子骞:姓闵,名损,字子骞,春秋末年鲁国(现安徽宿州市埇桥区闵贤村)人,“孔门十哲”之一,比孔子小15岁。闵子骞是个大孝子,“单衣顺亲”和“鞭打芦花”的孝顺故事就发生在他身上。

31. 南宫适:又称南宫子,西周开国功臣。

32. 南容:姓南宫,名适,字子容,春秋时期鲁国人,“孔门七十二贤”之一。

33. 南子:宋国公主,后嫁卫灵公为夫人。南子凭着卫灵公对她的宠信,能够实际左右卫国的人事安排。

34. 宁武子:姓宁,名俞,谥号“武”,春秋时期卫国大夫(今山东菏泽牡丹区人)。

35. 漆雕开:漆雕氏,名开,字子开,又字子若,春秋时蔡国人,“孔门七十二贤”之一,比孔子小11岁,以德行著称。

36. 契:又称子契,尧帝同父异母的弟弟。其第十四代孙是商汤,商汤灭夏后建立了商朝,子契是商朝天子的祖先。

37. 琴牢:姓琴,名牢,字子开,又字子张,又称琴张,卫国人。《孔子家语·弟子解》称琴牢是孔子的学生。《史记·仲尼弟子列传》未有其名。

38. 冉求:姬姓,冉氏,名求,字子有,通称“冉有”,被尊为“冉子”,春秋末年鲁国郓城(今山东省菏泽市定陶区)人,“孔门十哲”之一,比孔子小29岁。冉求曾为季康子的家臣和宰官,也曾率领鲁国军队与齐国军队作战,并取得胜利。冉求在政事方面的才能比较杰出,与子路并列。

39. 冉雍:姬姓,冉氏,名雍,字仲弓,春秋末年鲁国郓城(今山东省菏泽市定陶区人)人,“孔门十哲”之一,比孔子小29岁。冉雍与冉耕、冉求是亲兄弟,世称“一门三贤”。

40. 荣公:受封荣国,其封地大约在西周镐京一带。生平事迹不详。

41. 散宜生:西周开国功臣。

42. 申枨:姓申,名枨,字周,春秋时鲁国人,“孔门七十二贤”之一,精通“六艺”。

43. 舜：又称帝舜或虞舜，中国上古部落联盟首领。传说尧禅位给舜，舜选贤任能治理天下，使天下大治。

44. 宋朝：春秋时期宋国的公子朝。公子朝是个美男子。

45. 太颠：辅佐周文王、周武王的大臣。

46. 太公望：姜姓，吕氏，名尚，字子牙，又称为姜太公、师尚父、吕望、吕尚，周初著名的政治家、军事家，其封地为齐国，为齐国开国君主。

47. 王孙贾：姓王孙，名贾，卫灵公在位时的卫国大夫。

48. 微生高：姓微生，名高，春秋时鲁国人，孔子的学生。

49. 文母：周武王的夫人邑姜。

50. 巫马期：姓巫马，名施，字子期，亦称巫马期，孔子的学生，比孔子小 30 岁。巫马期曾任鲁国单父（今山东省菏泽市单县一带）宰官，勤于职守，事必躬亲，很有政绩。

51. 吴孟子：鲁昭公夫人。

52. 吴泰伯：泰伯是古公亶父的长子，季历的哥哥，周文王的伯父，周武王和周公旦的伯祖父。

53. 颜回：曹姓，颜氏，名回，字子渊，鲁国都城（今山东曲阜市）人，“孔门十哲”之一，比孔子小 30 岁。

54. 晏平仲：姓晏，名婴，字平仲，谥号“平”，春秋后期曾任齐国国相。他在齐灵公、庄公和景公三朝任事，是著名的政治家、外交家。他爱国忧民，勇于直谏，以礼治国，轻赋省刑，作风朴素，深得百姓爱戴。

55. 尧：又称唐尧，传说中父系氏族社会后期的部落联盟领袖。尧主政期间，派神箭手大羿射日，派鲧治水，并且制定历法，推广农耕，整饬百官，使天下大治。

56. 叶公：姓沈，名诸梁，字子高，封地在叶邑（今河南叶县南旧城），所以叫叶公。叶公是楚国的大夫，曾担任楚国令尹、司马。

57. 有若：有氏，名若，字子有，世称“有子”，春秋末年鲁国人，“孔门十哲”之一，比孔子小 43 岁。

58. 禹：又称大禹、帝禹，上古时期夏后氏首领，夏朝开国君主。因禹治水有功，舜把部落联盟首领之位禅让给禹。禹成为部落联盟首领后，建立夏朝，分封丹朱（尧的儿子）于唐国，分封商均（舜的儿子）于虞国。夏禹治水时三过家门而不入，疏浚开凿河流，使洪水归流大海，水患平息。夏禹铸造九鼎，确立了天下一统的文化思想。

59. 原思：姓原，名宪，字子思，春秋末年宋国商丘人，“孔门七十二贤”之一，比孔子小 36 岁。

60. 宰我：姬姓，宰氏，名予，字子我，春秋末年鲁国人，“孔门十哲”之一，比孔子小 29 岁，以言语优秀著称。

61. 臧文仲：姓臧孙，名辰，谥号“文”，鲁国贵族。他博闻强记，好学不倦，从善如流，赏罚分明,做事不拘常礼。在鲁庄公、闵公、僖公、文公四位国君执政期间任鲁国司寇。

62. 曾子:姒姓,曾氏,名参,字子舆,春秋末年鲁国南武城人。“孔门七十二贤”之一,比孔子小 46 岁。

63. 召公奭:姓姬,名奭,武王和周公同父异母的弟弟,辅佐周武王灭商后,受封于蓟(今北京),西周诸侯国燕国的第一任君主,因采邑于召(今陕西岐山西南),故称召公。

64. 仲由:姓仲,名由,字子路,又字季路,鲁国卞(今山东省泗水县泉林镇卞桥)人,“孔门十哲”之一,比孔子小 9 岁。他性情刚直,好勇尚武,说话直截了当。

65. 周公:即周公旦,姓姬,名旦,亦称叔旦,采邑在周,故称周公。周文王姬昌第四子,周武王姬发的弟弟,周成王的叔父。他是西周开国元勋之一,西周典章礼仪制度的主要制定者,主张“明德慎罚”,以礼治国。

66. 周文王:姓姬,名昌,季历之子,其父死后,继承西伯侯之位,故称西伯昌。周武王和周公旦是其子。周文王是西周的奠基者之一。

67. 周武王:姓姬,名发,周文王次子,周朝开国君主。

68. 祝鮀:姓氏不详,字子鱼,春秋时期卫国主管祭祀和典礼的官员。他能言善辩但心术不正,是卫灵公身边的佞臣。

69. 子产:姓姬,名侨,字子产,又字子美,春秋时期郑国著名的政治家和外交家。郑穆公之孙、公子发(字子国)之子,公元前 554 年为卿大夫,公元前 543 年执政,先后辅佐郑简公、郑定公,卒于公元前 522 年。

70. 子贡:复姓端木,名赐,字子贡,春秋末年卫国黎(今河南省鹤壁市浚县)人,“孔门十哲”之一,比孔子小 31 岁。他在政治、外交和经商等方面才能突出。

71. 子贱:姓宓,名不齐,字子贱,春秋末年鲁国棠邑(今山东鱼台县)人,“孔门七十二贤”之一,比孔子小 49 岁,曾任单父(今山东省菏泽市单县)宰。

72. 子禽:姓陈,名亢,字子禽,春秋时顿子国(今项城市南顿镇)人,孔子的学生,比孔子小 40 岁。

73. 子桑伯子:复姓子桑,名户,鲁国隐士。

74. 子文:鬬氏,名子文,又名縠於菟,春秋时期楚国大夫鬬伯比之子。公元前 664 至公元前 637 年为楚国令尹,清正廉洁,处事公平,勤政不倦,政绩突出。

75. 子夏:姓卜,名商,字子夏,被尊称为“卜子”,春秋末年晋国温邑(今河南温县黄庄镇卜杨门村)人,“孔门十哲”之一,比孔子小 44 岁。子夏曾任莒父宰官,开明务实,主张“学而优则仕,仕而优则学”。

76. 子游:姓言,名偃,字子游,亦称“言游”,春秋末年吴国常熟人,“孔门十哲”之一,比孔子小 45 岁,曾为武城宰,推行孔子提倡的礼乐教化。

77. 子张:姓颛孙,名师,字子张,世称颛孙师,春秋末年陈国阳城(今河南登封)人,“孔门七十二贤”之一,比孔子小 48 岁。子张之儒列儒家八派之首。

78.左丘明:一说复姓左丘,名明;一说单姓左,名丘明;一说姓丘,名明,因其父任左史官,故称左丘明,春秋末年鲁国都君庄(今山东省肥城市石横镇东衡鱼村)人,著有《左传》(又称《左氏春秋》)、《国语》等。

参考文献

1. 安德义. 论语解读[M]. 北京:中华书局,2007.

2. 班固. 汉书[M]. 赵一生,点校. 杭州:浙江古籍出版社,2002.

3. 蔡志忠. 孔子三部曲:仲尼弟子列传[M]. 济南:山东人民出版社,2016.

4. 程树德. 论语集释[M]. 程俊英,蒋见元点校. 北京:中华书局,1990.

5. 管子[M]. 李山,译注. 北京:中华书局,2009.

6. 韩非子[M]. 高华平,王齐洲,张三夕,译注. 北京:中华书局,2015.

7. 韩愈. 韩昌黎文集校注[M]. 马其昶,校注. 马茂元,整理. 上海:上海古籍出版社,1986.

8. 何晏,邢昺. 论语注疏[M]. 北京:中国致公出版社,2016.

9. 孔子,等. 四书五经[M]. 李择非,整理. 沈阳:万卷出版公司,2009.

10. 匡亚明. 孔子评传[M]. 南京:南京大学出版社,1990.

11. 来可泓. 论语直解[M]. 上海:复旦大学出版社,2000.

12. 老子[M]. 饶尚宽,译注. 北京:中华书局,2015.

13. 礼记[M]. 胡平生,张萌,译注. 北京:中华书局,2017.

14. 礼记[M]. 李慧玲,吕友仁,注译. 郑州:中州古籍出版社,2010.

15. 李零. 丧家狗:我读《论语》[M]. 太原:山西人民出版社,2007.

16. 李培宗. 论语全解[M]. 济南:齐鲁书社,2008.

17. 李泽厚. 论语今读[M]. 北京:生活·读书·新知三联书店,2008.

18. 列子[M]. 叶蓓卿,译注. 北京:中华书局,2011.

19. 刘宝楠. 论语正义:全二册[M]. 高流水,点校. 北京:中华书局,1990.

20. 刘昫,等. 旧唐书:一[M]. 刘后滨,编译. 北京:现代教育出版社,2011.

21. 论语[M]. 陈晓芬,译注. 北京:中华书局,2016.

22. 毛泽东. 毛泽东选集:第二卷[M]. 北京:人民出版社,1991.

23. 孟子[M]. 万丽华,蓝旭,译注. 北京:中华书局,2007.
24. 墨子[M]. 方勇,译注. 北京:中华书局,2011.
25. 南怀瑾. 论语别裁:上册[M]. 上海:复旦大学出版社,2015.
26. 彭定求,等. 全唐诗:全二册[M]. 上海:上海古籍出版社,1986.
27. 钱穆. 论语新解[M]. 北京:生活·读书·新知三联书店,2012.
28. 阮元. 十三经注疏[M]. 北京:中华书局,1980.
29. 尚书[M]. 王世舜,王翠叶,译注. 北京:中华书局,2012.
30. 司马迁. 史记:全四册[M]. 萧枫,主编. 哈尔滨:北方文艺出版社,2007.
31. 孙武. 孙子兵法[M]. 刘国华,译注. 合肥:安徽文艺出版社,2003.
32. 唐圭璋,等. 唐宋词鉴赏辞典[M]. 上海:上海辞书出版社,1988.
33. 荀子:全二册[M]. 邓启铜,点校. 南京:南京大学出版社,2014.
34. 杨伯峻. 论语译注[M]. 北京:中华书局,2009.
35. 曾参. 孝经[M]. 李新路,编. 郑州:河南人民出版社,2008.
36. 张鲁原. 中华古谚语大辞典[M]. 上海:上海大学出版社,2011.
37. 周易[M]. 靳极苍,详解. 太原:山西古籍出版社,2003.
38. 朱熹. 四书章句集注[M]. 北京:中华书局,2011.
39. 朱熹. 朱子读书法[M]. 张洪,齐熙,编. 刘天然,译注. 北京:线装书局,2019.
40. 诸葛亮. 将苑[M]. 韦建黎,解译. 南宁:广西人民出版社,2007.
41. 诸葛亮. 诸葛亮集[M]. 段熙仲,闻旭初,编校. 北京:中华书局,2012.
42. 庄子[M]. 牧语,译注. 南昌:江西人民出版社,2017.
43. 左丘明. 左传[M]. 杜预,注. 上海:上海古籍出版社,2016.

后　记

近朱者赤，近墨者黑。《论语》是圣贤之道，这一段时间来，我读孔子，思孔子，猜孔子，体会孔子，我发现我与孔子的心灵更加接近了。换言之，我知孔子，孔子似乎也知我；我思想孔子，孔子似乎也在思想我；我扬弃孔子，孔子似乎也在扬弃我；我纠正其他学者对孔子的误解或错解，孔子似乎也鼓励和支持我对它们进行纠正；我思量我对孔子的认知也许还有缺陷和不足，孔子似乎没有点头，也没有摇头。我想一想，这也许是因为孔子肚量如海，对我的勇气、智慧和努力表示赞赏，而对我可能的缺陷和不足表示完全理解和接受。孔子也好像在说："人无完人，金无足赤。人非圣贤，孰能无过？世人捧我为圣贤久矣，但在21世纪的人们看来，我也有过错啊！当然，我身上需要后世之人学习的闪光点也蛮多的啊！"好吧，好吧，路漫漫其修远兮，吾将继续上下而求索！

秦学智

2023年3月12日

图书在版编目(CIP)数据

论语新说. 上 / 秦学智著. --北京：中国传媒大学出版社，2022. 11
ISBN 978-7-5657-3305-5

Ⅰ. ①论… Ⅱ. ①秦… Ⅲ. ①儒家 ②《论语》—研究 Ⅳ. ①B222. 25

中国版本图书馆 CIP 数据核字(2022)第 191806 号

论语新说（上）

LUNYU XINSHUO（SHANG）

著　　者 秦学智
策划编辑 沈　悦
责任编辑 沈　悦
封面设计 郭　琳
责任印制 李志鹏

出版发行 中国传媒大学出版社
社　　址 北京市朝阳区定福庄东街 1 号　　**邮　　编** 100024
电　　话 86-10-65450528　65450532　　**传　　真** 65779405
网　　址 http://cucp. cuc. edu. cn
经　　销 全国新华书店

印　　刷 唐山玺诚印务有限公司
开　　本 710mm×1000mm　1/16
印　　张 23. 75
字　　数 389 千字
版　　次 2023 年 4 月第 1 版
印　　次 2023 年 4 月第 1 次印刷

书　　号 ISBN 978-7-5657-3305-5/B · 3305　　**定　　价** 108. 00 元

本社法律顾问：北京嘉润律师事务所　郭建平